Simek | Die Geschichte der Normannen

Reclam Sachbuch premium

Rudolf Simek

Die Geschichte der Normannen

Von Wikingerhäuptlingen
zu Königen Siziliens

Mit 16 Abbildungen und 5 Karten

Reclam

RECLAMS UNIVERSAL-BIBLIOTHEK Nr. 14185
2018, 2021 Philipp Reclam jun. Verlag GmbH,
Siemensstraße 32, 71254 Ditzingen
Durchgesehene Ausgabe 2021
Gestaltung: Cornelia Feyll, Friedrich Forssman
Umschlagabbildung: Ausschnitt aus dem »Teppich von Bayeux« – akg-images / Erich Lessing
Kartenzeichnungen: Inka Grebner
Druck und Bindung: EsserDruck Solutions GmbH,
Untere Sonnenstraße 5, 84030 Ergolding
Printed in Germany 2023
RECLAM, UNIVERSAL-BIBLIOTHEK und
RECLAMS UNIVERSAL-BIBLIOTHEK sind eingetragene Marken der Philipp Reclam jun. GmbH & Co. KG, Stuttgart
ISBN 978-3-15-014185-4

Auch als E-Book erhältlich

www.reclam.de

Inhalt

Vorwort 7
Die Vorfahren der Normannen: Wikinger und Wikingerzeit 10
Normannische Vorgeschichte: Die wikingische Expansion im Frankenreich und England im 9. Jahrhundert 35
Von Söldnerbanden zur Herzogswürde: Siedlung in der Normandie 49
Die Normannen und ihre Mönche 81
Der Zug nach Süden: Normannische Söldner in Italien 101
Die Eroberung Siziliens 137
Das Königreich unter südlicher Sonne 158
Die Normannen und der Anspruch auf die englische Krone 198
Die Eroberung Englands durch Wilhelm den Bastard 217
England, die Normannen und die Folgen 238
Normannen als christliche Krieger auf den Kreuzzügen 258
Der Mythos der ›normannischen Schlauheit‹ und die normannische Identität 291
Das Ende der Normannenherrschaften im 13. Jahrhundert und ihr Erbe 303

Anmerkungen 310
Literaturhinweise 325
Nachweis der Karten, Tafeln und Abbildungen 345
Dank 347
Register 348

Vorwort

Der Name ›Normannen‹ ruft sehr unterschiedliche Bilder bei verschiedenen Menschen hervor: Die Engländer verbinden mit dem Begriff zuallererst die Eroberung Britanniens – die einzige nach den Invasionen Julius Caesars – durch den Normannenherzog Wilhelm den Eroberer im Jahre 1066. Sie führte zu einer weitgehenden Romanisierung Englands durch die aus der Normandie stammenden Eroberer, die allerdings ursprünglich aus Skandinavien kamen. Das Ereignis wird daher auch heute noch mit einer gewissen Skepsis betrachtet.

In den deutschen Rheinlanden finden sich mitunter in Kirchen und Klöstern Hinweisschilder, denen zufolge die karolingischen Gebäude »in den Normannenstürmen des 9. Jahrhunderts« zerstört wurden. Dort wird also der Begriff Normanne mit den traumatischen Wikingerüberfällen und Plünderungen des Frühmittelalters während der Herrschaft der ineffizienten Nachfahren Karls des Großen (gest. 814) in Verbindung gebracht.

In Sizilien hingegen wird der Tourist auf die normannische Architektur der Insel hingewiesen und bewundert die Hochkultur des 11. und 12. Jahrhunderts, in der sich unter der Herrschaft normannischer Eroberer das Beste aus arabischer, byzantinischer und nordischer Kultur zu einer einzigartigen Blüte vereinigte. In der Normandie wiederum wird die namengebende Siedlungsgeschichte der französischen Halbinsel mit der Romanisierung, Christianisierung und beständigsten Reichsgründung assoziiert, die die Skandinavier im Ausland etablierten.

Ein völlig hybrides und reichlich unhistorisches Bild vermittelt schließlich ein Comic-Heft wie *Asterix und die Normannen*, dessen Autoren ein in Frankreich im 19. Jahrhundert gängiges Wikingerbild auf die Zeit Julius Caesars (also 1000 Jahre zu früh!) zurückprojiziert haben, das sie um des komischen Effekts noch dazu drastisch überzeichnet haben.

Aber was waren die Normannen wirklich? Sie sind sicherlich all das oben Genannte (allenfalls mit Ausnahme der Asterix-Normannen), und die jeweilige Definition hängt sehr stark von der Nationalität oder dem Zugang des Betrachters zu den Skandinaviern des frühen Mittelalters ab.

Gleichwohl hat die wissenschaftsgeschichtliche Entwicklung die Definitionen des Begriffs ›Normannen‹ deutlich verändert, so dass jede Definition vor dem Hintergrund ihrer Zeit zu sehen ist. Noch in den deutschen Enzyklopädien des früheren 19. Jahrhunderts waren die Normannen nach dem älteren, durchaus sogar schon mittelalterlichen Sprachgebrauch mit den Wikingern synonym, da Letztere in den kontinentalen Quellen fast immer als *Nortmanni*, *Nordmanni*, *Normanni* o. Ä. bezeichnet wurden. Heute spricht man von Wikingern statt von Normannen, wenn es um die Bezeichnung der Skandinavier des frühen Mittelalters geht. Als Normannen werden nur noch diejenigen Skandinavier bezeichnet, die durch ihre Ansiedlung in Frankreich – besonders eben der späteren Normandie – die fränkische Kultur, die französische Sprache und das Christentum angenommen hatten. Im Englischen wurde der Begriff *Normans* sowieso nie für die Wikinger verwendet, sondern nur für die aus der Normandie stammenden Eroberer Englands und deren Nachfahren.

In diesen modernen Bedeutungen des Wortes soll der Begriff auch im vorliegenden Buch gebraucht werden, egal ob für die skandinavischen Siedler in Frankreich selbst oder ihre Nachfahren im von ihnen eroberten England. Gemeint sein können aber auch die Eroberer des normannischen Reichs in Süditalien und Sizilien sowie selbst die von diesen südlichen Normannen abstammenden Kreuzzugsritter im Nahen Osten.

Die Vorfahren der Normannen: Wikinger und Wikingerzeit

Das erste, wichtigste, und schließlich auch bis heute namengebende Gebiet eroberten die späteren Normannen im äußersten Westen des westfränkischen Reichs, also in der heutigen Normandie. Zu Beginn der Wikingerzeit wäre aber wahrscheinlich niemand auf die Idee gekommen, dass ausgerechnet in diesem Küstenstreifen von nicht einmal 300 Kilometer Länge und 200 Kilometer Breite, gegenüber der englischen Südküste gelegen, eines der bedeutsamsten und einflussreichsten Reiche des mittelalterlichen Westeuropa entstehen sollte. Die Anfänge des Reichs hängen direkt mit den anderen skandinavischen Siedlungen des Frühmittelalters zusammen; sie alle sind das direkte Produkt dieser Periode von etwa zweieinhalb Jahrhunderten, die wir heute Wikingerzeit nennen.

Diese expansionistische Phase in der Geschichte Skandinaviens und ganz Westeuropas begann im letzten Jahrzehnt des 8. Jahrhunderts. Die eigentlichen Gründe aber für den von Zeitgenossen als ›plötzlich‹ empfundenen Aufbruch der Skandinavier aus ihrer Heimat liegen teilweise noch immer im Dunkeln. Sicher ist nur, dass es sich nicht um einen einzigen Grund gehandelt hat, sondern dass ein ganzes Bündel von Ursachen zusammengespielt hat, das diese Periode noch heute als unverwechselbar erscheinen lässt. Damit stellt sich die Frage, welche dieser Gründe für den Beginn der Wikingerzeit für uns heute noch erkennbar und relevant sind. Letztlich gab ein komplexes Zusammenspiel aus politischen und sozialen Faktoren den Ausschlag für die Expansionsbewegungen der Wikinger, wobei es zwischen Voraussetzungen einerseits und Auslösern andererseits zu unterscheiden gilt.

Zu den Voraussetzungen ist vor allem die Entwicklung von brauchbaren, seegängigen Segelschiffstypen zu zählen. Hinzu kommen die navigatorischen Fähigkeiten, die sich die Skandinavier über Jahrhunderte aufgrund ihrer geografischen und topografischen Situation hatten erwerben können. Nur so wurden die Reisen der Wikinger möglich. Angesichts seiner in Europa einzigartigen topografischen Lage, einer Welt aus Inseln, Fjorden, Seen und Flüssen, war in Skandinavien der Wasserweg fast immer die einfachste Verbindung zwischen Siedlungen. Egal ob in den Fjorden Norwegens, den Sunden zwischen Dänemarks Inseln oder dem Schärengarten an Schwedens Küsten, überall kam man mit dem Boot am einfachsten und auch schnellsten voran. Entsprechend entwickelte sich schon seit der späten Bronzezeit ein seetüchtiger Schiffstyp mit geklinkerten (d. h. dachziegelartig überlappenden) Planken und zwei spitzen Enden. Derartige Boote hatte man vor der Zeitenwende noch gepaddelt, bewegte sie aber in der späten römischen Eisenzeit jedenfalls schon mit Rudern fort, und schließlich begann man irgendwann zwischen dem 7. und 8. Jahrhundert auch zu segeln. Diese Schiffe des ersten germanischen Jahrtausends weisen alle bereits auf die Form des Wikingerschiffs voraus, das somit als Höhepunkt einer wohl 1500 Jahre alten Tradition des nordischen Plankenschiffs gelten muss.

Mit der topografischen Lage Skandinaviens hängt auch die ebenfalls über viele Generationen von Seefahrern hinweg erworbene Kenntnis der Navigation mit einfachsten

Segelndes Schiff der Eroberungsflotte von 1066 mit Pferden an Bord auf dem Teppich von Bayeux

Mitteln zusammen. Zwar bevorzugte man in aller Regel die küstennahe Fahrt, aber auch Hochseenavigation war ganz ohne die immer wieder vermuteten ›geheimen‹ Navigationsinstrumente der Wikinger durchaus möglich, auch wenn sie natürlich mit erheblichen Risiken behaftet war. Die seegängigen Schiffe und die navigatorischen Fähigkeiten waren also eine Grundvoraussetzung für die weitausgreifenden Fahrten der wikingerzeitlichen Skandinavier, aber sie erklären natürlich nicht, warum gerade zum Ende des 8. Jahrhunderts diese Reisen massiv einsetzen.

Schon die Verfasser der zeitgenössischen oder wenig später entstandenen mittelalterlichen Quellen hatten sich über dieses Phänomen ihre Gedanken gemacht, ohne es schlüssig erklären zu können. Sie kamen auf immerhin drei für sie einsichtige Gründe dafür: Erstens die auf allzu großem

Kinderreichtum beruhende Überbevölkerung, zweitens die Armut der Skandinavier aufgrund der Kargheit der Landschaft, und schließlich die angebliche Freiheitsliebe der skandinavischen Freibauern, die anscheinend lieber auswanderten, als sich der zentralen Herrschaftsgewalt eines Königs zu unterwerfen. Alle drei Annahmen sind, obwohl sie von ganz unterschiedlichen Autoren und Perioden stammen, direkt für die Geschichte der Normannen in der Normandie relevant, wie noch zu zeigen sein wird.

Vor allem die erste dieser Erklärungen ist durchaus bedeutsam: Nicht nur wurde sie in der Forschungsgeschichte immer wieder aufgegriffen, obwohl es keine belastbaren Daten dafür gibt, sie stammt noch dazu von einem der ältesten normannischen Geschichtsschreiber, nämlich dem um 1020 im Auftrag der normannischen Herzöge schreibenden Dudo von St. Quentin, der in seinem Werk *De moribus et actis primorum Normanniae ducum* in erster Linie seinen Auftraggebern nach dem Mund schrieb und daher auch deren Virilität und die ihrer Vorfahren besonders hervorhob:

> Diese Menschen geben sich unverschämt den Ausschweifungen hin, leben in Gemeinschaft mit mehreren Frauen und zeugen durch diesen schamlosen und gesetzlosen Verkehr eine zahllose Nachkommenschaft. Wenn sie aufgewachsen sind, streiten die Jungen gewaltsam mit ihren Vätern und Großvätern oder untereinander um Besitz, und wenn sie zu zahlreich werden, und sich nicht mehr ausreichendes Land für ihren Lebensunterhalt erwerben können, wird nach altem Brauch durch das Los eine große Gruppe junger Menschen ermittelt, welche zu fremden Völkern und Rei-

> chen getrieben wird, wo sie sich durch Kampf Länder erwerben können und wo sie in dauerhaftem Frieden leben können.[1]

Diese Betonung der Manneskraft der normannischen Adeligen wird zu einer Zeit, als das normannische Herzogsgeschlecht noch in der Frühphase seiner dynastischen Entwicklung steckte und wenig später die Normandie als Ausgangspunkt für Eroberungen in Süditalien und später Großbritannien eine wesentliche Rolle zu spielen begann, schwerlich überraschen.

Ein halbes Jahrhundert später schrieb in Norddeutschland Adam von Bremen seine ›Hamburgische Kirchengeschichte‹ (*Gesta Hammaburgensis Ecclesiae Pontificum*, etwa 1072) im Auftrag des Erzbischofs Adalbert von Bremen. Er hatte ganz andere Interessen bei der Beschreibung der zu seiner Erzdiözese gehörigen Skandinavier. Er versuchte nämlich, sie als gute, aber arme Christen hinzustellen und damit die wohlbekannten Raubzüge der Wikinger zu entschuldigen:

> Die Armut hat sie gezwungen, in der Welt herumzuziehen, und von ihren Piratenzügen bringen sie die Reichtümer aller Länder nach Hause, um auf diese Art die Unfruchtbarkeit ihres eigenen Landes auszugleichen. Seit der Annahme des Christentums haben sie jedoch durch bessere Erziehung gelernt, Frieden und Wahrheit zu lieben und sich mit ihrer Armut abzufinden.[2]

Dieses zweite, auf den ersten Blick sicher plausible Argument war in seiner Zeit durchaus überzeugend, auch wenn die Archäologie und die historische Klimaforschung bislang keine schlüssigen Hinweise auf Hungersnöte oder weitreichende Mangelernährung haben finden können. Aber auch für die neuangesiedelten Normannen in der Normandie war dieses Argument zweckdienlich, konnte es doch ungeachtet aller Plünderfahrten die Auswanderung aus Skandinavien in die klimatisch und landwirtschaftlich wesentlich freundlichere Normandie erklären.

Der dritte erwähnte Grund für die wikingische Expansion, nämlich die angebliche Freiheitsliebe der skandinavischen Bauern, wird zwar erst in den isländischen Texten des 12. und 13. Jahrhunderts angeführt, kann aber wohl schon von der Wikingerzeit an zu den beliebten Mythen der Skandinavier gezählt werden. In erster Linie handelte es sich um einen nützlichen Geschichtsmythos der Isländer, den die Siedler des 9. und 10. Jahrhunderts für sich und ihre Nachkommen geschaffen hatten, machte er doch aus den ›Wirtschaftsflüchtlingen‹, die auf der Suche nach besserem, billigerem und größerem Land gewesen waren, ›politische Flüchtlinge‹ auf der Flucht vor einem (angeblich) tyrannischen König. Als Fluchtursache musste der norwegische König Harald Schönhaar herhalten, der angeblich im Zuge der zehn Jahre dauernden Reichseinigung in Norwegen die Freibauern unterdrückt und so die besonders Freiheitsliebenden zur Auswanderung getrieben hatte.

Diese auch heute in Island noch sehr beliebte These lässt völlig außer Acht, dass sich keineswegs schon in der Mitte des 9., sondern erst in der Mitte des 11. Jahrhunderts eine königliche Zentralmacht in Norwegen zwischen den Interessen des westnorwegischen Bauernadels und den Hegemoniebestrebungen dänischer Könige einigermaßen konsolidieren konnte. Ganz abgesehen davon zeigen die Untersuchungen der letzten Jahrzehnte deutlich, dass zum Zeitpunkt der Besiedlung Islands viele der Familien von anderen Atlantikinseln sowie nicht zuletzt aus Schottland und Irland kamen, denn der hohe Anteil an Kelten unter den Siedlern, besonders unter den Frauen, lässt sich heute mithilfe der Genforschung gut nachweisen. Aber auch den Normannen konnte ein Mythos von der angeblichen Freiheitsliebe der Skandinavier gelegen kommen, versuchte sich doch das Herzogsgeschlecht in der Normandie gegen die Vormachtbestrebungen der französischen Könige abzugrenzen.

Will man über die mittelalterlichen Erklärungsansätze hinausgehen, gilt es heute die gesamten sozioökonomischen Voraussetzungen am Beginn der Wikingerzeit zu betrachten, um die Hintergründe für ein ansonsten kaum verständliches Phänomen wie die plötzliche Wikingerexpansion zu klären – ob dieser Aufbruch wirklich so überraschend 793 erfolgte, wie es die englischen Chroniken darstellen, ist noch eine ganz andere Frage.

Auch heute werden mitunter noch meist stark vereinfachende Erklärungsversuche unternommen. So vermutet man etwa gern eine Klimaverschlechterung am Beginn der Wikingerzeit bei gleichzeitiger Überbevölkerung, was zu Hungersnöten geführt und somit die Auswanderung nach Süden und Westen notwendig gemacht habe. Aber bezüglich des Klimas ist das Gegenteil der Fall: Der Beginn der Wikingerzeit fällt mit dem Beginn der mittelalterlichen Wärmeperiode zusammen, die erst Mitte des 14. Jahrhunderts und besonders im 15. Jahrhundert von der sogenannten Kleinen Eiszeit der frühen Neuzeit abgelöst wurde.

Unter den längerfristigen Voraussetzungen für den Ausbruch der Wikingerzeit mag neben den schon genannten schiffbautechnischen und nautischen Errungenschaften auch ein juristischer Aspekt im Norden eine Rolle für die Entstehung der Wikingerzeit gespielt haben, nämlich das skandinavische Erbrecht. Es bevorzugte den erstgeborenen männlichen Nachkommen einer Familie als Erbnehmer deutlich, was zwar im wirtschaftlichen Interesse lag, da so der Familienbesitz zusammengehalten wurde, aber jüngeren männlichen Nachkommen wenig Chancen auf eigenes Land eröffnete. Notgedrungen zog daher der Überschuss an jüngeren, vom Erbrecht benachteiligten Söhnen eine rein kriegerische Karriere in den Söldnerbanden sogenannter ›Seekönige‹ (also temporärer Anführer mit einem kleinen Flottenverband) oder im Dienst von miteinander konkurrierenden Thronanwärtern dem Leben als Pächter auf dem Land vor.

Noch ein anderer Aspekt des Rechtssystems mag eine Rolle gespielt haben, nämlich das System von Wergeldzahlungen. Indem man den Wert des menschlichen Lebens in Geld umrechnete, wurde aus Verwundungen und Totschlägen ein mit Geld zu büßendes Delikt, was der gewaltsamen Austragung von Konflikten entgegenkam. Ob das tatsächlich eine Rolle für die Wikingerexpansion gespielt hat, ist natürlich fraglich, aber eine weitere, verwandte Einstellung der frühmittelalterlichen Skandinavier mag sich sehr wohl ausgewirkt haben, nämlich die vor allem in der Dichtung zu findende und dort mitunter hochstilisierte Todesverachtung.

Für die Häuptlinge und Herrscher war ein Leben im Kampf oder auf kriegerischen Seefahrten ohnehin die einzig akzeptable Existenzform, und dass die Krieger der fürstlichen Gefolgschaft sie in dieser Hinsicht weitgehend kopierten, kann angenommen werden. Dass es ein ›wikingisches Lebensgefühl‹ gab, obwohl es heute wenig zeitgemäß erscheint, wird man also nicht völlig leugnen können, wenn in den heroischen Gedichten der *Lieder-Edda* und mancher Heldensaga sich Verse finden lassen wie der folgende:

Ich bin auf See der Sommer achtzehn
dem Weisen gefolgt, die Waffe zu röten.
Ich will nicht folgen anderem Fürsten,
der auszieht zur Fahrt, und alt nicht werden.[3]

Zudem waren Auslandsfahrten für junge männliche Skandinavier beinahe unerlässlich – zwar wohl nicht als eine Art von Initiationsritus, wie man es in der älteren Forschung sehen wollte, aber als eine für notwendig erachtete ›Erfahrung‹ der Welt als Quelle der Bildung. Nicht von ungefähr heißt auf altnordisch, der Sprache des frühmittelalterlichen Westskandinavien, *heimskr* ›dumm‹ und bedeutet somit eigentlich ›zu Hause geblieben‹.

Abgesehen von solchen mentalitätsgeschichtlichen Aspekten müssen auch ökonomische Voraussetzungen in Betracht gezogen werden. Dazu zählt eine große Vertrautheit der Skandinavier sowohl mit den Produkten der Länder im Süden als auch mit den Handelswegen, auf denen solche Produkte spätestens seit der Merowingerzeit, also schon zwei Jahrhunderte vor der Wikingerzeit, nach Skandinavien kamen. Es darf nicht vergessen werden, dass auch während der Wikingerzeit die regulären Wirtschaftsbeziehungen zwischen dem Frankenreich oder Großbritannien mit Skandinavien nicht zum Erliegen kamen, sondern einfach immer wieder durch Akte der Piraterie oder des organisierten Raubs unterbrochen wurden.

Die schon immer gehandelten teureren Produkte des Südens, wie Glaswaren, Waffen oder Wein, lockten nun wikingische Räuberbanden an, die sich wohl kaum mit anderen, billigeren, und noch dazu schwerer transportablen Gütern wie Mühlsteinen, Weizen und eisernen Halbfertigprodukten zufriedengeben wollten. Wenn man aber schon am Plündern war, machte man auch vor Kirchen und Klostermauern nicht halt, in denen es goldene liturgische Gegenstände und reich mit Edelsteinen verzierte Bücher und Reliquare ohne entschiedene Gegenwehr zu holen gab. Vor allem kannten die Skandinavier aufgrund ihrer jahrhundertelangen Handelsbeziehungen gut besuchte Handelsflecken (wie Dorestad oder Quentowic), wohlhabende Städte (wie Köln oder London) und reich bestückte Abteien (wie Lindisfarne, Prüm oder Cornelimünster), die lohnende Ziele sein konnten.

Funde in den skandinavischen Handelsorten wie Kaupang, Birka, Ribe und Haithabu belegen, dass etwa teures Importglas vom Oberrhein, Waffen und Wein vom Mittelrhein sowie Keramik vom Niederrhein in Skandinavien schon seit Jahrhunderten hochgeschätzt wurden. Diese durch den Handel vorhandenen Kenntnisse über die Quellen der Handelsgüter bildeten also sicherlich eine der Grundvoraussetzungen für gezielte Plünderungsfahrten auf dem Kontinent, denn es ist kaum davon auszugehen, dass man mit kleinen Mannschaften und Flotten Skandinavien verließ, nur um auf gut Glück irgendwo Beute zu machen. Vielmehr wussten die meisten weit gereisten Skandinavier ganz genau, wo Plünderungen profitabel sein konnten.

Ebenfalls als Voraussetzung der Wikingerexpansion ist die lange Tradition der Piraterie auf der Nordsee selbst zu sehen, die keineswegs eine Erfindung der Wikinger oder auch nur ihrer Epoche war. Schon die Franken waren in ihrer Frühzeit als Piraten vor der Nordseeküste in Erscheinung getreten, und skandinavische Piraten machten im Kattegatt und Öresund bereits vor der Wikingerzeit dem baltischen Handel zu schaffen. Sowohl vor als auch während der Wikingerzeit scheinen jedoch die meisten dänischen Herrscher die Piraterie aktiv bekämpft zu haben, war diese doch den steuerlichen Einkünften aus den Handelsplätzen in Groß-Strömkendorf (dem Vorgänger von Haithabu), Ralswik, Wollin und Truso höchst abträglich. Es wäre jedenfalls allzu vereinfachend, die Wikingerzeit bloß als massive Erweiterung des vorherigen Piratenwesens sehen zu wollen.

Sowohl mit dem Handel als auch mit der Piraterie hängt eine weitere Grundlage der Wikingerzeit zusammen, auch wenn sie vielleicht nicht allzu prominent sein mag. Gemeint ist die lange Tradition der Nord-Süd-Migrationen, wie sie sich schon in der frühesten Phase der Eisenzeit mit der Auswanderung der Kimbern und Teutonen aus Jütland oder der Goten aus Südschweden manifestierte. Diese Migrationsrouten waren in der Regel Einbahnstraßen hin zum Römischen Reich, und dessen militärische Abwehr wurde meist erst an der Grenze aktiv.

Andere Formen der kriegerischen Konfrontationen spielten sich jedoch innerhalb Skandinaviens offenbar über

Jahrhunderte in einem überschaubaren Gebiet ab: Die kleinräumigen südskandinavischen Fürstentümer der späteren Eisenzeit lagen miteinander offenbar permanent in Konkurrenz und Konfrontation, da sie zur Aufrechterhaltung eines stehenden militärischen Gefolges darauf angewiesen waren, die eigenen Ressourcen durch kriegerische Raubzüge in andere (Klein-)Fürstentümer aufzubessern, die anscheinend häufig über das Meer hinweg unternommen wurden. Ferner ist zu bedenken, dass derartige Auseinandersetzungen nicht nur in den notorisch militanten Gesellschaften Skandinaviens oder auch Irlands gang und gäbe waren, sondern im völkerwanderungszeitlichen Europa die gewaltsame Lösung territorialer Konflikte und ökonomischer Probleme keineswegs auf Skandinavien beschränkt war.

Den zumindest von den angelsächsischen Chronisten als so plötzlich und unerwartet empfundenen Beginn der Wikingerzüge am Ende des 8. Jahrhunderts können alle diese Aspekte nicht ausreichend erklären. Schon der Überfall auf Lindisfarne im Jahre 793 erfolgte offenbar doch nicht ganz so aus heiterem Himmel, wie im *Anglo-Saxon Chronicle* dargestellt, weil für England und Irland schon einige Jahre früher vereinzelte Kämpfe mit Skandinaviern dokumentiert sind. In jedem Fall wurde ab dem Ende des 8. Jahrhunderts eine ganz andere Intensität und Häufung der Überfälle fühlbar, für die man auch punktuelle Auslöser zu suchen hat.

Eine vielleicht nicht ganz unwichtige Rolle spielten zu dieser Zeit Thronstreitigkeiten in Dänemark, die sich bis weit in das 9. Jahrhundert hineinzogen. Zwar wissen wir ausgesprochen wenig über die Details dieser Konflikte, aber der Kampf um die Herrschaft in Dänemark manifestierte sich nicht zuletzt in zahlreichen Gesandtschaften an den karolingischen Hof, da sich die Thronprätendenten immer wieder der Unterstützung der mächtigen Herrscher des Karolingerreichs versichern wollten. Die Dänen bekamen zwar trotz ihrer angeblichen Bereitschaft, zum Christentum überzutreten, nie die erhoffte militärische Unterstützung, aber immerhin wurden in der Folge von solchen Gesandtschaften erstmals Wikinger mit Gebieten im Nordwesten des Karolingerreichs belehnt.

Diese Gunstbezeugungen begannen mit der Belehnung eines gewissen Harald Klak mit der Grafschaft Rüstringen in Friesland und setzten sich später mit den verzweifelten Versuchen Karls des Kahlen fort, durch Zahlungen und Belehnungen von Wikingern sich anderer Wikinger zu erwehren – eine Vorgangsweise, die weder zu diesem Zeitpunkt noch später (am Ende des 10. Jahrhunderts) in England funktionierte. Schließlich wurde gar der Wikinger Rollo mit Teilen der späteren Normandie am Unterlauf der Seine durch den westfränkischen König Karl der Einfältiger im Jahre 911 belehnt.

Während also Karl der Große um 800 offenbar nur ungern bereit war, sich in der dänischen Innenpolitik zu engagieren, was sicherlich die Lage weiter destabilisierte, beobachteten die dänischen Fürsten seine Expansionspolitik in Friesland und in Sachsen mit Sorge. Inwieweit aber Wikingerüberfälle auf das Frankenreich auf eine systematische Guerillataktik von Machthabern zurückgingen oder einfach durch chaotische innenpolitische Zustände provoziert wurden, in denen die Piraterie überhandnahm, lässt sich nicht mehr rekonstruieren. Jedenfalls konnte Karl der Große sein

Reich noch effizient verteidigen, während seine weniger fähigen Nachfolger den durchaus nur punktuellen und wohl auch nicht zentral organisierten Überfällen kaum etwas entgegenzusetzen hatten.

Ein weiterer Auslöser mag sein, dass unter Karl dem Großen der missionarische Druck auf Skandinavien immer stärker wurde. Zwar machten Ebo und Ansgar 823 und 825–827 auch immer wieder friedliche Missionsversuche, aber die brutale Sachsenbekehrung mit dem Blutbad von Verden im Jahre 782 mag den Dänen vor Augen geführt haben, dass die Mission für Karl unmissverständlich auch eine Kapitulation des Missionierten umfasste und er dieses Ziel mit allen Mitteln verfolgte. Vielleicht sahen sich daher dänische Fürsten veranlasst, Überfälle auf das Reich entweder zu fördern oder wenigstens nicht zu unterbinden, um den mächtigen Gegner im Süden in Atem zu halten.

Auch wenn die Wikingerzeit zu keiner Zeit als Religionskrieg missverstanden werden darf, ist doch zu berücksichtigen, dass sich gerade die allerersten Wikingerüberfälle gegen Klöster richteten, natürlich auch wegen ihrer ungeschützten Lage, besonders aber wegen der dort winkenden reichen Beute an Kirchenschätzen und Kultgeräten wie Kelchen, Patenen, Reliquiaren, Buchbeschlägen, Messkleidern usw. Eine Schwächung christlicher Strukturen mag also im Interesse dänischer Machthaber gelegen haben, aber diese Erklärung setzt eben das Einverständnis dänischer Fürsten voraus. Wenn die *Annales Bertiniani* (ad anno 845) mit der Nennung von 600 Wikingerschiffen auf der Elbe auch völlig übertrieben haben mögen, so ist es doch bezeichnend, dass diese Quelle gerade hinter so einer großen Flotte einen dänischen König sieht, nämlich Horik.

All diese Auslöser der frühmittelalterlichen Krisenzeit in Westeuropa, welche wir heute nach den skandinavischen Piraten als Wikingerzeit bezeichnen, mag es gegeben haben. Gleichwohl sind diesbezügliche Thesen allzu sehr auf die Zustände auf dem Kontinent fokussiert, um alle Aspekte klären zu können, denn schon von Anfang an hatten England und Irland noch mehr unter den Überfällen zu leiden als das Frankenreich. Allein die effiziente Küstenabwehr Karls des Großen bis zu seinem Tod 814 kann den Ausschlag für eine Umlenkung der nordischen Piraten nach Westen hin nicht gegeben haben. Alles in allem sehen wir auf beiden Seiten der Nordsee eine gewisse Kontinuität von der Merowingerzeit bis in die Wikingerzeit hinein: Enge wirtschaftliche Kontakte mit Skandinavien sind allerorten und für die ganze Periode zu konstatieren, aber ab etwa 800 wurden diese wirtschaftlichen Beziehungen von Seiten skandinavischer Räuberbanden mit militärischen Mitteln gepflegt.

Weder die Anfänge der Wikingerzeit noch ihre Höhepunkte waren aber ausschließlich durch diese Plünderungszüge (erst später Eroberungszüge) der Skandinavier an Europas Westkante geprägt.[4] Im Gegenteil, die im Mittelalter und teilweise auch noch in der Neuzeit wesentlichsten Folgen hatte die skandinavische Expansion in ihren anderen beiden Stoßrichtungen: nach Nordwesten mit der Besiedlung Islands und Grönlands und letztendlich der Entdeckung Amerikas, im Osten mit der Erschließung des osteuropäischen Tieflands und der Gründung des Großherzogtums Kiews, der Keimzelle Russlands.

Die Anfänge der Fahrten über die russischen Flüsse lassen sich nur schwer datieren: Die Schweden, die diese Ostlandreisen in erster Linie unternahmen, hatten schon über zwei Jahrtausende vor Beginn der Wikingerzeit, also in der nordeuropäischen Bronzezeit, intensive Kontakte mit Nordosteuropa und den angrenzenden asiatischen Gebieten, was eine Schifffahrt über die Ostsee und die russischen Flüsse voraussetzte, weil es praktisch keine anderen Fernhandelswege gab. Als Waräger (altnord. *varingjar*) bezeichneten sich die Skandinavier im Osten, während die Griechen und Araber sie Rus' nannten – wovon noch der Name des heutigen Russlands stammt.

Die Handelsrouten der Waräger veränderten sich wohl über lange Zeit nicht wesentlich, da sie ab dem Finnischen Meerbusen den großen russischen Seen und Flüssen folgten. Der Handel über diese langen Strecken, sei es mit Fellen und Bernstein oder mit den weitaus einträglicheren Sklaven, dürfte sich sehr rentiert haben, denn in der Wikingerzeit gehören die Händler schon zu einer kleinen ökonomischen Elite in den Handelsniederlassungen entlang von Wolga, Don und Dnjepr, die bald auch das politische Sagen hatte: Aus diesen Anfängen schufen die Nachfahren der schwedischen Händler durch Zusammenschluss der Herrschaftsgebiete um Nowgorod und Kiew das im Mittelalter reiche und mächtige Großherzogtum Kiew. Den glorifizierenden Geschichtsmythos dieser skandinavischstämmigen Fürsten findet man seit etwa 1100 in der slawischen Chronik ›Geschichte der vergangenen Jahre‹ (*Povest' vremennych let*, früher fälschlich als *Nestorchronik* bezeichnet), in der als Erklärung der skandinavischen Einwanderung bald nach 862 Folgendes erzählt wird:

> Denn so hießen diese Waräger: die Rus'. Denn wie andere [Waräger] Schweden (*Svie*) heißen, andere aber Nor-

mannen (*Nurmane*), andere Angeln (*Angliane*), andere Gotländer (*Gote*), so auch diese. Und es sagten die Čud', und die Slovenen, und die Krivičen und die Ves' zu den Rus': »Unser Land ist groß und hat Überfluss, aber es ist keine Ordnung in ihm. So kommt, Fürst zu sein und über uns zu herrschen!« Und es wurden drei Brüder ausgewählt mit ihren Sippen, und sie nahmen mit sich die ganze Rus'. Und sie kamen zuerst zu den Slovenen und zimmerten die Stadt Ládoga, und in Ládoga ließ sich der Älteste nieder, Rjúrik: und der zweite, Síneus, am Beloózero und der dritte, Trúvor, in Izbórsk. Und von diesen Warägern erhielt das Russische Land seinen Namen. Die Nóvgoroder sind die Leute von Nóvgorod vom Geschlecht der Waräger; zuvor nämlich waren es Slovenen. Nach zwei Jahren aber starb Síneus und sein Bruder Trúvor. Und Rjúrik übernahm die ganze Herrschaftsgewalt allein, und er kam zum Ilmensee und zimmerte eine kleine Stadt über dem Vólchow, und er nannte sie Nóvgorod und ließ sich dort als Fürst nieder und vergab Herrschaftsgebiete an seine Gefolgsmänner und [ließ sie] Städte zimmern [und gab] dem einen Pólock, einem anderen Rostóv, wieder einem anderen Beloózero. Und in diesen Städten sind die Waräger Hinzugekommene, die ersten Bewohner aber waren in Nóvgorod Slovenen, in Pólock Krivičen, in Rostóv die Merja, in Beloózero die Ves', in Múrom die Muroma. Und über diese alle herrschte Rjúrik.[5]

Diesen Mythos, die Waräger seien ins Land gerufen worden, um für Frieden zu sorgen, finden wir bei den Wikingern auch im Gründungsnarrativ der Normandie im 10. Jahrhundert und noch ähnlicher bei der Eroberung Süditaliens durch die Abkömmlinge der Normannen im 11. Jahrhundert wieder. Er soll in allen drei Fällen die Unterwerfung der einheimischen Bevölkerung durch eine relativ schmale skandinavische Oberschicht im Sinne dieser Elite für und durch die Geschichtsschreibung erklären und verewigen. Die Händler und Krieger der Rus' gaben sich aber mit diesem Reich in Osteuropa nicht zufrieden, und griffen auf ihren Handels- und Erkundungsfahrten bis weit nach Osten aus: Berichte über Scharmützel mit arabischen Völkern auf dem Kaspischen Meer und recht erfolglose Angriffe über das Schwarze Meer hinweg auf die Megapolis der Antike, Byzanz, zeigen, dass den Reisen der Rus' kaum Grenzen gesetzt waren, solange sie sich rechneten. Das war offenbar der Fall, denn ihr Besitz an Silber, das in erster Linie aus arabischen Silberdirhems bestand und entweder in Münzform oder in eingeschmolzenem Zustand Gotland, Schweden und von dort auch den Rest Nordwesteuropas erreichte, muss enorm gewesen sein.

Noch heute finden Archäologen von Gotland über Friesland bis nach England riesige Silberhorte, die die wikingerzeitlichen Profiteure des Menschenhandels versteckt hatten – aber offenbar nicht mehr abholen konnten. Bis ins 13. Jahrhundert wird sowohl von norwegischen wie schwedischen, als auch Kiewer Herrschern die ›Verwandtschaft‹ der Skandinavier mit der Rus' beschworen. Ganz gleich, ob es nun um schutzsuchende Königssöhne, die Sammlung von Armeen für Skandinavien oder dynastische Heiratsangebote ging, man war sich in Kiew sehr wohl noch nach Jahrhunderten der skandinavischen Wurzeln bewusst.

Die zweite massive Migrationsbewegung des 9. und frühen 10. Jahrhunderts verlief vor allem von Norwegen aus Richtung Westen. Zuerst waren es wohl – naturgemäß auf dem Seeweg von Norwegen nach Irland – die Inselgruppen um Schottland herum: Die Orkneys, die Inneren und Äußeren Hebriden, sowie die Isle of Man in der Irischen See wurden schon früh Ziele der skandinavischen Expansion. Jedoch geschah das unter anderem Vorzeichen als bei den nördlicheren Inselgruppen und Island, weil Erstere schon vorher von einer keltischen Bevölkerung besiedelt worden waren. Allerdings finden Archäologen auch auf den Hebriden nur wenige Anzeichen für brutale Überfälle und Kämpfe, sondern eher für ein sukzessives Verdrängen der einheimischen Bevölkerung an landwirtschaftlich attraktiven Orten. Das ist noch heute an den Ortsnamen erkennbar, denn geschützte Buchten und fruchtbare Gegenden tragen skandinavische, das kargere Hochland im Inselinneren meist keltische Flurnamen.

Ganz unblutig sind diese skandinavischen Siedlungsschübe dennoch nicht verlaufen: so berichtet die lateinische *Historia Norvegiae*, dass die Orkneys im Kampf mit einer – piktischen oder keltischen – Urbevölkerung von Norwegern erobert worden seien. Die Shetlands dagegen und die schon um 800 von irischen Mönchen besiedelten Färöer, die ›Schafsinseln‹, dürften jedenfalls friedlich kolonisiert worden sein, und zwar spätestens um 900. Aber nicht alles, was wir in den isländischen Sagas über die Besiedlung der Färöer wie auch Islands lesen, darf man für bare Münze nehmen. Wie wir heute wissen, kamen die meisten Siedler nicht direkt aus Norwegen, sondern nahmen den Umweg über Schottland, Irland und die Inselgruppen dazwischen. Sowohl die zahlreichen keltischen Ortsnamen auf den Färöern, als auch die genetischen Untersuchungen der heutigen isländischen Bevölkerung zeigen, dass unter deren Vorfahren mit einem hohen Anteil an ethnischen Kelten gerechnet werden muss: bei den Frauen in Island beträgt der keltische Anteil immerhin über 60 Prozent, bei den Männern unter 25 Prozent. Das weist darauf hin, dass viele der norwegischen Auswanderer Männer waren, die erst aus Schottland und Irland Ehefrauen (oder auch Sklavinnen) mitbrachten.

Die größte und bleibendste Kolonisation der Skandinavier in der frühen Wikingerzeit aber war Island. Laut der heute noch immer weitgehend akzeptierten Chronologie der mittelalterlichen *Landnámabók*, des ›Buchs von der Besiedlung Islands‹, wurde die Insel zwischen 850 und 860 zuerst von einem zu den Hebriden segelnden norwegischen Wikinger entdeckt; die Besiedlung soll dann schon bald nach 870 begonnen haben. Aber wahrscheinlich begann der Exodus nach Island schon deutlich früher, obschon die schriftlichen Quellen darüber schweigen, denn man hat skandinavische Gebäudereste in Reykjavík und in Herjólfsdalur auf Heimaey, der Hauptinsel der Vestmanneyjar vor der isländischen Südküste, gefunden, die wohl schon aus dem 7. Jahrhundert stammen, auch wenn diese Datierung nicht ganz unumstritten ist.[6]

Außerdem war Island offenbar bei Ankunft der Wikinger nicht ganz menschenleer, weil sich nach Auskunft der ältesten Quellen bereits vor den Skandinaviern kleine Gruppen irischer Mönche dort niedergelassen hatten, wie sie auch auf den Aran-Inseln vor der irischen Westküste und auf den Färöern die Abgeschiedenheit gesucht hatten.

Die isländischen Quellen berichten zwar, diese Mönche hätten nach Ankunft der Norweger freiwillig Island verlassen, aber da sie Bücher und Glocken zurückließen, klingt das nicht sehr überzeugend. Bis heute verweist der Name der Papeyjar vor Islands Südosten auf diese frühen irischen Bewohner Islands.

Island war also im 9. Jahrhundert zwar keine völlig menschenleere Insel, bot aber doch einer beträchtlichen Zahl von Immigranten Platz und offenbar mehr und anfangs auch besseren Lebensraum als ihre Herkunftsländer, ob sie nun aus Norwegen oder den keltischen Gebieten kamen. Bis ins Hochmittelalter stieg die Zahl der Bewohner auf etwa 60 000–80 000 an. Da Island nur wenig landwirtschaftlich nutzbares Land zu bieten hatte, gab es eine Menge Konfliktstoff zwischen den Bewohnern, die außer dem Allthing, einer gesetzgebenden Versammlung der begüterten Freibauern, keinerlei staatliche Institutionen kannten. Die einzige Strafmaßnahme, die man praktizierte, war die entweder dreijährige oder lebenslängliche Verbannung von Verbrechern.

Einer solchen dreijährigen Acht verdanken wir eine weitere skandinavische Kolonie, nämlich Grönland. Letzteres hatte der notorische Eiríkr in rauði (Erich der Rote) während seiner kleinen Verbannung aus Island um 982 erkundet und mit dem für eine gletscherbedeckte Insel attraktiven Namen Grönland (›Grünland‹) belegt, was zur Folge hatte, dass 986 mit ihm tatsächlich 25 Schiffe voll Kolonisten nach Grönland aufbrachen. Zwar erreichten wegen eines Unwetters nur 14 Schiffe sicher den vereinbarten Treffpunkt, aber ihre Besatzungen bildeten den Kern einer Kolonie, die fast ein halbes Jahrtausend Bestand haben sollte.

Eirík ließ sich in Brattahlíð am Eiríksfjorð (heute: Qagssiarssuk unweit von Julianehåb) nieder, und sein Hof sollte das weltliche Zentrum der Kolonie bleiben, so wie der Bischofssitz an der Kathedrale in Garðar am gleichen Fjord ihr geistlicher Mittelpunkt war. Wenig später, also noch vor dem Jahr 1000, nutzte man zusätzlich urbares Land weiter nordwestlich als sogenannte Westsiedlung (heute um den Ort Godthåb).

Insgesamt dürfte die skandinavische Bevölkerung Grönlands kaum jemals mehr als 3000 Personen betragen haben, wobei die Ostsiedlung aus etwa 190, die Westsiedlung aus lediglich 90 Höfen bestand. Aufgrund der starken Zersiedelung gab es eine erkleckliche Anzahl von Kirchen, welche von den Bauern selbst errichtet wurden: In der Westsiedlung gab es vier, in der Ostsiedlung 12 Kirchen; in Garðar (heute Igaliko) wurde ein Männer- und ein Frauenkloster sowie sogar eine Kathedrale errichtet, die 1377 ihren letzten Bischof bekam.

Trotz der weiten Streuung der Höfe und der absolut gesehen geringen Bevölkerungszahl waren die Grönländer gezwungen, das Nahrungsmittelangebot durch Jagd- und Fischzüge entlang der grönländischen Westküste aufzubessern und auch dortige Küstenstreifen als Sommerweiden für das Vieh zu nutzen. Sie loteten zudem mit einer Reihe von Expeditionen das ungleich größere Nahrungsangebot und vor allem die Holzressourcen an Kanadas Ostküste aus. Diese Fahrten, die wir heute als die wikingische Entdeckung Amerikas bezeichnen, standen aber offenbar unter keinem allzu guten Stern. Zum einen unternahmen kleine Gruppen mit nur einem bis maximal drei Schiffen die lange Fahrt, was zu Streit um Frauen, Ressourcen und religiösen Fragen führte, zum anderen war offenbar die Bevölkerung der kleinen grönländischen Kolonie mit derartigen Langfahrten überfordert. Solche Abenteuer banden ja nicht nur Arbeitskräfte, sondern kosteten auch eine beträchtliche Zahl von Menschenleben, die Schiffbrüchen, Kämpfen mit den nordamerikanischen Ureinwohnern und gegenseitigen Mordkomplotten zum Opfer fielen. Daher wurde unseres Wissens auch nur ein einziger Mensch in dem höchstens drei Jahre existierenden Lager der Skandinavier im sagenhaften Vinland geboren (es handelt sich wohl um Neufundland, wo man eine skandinavische Ansiedlung gefunden hat), nämlich Snorri Karlsefnisson, der aber sein Leben als angesehener christlicher Bauer in Island beendete.

Folglich dauerte die versuchte Besiedlung Amerikas nur ganz wenige Jahre, während die grönländische Kolonie bis ins Spätmittelalter überlebte und wohl letztendlich der sogenannten Kleinen Eiszeit ab dem frühen 15. Jahrhundert zum Opfer fiel. Weshalb die Grönländer genau ausgestorben sind, lässt sich bis heute nicht mit Sicherheit feststellen, aber die Klimaverschlechterung bedingte wohl eine Kombination von Mangelernährung, Krankheit und Parasiten, wozu noch Inzucht, der Wegfall europäischen Nachschubs und vielleicht auch Konflikte mit den Inuit traten.

Islands Siedler dagegen überlebten trotz aller wirtschaftlichen Schwierigkeiten, die in der frühen Neuzeit beinahe zur Evakuierung der Bewohner unter dem dänischen König Christian IV. 1785 geführt hätten, und gewannen 1947 sogar ihre Unabhängigkeit von Dänemark zurück. Die anderen skandinavischen Kolonien im Atlantik überdauerten nicht annähernd so lange: Das kleine Wikingerreich in Irland um

Dublin (altnord. Dyflinarborg) herum fiel nach lediglich eineinhalb Jahrhunderten seiner Existenz nicht nur den zahlreichen kriegerischen Auseinandersetzungen zwischen Dänen und Norwegern um die Oberherrschaft, sondern letztendlich 980 den Kämpfen mit den vielen irischen Kleinkönigtümern im Hinterland zum Opfer. Auf den Hebriden dürfte die Integration der Skandinavier in die einheimische Bevölkerung friedlicher verlaufen sein, und die Orkneys erhielten sich eine gewisse Unabhängigkeit – obwohl sie offiziell ein Fürstentum (*jarldómr*) unter norwegischer Herrschaft waren – bis zu einem Heiratsvertrag im Jahre 1468, als Dänemark die Inselgruppe vertraglich an Schottland abtrat, weshalb sie seither Teil des Vereinigten Königreichs Großbritannien ist.

Noch viel kürzer, allerdings deutlich intensiver fiel die Lebenszeit des wikingischen Königreichs in Nordostengland um seine Hauptstadt York (altnord. Jorvik) herum aus. Die Wikinger hatten nach anfänglich nur saisonalen Raubzügen ab etwa 850 vereinzelt in England überwintert und schließlich schon beträchtliche Teile des Landes besetzt. Ein Teil des sogenannten Großen Heers (*micil here*) der Wikinger eroberte schließlich unter den Häuptlingen Guthrum, Oscetel und Anwend bis 877 die letzten Reste von Wessex und Mercia vollständig und teilte auch dort das Land unter den Wikingern auf. 886 wurde England endgültig zwischen König Alfred von Wessex im Südwesten und den Skandinaviern im Nordosten aufgeteilt.

Damit war die Gründung des sogenannten *danelag* (›Gebiet mit dänischem Gesetz‹) besiegelt, dessen Grenze der englische König Alfred in den 890er Jahren nur mehr durch eine Kette von Verteidigungsanlagen sichern konnte, um dem weiteren Vordringen der Skandinavier Einhalt zu gebieten, was ihm trotz diverser Einfälle der Reste des Großen Heers auch gelang. Nach den wechselvollen Schicksalen dieses Gebiets brachte aber 1066 der Sieg des englischen (allerdings ebenfalls skandinavischstämmischen) Königs Harold Godwinson über den norwegischen König Harald den Harten bei Stamford Bridge (bei York) endgültig das politische Ende des englischen Wikingerreichs, auch wenn die Skandinavier blieben und bis heute der nordostenglischen Sprache ihren Stempel aufgedrückt haben. Harold Godwinson konnte seinen Triumph jedoch nicht lange auskosten, da er selbst keine drei Wochen später am 14. Oktober 1066 bei Hastings in Südengland gegen den Normannen Wilhelm den Eroberer (von den Skandinaviern als Vilhjálmr *bastardr* ›Wilhelm der Bastard‹ bezeichnet) fiel. Die Stunde der Normannen war damit auch in England gekommen.

Normannische Vorgeschichte: Die wikingische Expansion im Frankenreich und England im 9. Jahrhundert

Für die spätere Normandie sind aber nicht die weiten Reisen der Wikinger nach Island oder Grönland und schon gar nicht ihre Vorstöße in die Weiten des russischen Tieflands und das Schwarze Meer von Bedeutung, sondern in erster Linie die meist küstennahen Fahrten entlang der europäischen Westküste: Von Dänemark über Friesland gelangten sie bis an die Rheinmündung, dann weiter entlang der flämischen Küste bis ins heutige Westfrankreich mit der Normandie und der Bretagne.

Die ersten nachweisbaren Wikingerfahrten hatten vor allem nach England und bald auch nach Irland geführt, was mit der erwähnten effizienten Küstenverteidigung des fränkischen Reichs unter Karl dem Großen zusammenhängt. Wir dürfen dabei annehmen, dass die Skandinavier auch jenseits der Nordsee und des Ärmelkanals ihre gewohnte Methode der küstennahen Navigation praktizierten: Am Tage segelte man die Küsten entlang, abends wurde angelegt und an Land gekocht, weil Feuer auf Schiffen immer problematisch sind. Die Überquerung des Kanals bildete wohl auch kein großes Problem, denn selbst im Norden, wo man nicht beide Küsten zugleich sehen kann, ist die Strecke bei günstigem Fahrtwind leicht in zwei Tagen und einer Nacht zu bewältigen, da selbst auf der Höhe der Rheinmündung und der Stadt Ipswich der Kanal keine 200 Kilometer breit ist. Zudem kam den Skandinaviern die Erfahrung zugute, die ihre Vorfahren als Händler gesammelt hatten, so dass man die Routen nach Friesland, an den Rhein, nach Northumbria und selbst nach Kent gut kannte.

Es ist jedenfalls kein Zufall und auch nicht nur der Quellenlage geschuldet, dass die beiden traditionellen, aber natürlich simplifizierenden Daten für Beginn und Ende der Wikingerzeit beide mit England in Verbindung stehen: Man lässt ja diese bewegte Phase der westeuropäischen Geschichte meist mit dem berühmten Überfall auf die Klosterinsel Holy Island mit dem Kloster Lindisfarne vor Nordostengland im Jahre 793 beginnen, obwohl schon vorher punktuell von Scharmützeln mit Skandinaviern in englischen Küstenstädten berichtet wird. Das Ende der Wikingerzeit wiederum setzt man üblicherweise mit dem Jahre 1066 an, als der Norwegerkönig Harald der Harte, den man mit gutem Recht als den letzten Wikingerkönig bezeichnen könnte, bei dem Versuch, England zu erobern, in der Schlacht von Stamford Bridge bei York Schlacht und Leben verlor. Dass der Normanne Wilhelm der Eroberer kurz darauf von der Normandie her England eroberte, rundet dieses Bild ab, gehört aber eigentlich gar nicht mehr zur Wikingerzeit.

Die gut 250 Jahre skandinavischer Aggression, die dazwischen liegen, sind gerade für England keine kontinuierliche Periode. Man spricht deswegen heute geradezu von zwei Wikingerzeiten, eine um die Mitte des 9., die andere am Ende des 10. Jahrhunderts. Beide zeichnen sich als klar unterscheidbare Phasen ab. Die erste ist von sehr punktuellen Plünderungen gekennzeichnet, wie sie auch in Irland und Schottland vorkamen, nämlich als plötzliche Überfälle kleinerer Flotten ohne erkennbaren Zusammenhang.

Schon während der ersten Periode der Wikingerzeit in England begannen die skandinavischen Räuber auf den kleinen vorgelagerten Inseln zu überwintern, nachdem sie sich schon einige Jahrzehnte vorher in Irland allmählich niedergelassen hatten. Aber in England markierten erst diese Überwinterungen den langsamen Übergang von den Plünderungsfahrten zum Eroberungskrieg sowie vom Eroberungskrieg zu dauerhafter Landnahme, aus der das englische *danelag* als eigenständiges, skandinavisches Reich in Nordostengland hervorgehen sollte.

Zuvor aber zogen in der erwähnten Phase des Eroberungskriegs Wikingerarmeen ab etwa 865 durch England und eroberten durch Schlachten und Verträge nach und nach den ganzen Osten des Landes, dessen Hauptstadt York schon ab 866 in den Händen der Wikinger war. Die sogenannte ›Große Armee‹ wütete bis 874 in England, bevor sie sich teilte und die eine Hälfte endgültig Northumbria unterwarf, während eine zweite Heeresabteilung das südenglische Königreich Wessex und das zentral gelegene, sich bis an den Humber erstreckende Mercia eroberte. Im Jahre 886 wurde dann England vertraglich zwischen den Skandinaviern im Nordosten und König Alfred im Südwesten aufgeteilt, was eine Phase der systematischen Landnahme in diesem Gebiet des *danelag* einleitete.

Die nächste Periode begann erst 902, als König Alfreds Sohn Edward begann, das *danelag* für die englische Krone zurückzuerobern. Um 918 war das Vorhaben abgeschlossen, so dass Edward 920 sogar von den nun ja überwiegend skandinavischen Bewohnern Nordostenglands als König Northumbrias anerkannt wurde. Allerdings wechselte die Krone noch wiederholt zwischen skandinavischen und englischen Königen, bis 954 der vorläufig letzte Wikingerkönig, der unbeliebte Erik Blutaxt, verbannt wurde und bald darauf in einer Schlacht fiel.

Die nun folgende Periode vermehrter Wikingerangriffe direkt aus Skandinavien wird oft als die zweite Wikingerzeit Englands bezeichnet, allerdings richteten die Attacken sich vermehrt gegen Wales und die englische Westküste. Ab 980 nahm die Intensität dieser Überfälle zu, und spätestens ab 992 handelte es sich nicht mehr um unabhängige Plünderungszüge wikingischer Piraten, sondern um gezielte Eroberungsexpeditionen der Könige Olaf Tryggvason von Norwegen und Sven Gabelbart von Dänemark.

Diese Expeditionen hatten nicht zuletzt aufgrund der Unzufriedenheit der britischen Bevölkerung mit dem unfähigen König Ethelred the Unready (›dem Unberatenen‹) Aussicht auf Erfolg. Ethelred kaufte sich mit immer höheren Summen von den Wikingern frei, die als *Danegild* in die Geschichte eingingen und England beinahe in den Bankrott führten, denn die Summen stiegen bis ins Jahr 1001 auf 24 000 Pfund Silber. Dass der schlecht beratene König im darauf folgenden Jahr ein Massaker unter den alteingesessenen Skandinaviern provozierte, um die Unzufriedenheit von sich abzulenken, nutzte König Sven Gabelbart in den Jahren 1003–1007 zu Vergeltungsfeldzügen, die bis 1012 zu immer neuen, noch höheren Danegildzahlungen führten. Weihnachten 1013 konnte sich daher Sven Gabelbart nach einem kurzen Feldzug zum König von England krönen lassen.

Allerdings starb er schon nach zwei Monaten, und sein Sohn Knut wurde somit nicht nur König von Dänemark, sondern auch von England und ging als Knut der Große (gest. 1033) in die Geschichte ein. Knut, ein kluger und weiser Politiker, wurde nach seinem Tod in Dänemark als Heiliger verehrt, seine drei Söhne allerdings verstarben alle innerhalb von nur neun Jahren nach seinem Tod. Deshalb wurde schließlich Ethelreds Sohn Edward englischer König, bevor am 6. Januar 1066 nach Edwards Tod mit Harold Godwinson noch einmal ein Skandinavier König von England wurde. Dieses Jahr sollte die englische Geschichte dank der Normannen nachhaltiger verändern als die ganze Wikingerzeit.

Als ab Mitte des 9. Jahrhunderts die Wikinger sowohl auf den britischen Inseln als auch im Fränkischen Reich begonnen hatten, nach ihren sommerlichen Plünderfahrten nicht mehr nach Skandinavien zurückzukehren, sondern gleich im Süden zu überwintern, zogen sie sich zuerst sicherheitshalber auf Inseln zurück. Die allerersten Niederlassungen sind ab etwa 850/860 nicht nur auf Noirmoutier vor der Bretagne, sondern auch auf Thanet und Sheppey in der Themsemündung, Oissel oder Jeufosse in der Seinemündung und Walcheren in der Scheldemündung belegt. Nicht von ungefähr findet sich das einzige bisher in Frankreich entdeckte wikingische Schiffsgrab, das 1906 entdeckte Brandgrab eines wikingischen Häuptlings, auf der Isle de Croix vor der Südküste der Bretagne.[7] Solche Inseln im Mündungsdelta der großen westeuropäischen Flüsse bildeten wie die Flussinseln des Rheins und der Seine natürlich auch schon früher ideale Ausgangspunkte für Raubzüge in die Umgebung, denn die Flüsse waren die Hauptverkehrsadern des Frühmittelalters und damit auch für die Wikinger von Belang.

Der Rhein und die Maas, die Seine und die Loire wurden nun zu den wichtigsten Einfallsrouten der Wikinger in das

Reich der Karolinger. Auch ohne die Wikinger wurden diese Flüsse viel befahren, zwischen Utrecht und den Rheinlanden bestand etwa ein reger Binnenschifffahrtsverkehr, denn über die Vechte und die Almere (den kleineren Vorläufer der Zuidersee) führte vom damaligen Verlauf des Niederrheins eine gute Verbindung zur friesischen Küste und zur Nordsee. Der Rhein und seine Nebenflüsse waren sowohl für den Handel als auch für Angriffsfahrten der Wikinger die natürlichen Verkehrswege des Frühmittelalters.

Besonders das Rheinland wurde bald, neben dem Gebiet um die Seine, zum Hauptangriffsziel der skandinavischen Seeräuber, gab es hier doch eine ganze Reihe lohnender Ziele. Zum einen waren das selbstverständlich die schon eingangs erwähnten Handelsorte, über die der profitträchtige Warenumschlag zwischen Zentraleuropa einerseits und Friesland und Skandinavien andererseits abgewickelt wurde. Im Westen waren dies besonders Quentowic an der flämischen Küste und Dorestad in der damaligen Rheinmündung. Beide Orte wurden gerade in der zweiten Hälfte des 9. Jahrhunderts häufig, mitunter jährlich überfallen und ausgeplündert.

Dort gab es – unter diesen Umständen gratis – die begehrten Handelswaren aus dem Süden: Gerade Wein, aber auch Korn und Öl waren in Skandinavien Mangelware. Dazu gab es die aufgrund der (damaligen) Erzarmut Skandinaviens äußerst begehrten Schwerter aus den rheinischen Waffenschmieden, die sich zu Manufakturen zu entwickeln begannen. Ein ausgesprochenes Luxusprodukt von hohem Sozialprestige waren aber gläserne Trinkgefäße aus den Glasschmelzen des Schwarzwalds, die ebenfalls rheinabwärts vertrieben wurden. Solche gläsernen Sturzbecher oder Rundbecher nach römischen Vorbildern gehörten zu den Exportschlagern des Frankenreichs, aber damit auch zu den begehrtesten Objekten der Seeräuber.

Zum anderen boten sich die Kirchen und Klöster als Ziel von Plünderungen an, weil sie in der Regel nicht befestigt und daher ein leichtes Opfer von Angriffen waren. Wie schon am Beginn der Wikingerzeit die englischen und irischen Inselklöster Lindisfarne (793) und Lambey Island (795) zu den allerersten Zielen wikingischer Überfälle gehörten, so gerieten nun die wohlhabenden Reichsabteien der Karolinger ins Visier der Seeräuber. Cornelimünster bei Aachen und Prüm in der Westeifel gehörten zu den reichsten, aber auch Kaiserswerth, Stavelot und Malmedy waren gut ausgestattete Abteien.

Dort fand sich auf engstem Raum vieles, was die Wikinger anzog: beträchtliche Weinvorräte in den Kellern, Kammern voller Lebensmittel, dazu Sakristeien mit liturgischem Gerät aus Edelmetall, ›Heiltumskammern‹ (also die Schatzkammern mit den Reliquien) mit ihren schwer vergoldeten Reliquaren, welche die Gebeine von Heiligen enthielten, und schließlich Armarien (Bibliotheken) mit oft edelsteinbesetzten Codices liturgischer Handschriften. Dass man auch Teile aus minderen Edelmetallen wie bronzenen Buchdeckel oder -schließen nicht verschmähte, zeigen Hortfunde solcher Bruchstücke gemeinsam mit Münzen, Schnallen und Schmuckstücken – die aber offenbar niemand mehr abgeholt hatte.

Ein drittes Ziel der Wikinger waren aber die trotz des frühmittelalterlichen Bevölkerungsrückgangs immer noch relativ reichen linksrheinischen Städte römischer Gründungen wie Xanten, Köln, Bonn, Koblenz und Mainz. Dort konnte man alles Mögliche erbeuten, auch abgesehen von den Kirchenschätzen. Am elegantesten war es jedoch, Geiseln zu nehmen und die Adeligen und Bürger selbst für das Lösegeld sammeln zu lassen, wie ein Bericht Thietmars von Merseburg über einen solchen Überfall auf eine Stadt (in diesem Fall allerdings das ferne Stade an der Elbe) vom 23. Juni 994 festhält:

> Ich erwähnte schon, daß meine drei Oheims Heinrich, Udo und Siegfried samt Adalger und vielen anderen am 23. Juni [994] zu Schiff gegen Seeräuber [d. h. also Wikinger] auszogen, die in ihrem Gebiet heerten: Udo fiel im Kampfe; Heinrich aber mit seinem Bruder Siegfried und Graf Adalgar mußten sich unglücklicherweise besiegt gefangengeben und wurden von den verruchten Kerlen mitgenommen. Schnell verbreitete sich die Kunde von diesem Mißgeschick unter den Christgläubigen. Der in der Nähe weilende Herzog Bernhard entsandte sofort Unterhändler, die ihnen eine Loskaufsumme in Aussicht stellen und eine Möglichkeit zu Besprechungen über friedlichen Ausgleich erbitten sollten. Darauf eingehend verlangten sie Friedenszusicherungen und eine unerhörte Summe. … Meine Mutter gab, schmerzlichst erschüttert, für die Befreiung ihrer Brüder alles, was sie besaß oder irgendwie aufbringen konnte.
>
> 24. Als die verfluchte Räuberbande nun den größten Teil des gesammelten Geldes – ein gewaltiges Gewicht! – erhalten hatte, nahm sie für Heinrich seinen einzigen Sohn Siegfried, ferner Gerward und Wolfram, für Adalger aber dessen Oheim Dietrich und Olaf, den Sohn seiner Tante, und entließen ihre Gefangenen, um die Auf-

bringung des Rests der ihnen zugesagten Summe zu beschleunigen; nur Siegfried hielten sie fest. Da er keinen Sohn hatte, bat er meine Mutter, ihm mit einem ihrer Söhne zu helfen. …

25. Doch gerade an diesem Tage entrann Siegfried mit Gottes Hilfe trotz seiner schweren Wunden folgendermaßen der strengen Bewachung seiner Feinde: In seiner äußerst mißlichen Lage hatte er mit Notbald und Ediko ständig alle möglichen Fluchtpläne geschmiedet und ihnen schließlich befohlen, mit einem schnellen Boot soviel Wein samt allem Zubehör heranzuschaffen, wie er seinen Wächtern werde einnötigen können. Unverzüglich wurde seine Weisung ausgeführt, und die gierigen Hunde deckten sich ein. Als morgens der Priester zur Messe rüstete und der Graf, seiner noch vom gestrigen Weine schweren Wächter ledig, auf dem Vorschiff sich waschen ging, wagte er den Sprung in das bereit gehaltene Boot. Jetzt erhob sich Geschrei, man ergriff den Priester als den vermutlichen Anstifter, die Anker wurden gelichtet, schnell nahmen die Ruderer die Verfolgung der Flüchtigen auf. Nur mit Mühe konnte der Graf entrinnen; am sicheren Ufer fand er, wie zuvor verabredet, bereitgehaltene Pferde, und schleunigst ging es nach seiner Burg Harsefeld […]. Die feindlichen Verfolger aber drangen in die nahe dem Ufer liegende Burg Stade und suchten ihn voller Eifer an den verborgensten Orten. Als sie ihn nicht fanden, raubten sie den Frauen gewaltsam die Ohrringe und kehrten dann mißmutig um. In ihrer gemeinsamen Wut warfen sie am nächsten Tag den Priester, meinen Vetter und alle übrigen Geiseln mit abgeschnittenen Nasen, Ohren und Händen in den Strom. Dann machten sie

> sich davon; und so wurden die Unseren alle von ihren Leuten aufgefischt, doch gab es unsägliche Trauer.[8]

Über den Rhein und seine Nebenflüsse, besonders die ebenfalls gut schiffbaren Flüsse Mosel, Maas und Schelde drangen die Räuber tief ins Landesinnere ein. Ihre Lager legten sie an diesen Flüssen an und unternahmen von dort aus mit geraubten Pferden Überfälle weiter landeinwärts, wovon die historischen Quellen der klösterlichen Chroniken eine beredte Sprache sprechen. So berichtet ein Augenzeuge, Regino, der spätere Abt des Klosters Prüm in der Eifel, zum Jahr 881:

> Ebenso setzten sich in demselben Jahre im November zwei Normannenkönige Godefrid und Sigfrid mit einer unübersehlichen Menge zu Fuß und zu Pferd in Elsloo an der Maas fest. Auf ihrem ersten Einfall verwüsten sie die umliegenden Orte und verbrennen Lüttich, Maastricht und Tongern, bei ihrem zweiten Einbruch ergießen sie sich über das Gebiet der Ribuarier und verheeren alles mit Mord, Raub und Brand, die Städte Köln und Bonn mit den nahe liegenden Burgen Zülpich, Jülich und Neuß lassen sie in Flammen aufgehen; hiernach legen sie die Pfalz Aachen und die Klöster Cornelimünster, Malmedy und Stablo in Asche.[9]

Unter Karl dem Großen war es noch nicht zu solchen Einfällen tief im Land gekommen, denn als 810 eine dänischen Flotte von angeblich 200 Schiffen in Friesland eindrang und sich die Friesen tributpflichtig machte, reagierte er prompt: An der Atlantikküste und in den Flussmündungen sollten Schiffe gebaut werden; an den Mündungen und Häfen wurden Wachposten installiert, die wohl durch Bogenschützen unterstützt wurden, um Überraschungsangriffe unmöglich zu machen; in Boulogne ließ er den alten römischen Leuchtturm wieder instandsetzen.

Als Karl 814 starb, unternahm sein Sohn Ludwig der Fromme alles, um diese effiziente Küstenverteidigung aufrechtzuerhalten, aber ab 835 begann unter massiven Wikingerangriffen diese Verteidigungslinie zu bröckeln, wobei erneut die Inseln das erste Ziel waren. Noirmoutier bei der Loiremündung musste 836 ganz aufgegeben werden, 837 wurde Walcheren geplündert. Ludwig verstärkte daher 838 seine Bemühungen, starb aber 840. Da seine Söhne sich schon jahrelang in einen Bürgerkrieg gegeneinander verstrickt hatten, war damit das Ende einer zweckdienlichen Abwehr gekommen.

Ab 841 machten sich die Wikinger die Flüsse Seine, Loire und Garonne völlig zu eigen, kamen jedes Jahr mit neuen Flotten und zerstörten Rouen und Nantes sowie die Klöster in Jumièges und Fontenelle immer wieder. Paris wurde 845 das erste Mal belagert, und im selben Jahr brannte man Hamburg nieder, so dass dessen Bischofssitz nach Bremen verlegt werden musste. Paris konnte sich 845 und 857 zwar durch massive Lösegeldzahlungen freikaufen, aber Bordeaux, Troyes, Tours, Poitiers, Amiens, Beauvais und Le Mans wurden zerstört, auch das später für die Normannen so wichtige Bayeux. Eine große wikingische Flotte griff 859/860 das Reich der Karolinger sogar vom Mittelmeer her an und verheerte das Gebiet um den Unterlauf der Rhone.

Ab 879 scheint sich der Schwerpunkt der Überfälle nach Norden verschoben zu haben. Besonders die Rheinmündung mit den Flüssen Schelde und Maas war betroffen, an der sich die Wikinger in befestigten Forts festsetzten, um von dort aus die Gegend auch zu Pferd unsicher zu machen. Aus dieser Phase stammt auch der oben zitierte Eintrag in der Chronik des Regino von Prüm, der erleben musste, wie man 882 auch seine eigene Abtei niederbrannte:

> Im Jahr der göttlichen Menschwerdung 882 dringen sie [die Wikinger] auf einem Streifzug durch die Ardennen gerade am Tage der Erscheinung des Herrn [6. Januar] in das Kloster Prüm ein, wo sie sich drei Tage aufhalten und die ganze umliegende Gegend ausplündern. In diesem Landstrich sammelt sich eine unzählige Menge Fußvolk von den Äckern und Landgüter in einem Haufen und rückt wie zum Kampfe gegen jene vor. Aber als die Normannen dieses Bauernvolk nicht sowohl waffenlos als vielmehr von aller Kriegszucht entblößt sahen, fallen sie mit Geschrei über sie her und strecken sie unter einem solchen Gemetzel nieder, daß unvernünftiges Vieh, nicht Menschen geschlachtet zu werden schienen. Nachdem dies also vollbracht war, kehren sie beutebeladen in ihr Lager zurück. Als sie abzogen, verzehrte das Feuer, welches in verschiedenen Gebäuden brennend zurückgeblieben war, das Kloster, weil niemand zum Löschen da war.[10]

Wie flexibel die wikingischen Angreifer waren, zeigt ein Beispiel aus dem Jahre 884, als eine Gruppe aus Friesland sich auf die Somme verlagerte, andere ein Lager bei Duisburg und wieder andere, angeblich aus Dänemark, sich ein Fort bei Pontoise an der Oise errichteten. Erschwerend kam hinzu, dass sich die fränkischen Herrscher – wie übrigens die englischen Könige des 10. Jahrhunderts dann auch – immer wieder auf Lösegeldforderungen einließen, um sich der Wikingerbanden zu entledigen. Das erwies sich auf Dauer als kontraproduktiv, denn die wikingischen Söldnertruppen lernten daraus, dass man mittels Brandschatzung, also der reinen Androhung von Gewalt mit Mordbrand, mehr Beute machen konnte als im offenen Kampf.

Einzelne militärische Erfolge gegen die Wikinger blieben eher eine Seltenheit: 862 eroberte Graf Robert Le Fort von Anjou zwölf Wikingerschiffe auf der Loire und erschlug deren Besatzungen. Karl dem Kahlen gelang es 865, in der Gegend von Chartres Wikinger auf der Eure, einem Nebenfluss der Seine, abzuwehren. Ludwig III. (von Westfranken) errang 881 einen Sieg gegen die Wikinger bei Thiméon, und Ludwig der Jüngere bezwang sie 881 bei Saucourt, was im althochdeutschen *Ludwigslied* als Großtat besungen wird, aber keinen Durchbruch bei der Bekämpfung der Wikinger brachte. Immerhin konnten auch Herzog Heinrich von Ostsachsen und Bischof Arno von Würzburg 884 den Wikingern bei Duisburg eine Schlappe zufügen, und 885 erlebten die Dänen in der Grenzregion zwischen Sachsen und Friesland eine empfindliche Niederlage.

In den folgenden Jahrzehnten gingen zwar die wikingischen Aktivitäten insgesamt etwas zurück. Der unglückliche Karl der Dicke allerdings konnte die Belagerung von Paris 886 nur durch die Zahlung eines massiven Lösegelds beenden und nahm damit die Tradition von Geldzahlungen, die Karl der Kahle begonnen hatte, wieder auf.

Man begann nun außerdem zusehends, auch Wikingerbanden zur Abwehr von anderen Wikingern anzuwerben oder zumindest dann damit zu betrauen, wenn sie sich selbst gegen Bezahlung anboten. Zum einen wurden dafür beträchtliche Geldbeträge aufgewendet, die über Sondersteuern besonders von den Adeligen sowie den Kirchen und Klöstern eingetrieben wurden und dadurch für reichlich Unwillen sorgten; davon wird noch ausführlicher zu sprechen sein. Zum anderen schloss man immer neue Bündnisse mit Wikingern – wie z. B. der bretonische Herzogs Salomon 862 –, um sich nicht nur gegen andere Wikinger, sondern auch im Rahmen der innenpolitischen Wirren des 9. Jahrhunderts und des Zerfalls des karolingischen Reichs in zuerst drei, ab 870 zwei Herrschaftsgebiete zu behaupten.

Die folgenschwerste Methode, sich mit den skandinavischen Räuberbanden zu arrangieren, war aber die Belehnung von Wikingerführern, die sich selbst als Seekönige bezeichneten. Solche Titel konnten auf Seiten der Franken leicht zu Missverständnissen führen, bedeuteten aber in der Praxis kaum mehr als einen temporären Anführer einer Flotte von skandinavischen Seeräubern – die man mit Land an der äußersten Peripherie des Frankenreichs besänftigen wollte. Den Grundstein dafür hatte 826 schon Ludwig der Fromme gelegt, der einen dänischen ›König‹ oder Kronprätendenten mit der Grafschaft Rüstringen im Norden belehnt hatte, nachdem er sich offenbar ohne große Schwierigkeiten im Gegenzug zur Taufe hatte überreden lassen. Diese pragmatische Haltung der Wikinger und die eher kurzsichtige Vorgehensweise der karolingischen Herrscher ermöglichten schließlich auch die Entstehung der Normandie, deren Anfänge in einer derartigen Belehnung im Jahre 911 liegen.

Von Söldnerbanden zur Herzogswürde: Siedlung in der Normandie

Wikinger im Frankenreich

Müsste man die Namen von drei berühmten Normannen nennen, käme einem natürlich zuerst Wilhelm der Eroberer wegen seiner geschichtsträchtigen Eroberung Englands in den Sinn, an zweiter Stelle wohl Robert Guiscard, der wie kein Zweiter die Entwicklung in Süditalien geprägt hat. Aber spätestens als Dritter müsste Rollo genannt werden, über den wir im Gegensatz zu den beiden anderen so gut wie gar nichts wissen und der doch der eigentliche Gründer der Normandie genannt werden kann, ja, den man als den allerersten Normannen bezeichnen muss. Vor ihm gab es zwar Wikinger in der Normandie, aber erst mit seiner Entscheidung für ein vertragliches Bündnis mit den fränkischen Herrschern, seiner Taufe und seiner christlichen Heirat wurden die Wikinger zu Normannen.

Aber wie kam es dazu, dass gerade Rollo unter den vielen Wikingerführern des 9. und 10. Jahrhunderts diese historische Rolle zufiel? Die wohl nur teilweise historische, zu Dudos Zeiten knapp 100 Jahre später jedenfalls schon legendarische Entstehungsgeschichte des Vertrags von Saint-Clair-sur-Epte zwischen Karl dem Einfältigen und dem wikingischen Söldnerführer Rollo ist allerdings kein Einzelfall in der Geschichte der Wikinger im 9. und 10. Jahrhundert. Schon Karl der Kahle hatte Mitte des 9. Jahrhunderts zuerst vergeblich versucht, sich die Wikinger, die das Westreich verheerten, mit der Zahlung von immer größeren Mengen Silbers vom Leibe zu halten. Diese Strategie hatten auch jenseits des Kanals die schwächeren der englischen Herrscher vom 9. bis ins 11. Jahrhundert hinein immer wieder verfolgt, mit genauso geringem Erfolg.

Derartige Zahlungen sind schon für die erste Hälfte des 9. Jahrhunderts belegt, als Paris im Jahr 845 das erste Mal geplündert wurde. Karl der Kahle zahlte damals dem Wikingerführer Ragnar obendrein 7000 Pfund Silber, nur damit er von der Seine abzog. Ein Jahrzehnt später heerten die Wikinger eines gewissen Weland in derselben Gegend, und auch ihm zahlte Karl der Kahle 856/857 immerhin 5000 Pfund Silber, in der Hoffnung, er möge ein anderes Wikingerheer unter Hasting von der Seine vertreiben. Weland ließ sich jedoch von Hasting zusätzliche 6000 Pfund für den freien Abzug bezahlen, ohne auch nur an einen Kampf zu denken.

Noch ein wenig früher hatte Pippin II. im Bürgerkrieg mit Karl dem Kahlen ein auf der Garonne in Aquitanien plünderndes Wikingerheer gegen Bezahlung angeworben. Eine Generation später konnte sich offenbar auch Karl der Dicke (reg. 885–888) der Wikinger nur noch durch immer neue, wenn auch am Ende wirkungslose Zahlungen erwehren. Diese Zuwendungen, die später in England als Danegeld berüchtigt wurden und hier wie dort das Land ausbluteten, waren beim Adel wie bei der Kirche, die immer wieder ihre Schätze dafür abgeben musste, gleichermaßen unbeliebt. Als Karl der Dicke nach der zweiten Belagerung von Paris, die diesmal fünf Monate lang bis in den März 886 andauerte, die Stadt nur mithilfe eines Lösegeldes entsetzen konnte, wurde er daher von seinen adeligen Untertanen gestürzt.

Die aus den Schutzzahlungen resultierende Geldnot der fränkischen Herrscher war aber sicher nicht der einzige Grund, warum man den Wikingern schließlich Land statt Geld anbot, um sie zur Verteidigung des Reichs (*nota bene* meist gegen andere Wikinger) zu bewegen. Denn offenbar wünschten Letztere sich selbst Landbesitz. Bei der wissenschaftlichen Diskussion darüber, ob die Wikinger (wie Dudo Anfang des 11. Jahrhunderts behauptete), gierig nach Land gewesen seien, so wie ihre germanischen Vorfahren gegen Ende des Römischen Reiches, oder ob die fränkischen Herrscher es den Wikingern nur »angedient«[11] hätten, um sie sesshaft und kontrollierbar zu machen, darf auch der Blickwinkel der skandinavischen Seeräuber nicht ignoriert werden.

Denn die wikingischen Piratenkapitäne, die sich selbst ein wenig hochtrabend zu »Seekönigen« stilisierten, mussten von ihren Profiten nicht nur ihre Mannschaften bezahlen und die getätigten Investitionen in Schiffe und Waffen wieder hereinspielen, sondern sie mussten auch in Skandinavien respektable Resultate ihrer Reisen vorweisen können. Wann immer aber der in Hacksilber leicht messbare Gewinn aus Schutzgeldzahlungen, Lösegeldern oder den Profiten von Sklavenhandel ausblieb, war das nach skandinavischem Erbrecht wichtigste Gut ein sehr brauchbarer Ersatz: Wer Land, noch dazu im Süden, vorweisen konnte, galt in Skandinavien sicherlich als gemachter Mann.

Insofern bleibt die in der historischen Forschung gängige Vermutung, die fränkischen Herrscher hätten den Wikingern Land als Lehen geradezu aufgedrängt, sehr unwahrscheinlich. Erstens hatten die Wikinger wohl nur eine beschränkte Vorstellung von den Rechten und Pflichten, die im Lehenswesen enthalten sind. Zweitens spricht für eine eher kommerzielle Abmachung, die man genauso gut mit Geld wie mit Land bezahlen konnte, dass der mit Rollo zeitgenössische Historiker Flodoard von Reims (etwa 925) den Begriff *foedus* benutzt, wenn er von den Abmachungen Karls des Kahlen mit den Wikingern spricht.[12] Ein *foedus* macht die vertraglich Gebundenen zwar zu Föderaten, wie der Name ja sagt, aber dieses Verhältnis reicht nicht annähernd an eine Lehensbeziehung heran. Drittens wollte man die Seeräuber offenbar gar nicht am Hals haben, denn die Landverträge betrafen durchweg Gegenden, die möglichst weit weg von den Machtzentren lagen, wie schon Regino von Prüm deutlich machte, wenn er über den erwähnten Harald Klak spricht: »den Feind, den er [Ludwig] *in das äußerste Ende des Reiches* eingelassen hatte«.[13]

Dennoch hatte schon Ludwig der Fromme 826 dem dänischen Kronprätendenten Harald Klak (wohlgemerkt nach dessen Taufe) die Grafschaft Rüstringen (in Oldenburg) zum Lehen gegeben,[14] und später bekam er gemeinsam mit seinem Bruder Rorik auch noch Wijk bei Dorestad dazu. Als Harald aber in Ungnade fiel, ins Ostreich entkam und von dort dann selbst wieder den Unterlauf von Rhein und Waal sowie die Insel Walcheren zu verheeren begann, zeigte sich, wie wenig sich die Wikinger ihrem Eid verpflichtet fühlten. Somit blieb die Belehnung von Wikingern als Landesverteidiger für die westfränkischen Karolinger eine zweischneidige Angelegenheit, die aufgrund der mangelnden Loyalität der Seeräuber keinerlei Garantie für eine effiziente Verteidigung bot.

Karl der Kahle wiederum überließ 867 dem bretonischen Herzog Salomon (ermordet 874) die Halbinsel Contentin und das Avranchin im äußersten Westen der Normandie, um ihn als Landesverteidiger gegen die Wikinger zu gewinnen, und schenkte ihm sogar eine Königskrone. Die Wikingereinfälle zu stoppen, hatte allerdings auch Salomon nicht wirklich im Sinn, der sich mit diesen immer wieder verbündete.

Darüber hinaus zeigen die Belehnungen, wie sehr die Interessen der Skandinavier sich von denen der fränkischen Herrscher unterschieden: Karl der Dicke schloss wie schon sein Großvater Ludwig nach einer Reihe von Tributzahlungen einen Separatfrieden mit dem dänischen Wikinger Godefrid, der vorher in England einer der Anführer des genannten Großen Heeres gewesen war, 878 mit einem Teil des Heers auf die Südseite des englischen Kanals übergewechselt und vor allem in der Seine geplündert hatte. Als Karl Godefrid nach dessen Taufe Friesland als Lehen gab, hatte er sich sogar mit Reklamationen über die Qualität des Landstrichs auseinanderzusetzen, wie Regino von Prüm zum Jahr 885 berichtet:

> [Godefrid ...] schickt [...] Gesandte an den Kaiser und läßt ihm sagen, wenn er wünsche, daß er in der versprochenen Treue verharre und die ihm anvertrauten Reichsgrenzen gegen die Einfälle des eigenen Volkes verteidige, so möge er ihm Koblenz, Andernach und Sinzig nebst einigen andern zum Gebrauche des Kaisers bestimmten Kammergütern wegen der Fülle des Weins, der dort in reichem Maße vorhanden war, schenken, weil das Land, welches er durch die Freigebigkeit des Kaisers zum Besitz erhalten habe, durchaus keinen Wein hervorbringe.[15]

Zwar ist unklar, ob es sich bei dieser Forderung um einen reinen Vorwand Godefrids handelte, um die Seiten wechseln zu können, oder um einen natürlichen Wunsch seiner Gefolgsleute. Sie bestätigt aber, dass die fränkischen Herrscher nur bereit waren, Lehen an der äußersten Peripherie zu vergeben, was gegen eine bewusste und aktive Einbindung der Wikinger in ihr Herrschaftssystem spricht. Jedenfalls hatte Godefrid höhere Ambitionen, vielleicht auch dank seiner Heirat mit der Karolingerin Gisela 882 anlässlich seiner Belehnung mit Friesland, als nur als Heerführer für Karl den Dicken zu arbeiten, so dass ihn Karl in einem ausgefeilt inszenierten Komplott kurzerhand ermorden ließ.

Rollo (gest. 927/33)

Keine drei Jahrzehnte später war Karl der Einfältige (Carolus simplex, reg. 898–929), Enkel Karls des Kahlen, mit demselben Problem konfrontiert wie seine Vorgänger, und obwohl er anfangs Tributzahlungen an die Wikinger ablehnte, bot auch er Geld, als Rollo zuerst Paris angriff und dann 911 Chartres belagerte. Währenddessen machte dessen Heer Anstalten, sich permanent in Neustrien niederzulassen. Nachdem es aber Karls Grafen gelungen war, Rollo in der Schlacht von Chartres am 20. Juli 911 und dann noch einmal am 28. August wenigstens vorerst zu besiegen, war der Angreifer offenbar zu Verhandlungen bereit. Der Erzbischof von Reims, Hervé, führte diese Gespräche im Namen von Karl mit dem Wikinger Rollo, und eine Übereinkunft kam zustande: Karl überließ Rollo (wohlgemerkt nach dessen Taufe) einen ebenfalls abgelegenen Landstrich, nämlich den schmalen, kaum 100 Kilometer langen Streifen entlang des Nordufers der Seine in Westfrankreich »von der Epte (einem nördlichen Seitenflüsschen der Seine) bis zum Meer«. So beschreibt es der Chronist Dudo von St. Quentin[16] etwa hundert Jahre später, unsere einzige ausdrückliche Quelle für diesen Vertrag von Saint-Clair-sur-Epte. Denn die Vereinbarung selbst ist nicht erhalten, sofern sie je in schriftlicher Form existiert hat.

Die damit erlangte Kontrolle über die Ansiedlung der Skandinavier in Neustrien, die man wohl ohnehin nicht hätte stoppen können, war zweifellos ein Erfolg für Karl. So verpflichtete er Rollo zur Taufe und zur Verteidigung des Landstrichs gegen einfallende Wikinger – und damit war zweifellos die Seine selbst mitgemeint, sonst hätte eine solche Klausel wohl kaum Sinn ergeben. Während Dudo über die Taufe wenig zu sagen hat, wird die Belehnung selbst ausführlicher geschildert. Es scheint, als sei die Belehnung und der Ehevertrag mit Gisela, einer (unehelichen) Tochter Karls, gleichzeitig erfolgt. Nach der förmlichen Kommendation, bei der der Wikinger die Hände zwischen die des Königs legt, beschreibt Dudo die berühmte Szene, in der Rollo sich weigert, vor Karl die Knie zu beugen, um dessen Fuß zu küssen, weshalb ihn der Erzbischof Franco von Rouen ermahnt, dass dies doch ein geringer Preis für die Ländereien sei. Daraufhin befiehlt Rollo einigen von seinen Kriegern, den Fuß des Königs anzuheben, damit er ihn küssen könne. Der König allerdings fällt nach hinten um, was »großes Gelächter und einen großen Tumult beim Volk« hervorruft.[17]

Was aber wissen wir wirklich von Rollo? Äußerst wenig, auch wenn ihm Dudo bis zu dieser Stelle der Chronik in bereits elf Kapiteln eine extrem fabelhafte Wikingervorgeschichte angedichtet hat, die zwar mit den verwandten Abenteuergeschichten der viel späteren isländischen *Fornaldarsögur* (›Vorzeit-Sagas‹, also Helden- und Wikingerromane der Völkerwanderungs- und Wikingerzeit) mithalten kann, aber leider keinerlei historisch verifizierbaren Kern besitzt.[18] Immerhin schreibt er Rollo eine (natürlich vornehme) dänische Abstammung und sogar eine göttliche Vision zu. Die tatsächlich zu den isländischen Vorzeitsagas gehörige *Göngu-Hrolfs saga* (›Saga von Hrolf, dem Fußgeher‹) macht ihn zu einem Norweger aus Sunnmøre. Dieser Hrolf, der zu groß ist, als dass ihn ein Pferd tragen könnte – daher sein Beiname –, wird mit dem historischen Rollo identifiziert, aber die Handlung hat mit der Geschichte Rollos überhaupt nichts zu tun. Ebenso passt die Erwähnung einer Tochter Kaðlín, die dieser Hrolf in Schottland gehabt haben soll.[19]

Trotz der wohl mündlich überlieferten und teilweise verlässlichen Informationen über die Frühzeit der Normannen, die Dudo hatte, verwirrt er mit allzu gelehrsamen Hintergrundinformationen seine Leser völlig, so etwa, wenn er Dacia (Dänemark) mit Dacia (Rumänien) verwechselt und daher gelehrtes Wissen zu Letzterem in die Schilderung einbringt: Dacia sei fruchtbar, von hohen Bergen umringt, die Einwohner würden sich selbst als Griechen bezeichnen und vom Troyaner Antenor abstammen.[20] Solche Fehlinformationen und Verwechslungen haben ihm in der neueren Forschung einen schlechteren Ruf eingebracht, als er in Bezug auf die Geschichte der Normandie verdient.

Später, aber etwas realistischer, bringt der Chronist Gottfried Malaterra die ihm bekannten Fakten auf den Punkt:

> Die Heimat der Normannen liegt in Gallien und hieß nicht immer Normandie. Sie gehörte nämlich früher als Provinz mit den umliegenden Besitzungen zum Gebiet des französischen Königs, das allgemeiner mit dem Namen Francia bezeichnet wurde, bis sich aus Norveja Rollo, dieser äußerst tapfere und mutige Anführer, an der Spitze eines großen Heeres kräftiger Krieger mit einer Kriegsflotte zu diesen Küsten der Christgläubigen wandte, nachdem er Friesland und die Häfen an den westlichen Küsten verwüstet hatte, und schließlich dort seinen Landfall machte, wo sich der Fluss Seine ins Meer ergießt. Auf diesem Fluss drang er schließlich mit der Stärke seiner Flotte tief ins Innere von Frankreich vor, dabei die Schönheit der Orte untersuchend, bis er schließlich von all den durchreisten Landschaften diejenige auswählte, die ihm am anziehendsten erschien. Hier gibt es nämlich reichlich fischreiche Flüsse, wildreiche Wälder, sie ist zur Falkenjagd bestens geeignet, fruchtbar an Weizen und anderen Früchten, üppig an Wiesen, um die Haustiere zu ernähren. Deswegen zog er nun an beiden Flussufern voran und unterwarf die Einwohner seiner Herrschaft.[21]

Die kargen Fakten über die frühe Belehnung, die wir besitzen, stammen aus der Zeit lange nach 911. Auch die berühmte Stelle bei Flodoard von Reims,[22] der zufolge den Wikingern nach der Niederlage des Grafen Robert gegen sie bei Chartres bestimmte Gebiete am Meer einschließlich Rouen (*maritimis quibusdam pagis cum Rothomagensis*) und Flächen im Umland überlassen wurden, nachdem sie den christlichen Glauben angenommen hatten, steht isoliert da. Dudo erwähnt diese Episode in der Geschichte Rouens, das die Wikinger fast völlig zerstört hatten, ebenso wenig wie Rollo als deren Anführer. Nur ein eher zufälliges Dokument Karls des Einfältigen enthält ganz nebenbei den Namen Rollos, nämlich eine Urkunde über eine Landschenkung aus dem März 918 an die Abtei St. Germain-des-Prés, in der steht: »mit Ausnahme der Gebiete, welche wir den *Normanni* auf der Seine überlassen haben, nämlich Rollo und seinen Gefährten, zur Verteidigung des Reiches.«[23]

Die nächsten Belege für eine Ausdehnung der Normandie stammen aus deutlich späterer Zeit, nämlich 924 und 933, Letztere sogar schon aus der Zeit von Wilhelm Langschwert, Rollos Sohn. Die Erweiterung von 924 umfasste vor allem Bayeux, das später als »Hochnormandie« das Zentrum des normannischen Gebietes werden sollte, wohl vorwiegend wegen der in erster Linie dorthin zuziehenden Skandinavier. Wie bei der ursprünglichen Belehnung des normannischen Stammlandes wurden auch diese Gebiete keineswegs ganz freiwillig vergeben, vielmehr unterwarf Rollo sukzessive die umgebenden Regionen militärisch und ließ sich diese Gebietsgewinne dann durch Rudolf, den Nachfolger Karls, eigentlich nur mehr bestätigen. Bis zu seinem Tod 932 und der offiziellen Verleihung des Landes 933 an seinen Sohn Wilhelm Langschwert hatte er somit mehr oder weniger den gesamten Bereich besetzt, der viel später durch die Verleihung der Herzogswürde an seinen Enkel Richard II. (vermutlich 1006) zur Normandie wurde und dauerhaften Bestand gewinnen sollte. Demgegenüber blieb die seit 914 eroberte Bretagne nur bis zum Jahre 936 in Wikingerbesitz.

Ob Rollo tatsächlich die uneheliche Tochter Karls des Einfältigen, Gisela, hätte ehelichen sollen oder ob auch dies eine von Dudos Erfindungen ist, wird in der Forschung unterschiedlich beurteilt. Jedenfalls war Gisela 911 erst drei oder vier Jahre alt, und außerdem hatte Rollo schon 890 Popa, die Tochter des Grafen von Bayeux, geheiratet. Aus dieser Ehe stammen sowohl sein Sohn Wilhelm als auch seine Tochter Gerloc (altnord. Geirlaugr, nach der Taufe: Adele). Diese Familienbande belegen allerdings, dass Rollo sich zum Zeitpunkt des Vertrags von Saint-Clair-sur-Epte schon zwei, vielleicht sogar über drei Jahrzehnte im Land befand und also keineswegs als Neuankömmling betrachtet werden muss, wie ihn Dudo beschreibt. Seine Verbindung mit dem neustrischen Adel mag letztendlich auch die Belehnung (nach Dudo) oder gar Schenkung des Landstrichs 911 begünstigt haben, deren Geschichte einen so anderen Weg nahm als die der anderen Belehnungen von oder Föderationsverträgen mit Wikingern in der Geschichte des Karolingerreichs. Angeblich hatte Rollo zudem zwei außereheliche Kinder (eine Tochter Kaðlin in Schottland und einen Sohn Gaultier, Graf von Caen), doch deren Existenz lässt sich nicht nachweisen.

Wilhelm I. Langschwert (gest. 942)

Wilhelm, seinen Sohn, hatte Rollo (der sich nach der Taufe Robert nannte, nach seinem Paten, Markgraf Robert den Tapferen) nach dessen Paten, Herzog Wilhelm I. von Aquitanien benannt. Wilhelm I. Langschwert (893–942, frz. Guillaume Longue Épée) beerbte seinen Vater 932 (oder vielleicht schon 927). Sofern wir Dudos Bericht glauben können, war er in einem weit größeren Ausmaß als Rollo zur Integration in den fränkischen Adel bereit. Allerdings stieß dies angeblich unter seinen wikingischen Gefolgsleuten, vor allem den immer neuen Nachzüglern aus Skandinavien, auf beträchtlichen Widerstand, was sich in einem Aufstand eines gewissen Riulf (altnordisch ›Hrolf‹?) in den Jahren 933/34 manifestierte. Diese Revolte seiner antifränkisch gesinnten Gefolgsleute konnte er zwar niederschlagen, aber seine schwangere Geliebte Sprota, die seinen Nachfolger Richard I. gebären sollte, musste sich nach Évreux in Sicherheit bringen.

Seine eigenen intensiven Bemühungen um eine Integration in die fränkischen Eliten brachten nur eingeschränkten Erfolg: Obwohl er in den späten 930er Jahren aktiv in die fränkische Politik eingriff – zuerst führte er Krieg gegen Arnulf von Flandern, dann unterstützte er den in Bedrängnis geratenen König Ludwig IV. – wurde er von den fränkischen Großen nie völlig akzeptiert und schließlich, angeblich auf Anstiftung von Arnulf, im Dezember 942 bei einer Friedenskonferenz ermordet. Ausgerechnet die Franken, denen er so nacheiferte, ließen ihn töten. Dennoch ist der wohl von den Mönchen der von ihm geförderten Abtei Jumièges verfasste *Planctus* (Trauergedicht) auf ihn das älteste literarische Dokument über die Normannen in der Normandie.

Über die Gründe für Wilhelms Beinamen sagt Dudo nichts, aber neben den offensichtlichen Deutungen mag, falls der Name auf seine skandinavischen Landsleute zurückging, die ihn für zu verweichlicht und zu romanisiert hielten, die Bedeutung eines Spottnamens mitschwingen, da in den skandinavischen, literarisch greifbaren Wikingergesetzen ein möglichst kurzes Schwert von nur einer Elle als Zeichen der besonderen Tapferkeit galt.[24] Allerdings beschreibt Dudo das Schwert Wilhelms bei anderer Gelegenheit, nämlich als er das von Wilhelm eingefädelte Treffen zwischen den ost- und westfränkischen Königen, Otto I. und Ludwig IV., 942 in Vizé dokumentiert. Bei diesem Anlass durfte Herzog Cuno zur Beruhigung der normannischen Krieger Wilhelms Schwert entgegennehmen, und die Waffe wird als höchst extravagant beschrieben, auch wenn es wohl vor allem um ihre Scheide geht:

> Da gab Wilhelm Cono sein Schwert, dessen Griff aus sechs Pfund Gold bestand und das kunstfertig und wunderbar mit Metallblättchen und Goldkapseln geschmiedet war …[25]

Wilhelms Ehe mit Luitgarde von Vermandois (gest. 985) war kinderlos, aber schon um 934 war er zusätzlich eine Ehe *more Danico* (›nach dänischem Brauch‹, also ohne kirchliche Trauung und Ehevertrag, normannisch *danesche manere*[26]) mit der bretonischen Gefangenen Sprota eingegangen. Sprota überlebte den 942 Ermordeten um beträchtliche Zeit, heiratete Esperleng von Vaudreuil und hatte mit diesem nicht nur etliche Töchter, die sie mit normannischen Adeligen verheiratete, sondern auch den Sohn Raoul (Rodulf) von Ivry (gest. etwa 1015), der noch als Regent während der Minderjährigkeit von Richard II. von zentraler Bedeutung für das Überleben der Normandie sein sollte.

Wilhelm wurde zwar noch vom Benediktinermönch Richer von St. Remi (bei Reims) in seinen *Historiae* (vor 995) als *dux piratarum, principus piratarum* (was ›Herzog der Piraten‹, aber auch nur ›Anführer der Piraten‹ bedeuten kann) bezeichnet, den die west- und ostfränkischen Könige von einer Beratung ganz einfach ausgeschlossen hätten.[27] Ungeachtet dessen und trotz seiner kurzen Regierungszeit ist ihm zweifellos die aktiv betriebene Integration in das Frankenreich und der Einstieg in die Politik der fränkischen Reichsteile auf Augenhöhe mit den Königen zu verdanken. Für die Etablierung der Normandie als eigenständige Einheit unter Richard I. und II. legte er damit das Fundament.

Da sein Sohn Richard aber erst zehn Jahre alt war, als Wilhelm ermordet wurde, war die Normandie vorerst durchaus in ihrem Bestand bedroht. Zwar verlieh Ludwig dem Knaben Richard die Normandie offiziell, behielt ihn aber bei sich am Königshof und griff selbst in die Politik der Normandie ein, als er 943 skandinavische Neuankömmlinge, die sich gegen die Christianisierung stellten, in einer Schlacht besiegte. Aber nur zwei Jahre später konnten die Normannen den erst 24-jährigen König Ludwig gefangen nehmen und übergaben ihn seinem ärgsten Gegner, Herzog Hugo dem Großen von Francia, der ihn im Turm von Rouen festsetzte.

Der Chronist Ordericus Vitalis erwähnt, dass in dieser Schlacht dänische Truppen unter einem König Harold (Haigroldus), die mit einer Flotte auf dem Contentin landeten, auf Anraten von Bernhard dem Dänen, der als Regent für Richard fungierte,[28] zugunsten der Normannen gegen König Ludwig eingegriffen hätten. Dieser König Harold könnte 945 König Harald Blauzahn gewesen sein, der zwar erst nach dem Ableben seines Vaters Gorm 958/659 die Herrschaft übernahm, von dem man aber nach seinem Tod 987 schrieb, dass er 50 Jahre regiert habe. Er könnte also seit 937 Mitregent seines Vaters gewesen sein. Sehr wahrscheinlich scheint das jedoch nicht, und dieser dänische König dürfte wohl eher ein ansonsten unbekannter Wikingerführer (die sich ja selbst Seekönige nannten) gewesen zu sein. Es war also de facto vermutlich ein Söldnerheer, das den Normannen zur Seite stand.

Richard I. Ohnefurcht (*Richard Sans-Peur*, 933–996)

Der inzwischen volljährige Richard I. konnte erst freier agieren und seine Stellung als Herrscher der Normandie festigen, als König Ludwig 954, und 956 auch Herzog Hugo starben. Zunächst gelang es ihm, die immer noch neu ankommenden Skandinavier vom Übertritt zum Christentum zu überzeugen. Als Teil seines ›Integrationsprogramms‹ verlobte sich Richard I. 956 mit Emma (etwa 943–nach 968), der Tochter des mächtigen fränkischen Herzogs Hugo, die er 960 heiratete. Emma starb aber kinderlos, und er zeugte vier Kinder mit diversen Geliebten. Laut Robert von Torigni, der erst um 1130 die zahlreichen Details aus Dudos *Historia* und dem Werk von Ordericus Vitalis zusammenführte, verliebte er sich in eine Dänin namens

Seinfreda, die verheiratet war und ihn an ihre ältere Schwester Gunnor verwies. Mit Letzterer, der Tochter eines skandinavischen Neuankömmlings, ging er zunächst eine Ehe *more Danico* ein (also eine Art verfestigtes Konkubinat), bevor er sie wohl 989/90 auch kirchlich ehelichte – freilich tat er das nur, weil sonst sein Sohn Robert als außerehelich nicht hätte Erzbischof von Rouen werden können. Die Heirat wurde für die Dynastie entscheidend, weil durch sie auch die Kinder in den Augen der Kirche legalisiert wurden, was jedoch bei Ordericus diskret verbrämt wird:

> Zu dieser Zeit starb seine Ehefrau Emma, Tochter Hugos des Großen, kinderlos. Er selbst aber verheiratete sich kurz darauf mit einer sehr schönen Jungfrau aus ganz edlem dänischem Geschlecht nach christlichem Brauch.[29]

Dagegen gibt Robert von Torigni sogar die formalen Details preis:

> Gunnor schenkte ihm drei Söhne und drei Töchter, wie oben im Buch über die Taten des Herzogs erwähnt wurde. Als aber der Herzog wollte, dass sein Sohn namens Robert Erzbischof von Rouen werden sollte, wurde ihm von bestimmten Leuten geantwortet, dass dies nach dem Kirchengesetz unmöglich sei, weil nämlich seine Mutter nicht verheiratet war. Wegen dieser Sache heiratete Graf Richard nun die Gräfin Gunnor nach christlicher Sitte, und die Kinder, die schon geboren waren, wurden während der Hochzeitszeremonie samt ihren

Eltern mit einem Tuch bedeckt, und danach wurde Robert Erzbischof von Rouen.[30]

Gunnor, *ex stirpe dacigena* (›aus dänischem Geschlecht‹[31]), war nicht nur die Mutter Richards II. , sondern auch des Erzbischofs Robert von Rouen (*le Danois* ›der Däne‹ 964/74–1017, Erzbischof 989) und nicht zuletzt von Emma (etwa 987–1052), die zweimal englische Königin werden sollte: Insgesamt hatte Richard mit Gunnor fünf Söhne und drei Töchter.[32] Gerade Emma sollte für die Normannen von Bedeutung werden. Zuerst heiratete sie 1002 den englischen König Æthelred II. den Unberatenen (*the Unready*, eig. ›der schlecht Beratene‹, gest. 1016, dem sie die zwei späteren englischen Könige Alfred und Eduard gebar), nach dessen Tod und einem kurzen Exil in der heimatlichen Normandie ehelichte sie 1017 Knut den Großen (König von England 1016, von Dänemark 1019), dem sie den Sohn Harthaknut (1018–1042) gebar. Diese normannische Urenkelin Rollos war also die Frau von zwei englischen Königen und Mutter von drei weiteren, und daraus leiteten sich fürderhin die Ansprüche der Normannen auf den englischen Thron ab.

Die dänische Ahnfrau: Gunnor (etwa 950–1031) und die Quellen

Kommen wir zurück zu Gunnor (mitunter auch Gunnora genannt, ursprünglich wohl Gunvör): Diese zweifellos beeindruckende Frau übernahm von Anfang an die Rolle einer Herrschergattin, wie zahlreiche Urkunden belegen, in denen sie gemeinsam mit ihrem Mann Richard genannt ist, trotz ihrer ausländischen Herkunft, möglicherweise niederen Geburt und der lange Zeit illegitimen Ehe. Wie ihre Zeitgenossin, die byzantinische Prinzessin Theophanu (955–991), die als Gattin von Otto II. Kaiserin des Hl. Römischen Reichs wurde, und vielleicht auch nach deren Vorbild, betätigte sie sich nach dem Tod Richards 996 nicht nur als Regentin, sondern auch als Gründerin von Klöstern (darüber mehr im folgenden Kapitel) und als Literaturmäzenin.

Da es Richard I. war, der die Idee für das älteste bekannte Geschichtswerk hatte und der es 994 bei Dudo in Auftrag gab,[33] der es aber erst zwei Jahrzehnte nach Richards Tod vor etwa 1015 fertigstellte, sei hier ein Einschub über unsere Quellen für diese Frühzeit der Normannen gestattet. Es muss wohl Gunnor gewesen sein, unter deren Aufsicht – und dank deren angeblich ausgezeichnetem Gedächtnis – der fränkische Kanoniker Dudo von St. Quentin sein grundlegendes Geschichtswerk unter dem Titel *De moribus et actis primorum Normannorum ducum* (›Von den Sitten und Taten der ersten normannischen Herzöge‹)[34] verfasste. Da der Titel »Herzog« erstmals in einer Urkunde aus dem Jahre 1006 verwendet wurde (frühere Urkunden mit diesem Titel sind durchweg spätere Fälschungen), ist auch er schon Teil eines Programms, mit dem Gunnor ihren Sohn Richard II. als Herzog etablieren wollte. Dies war überhaupt erst möglich geworden, nachdem Hugo Capet 987 vom Herzog von Francia zum französischen König avanciert war und daher keine Konkurrenz mehr fürchten musste.

Wenn also Dudo wegen seines mehr als rhetorisch überformten Stils und dem Hang zum Anekdotischen von Historikern als »der notorisch unzuverlässige Dudo« gebrandmarkt wurde, dann ist das heute differenziert zu sehen,[35] denn vermutlich konnte sich dieser Dekan des Kanonikerkapitels von St. Quentin nicht nur auf Gunnor und ihren Sohn Richard II., sondern auch noch auf Richard I. berufen, der als Enkel von Rollo ganz zweifellos eine wichtige Quelle mündlicher Überlieferung war, sowie auf Raoul von Ivry, den Bruders Richards I. (gest. 1015). Natürlich verfolgte Dudo als typisch mittelalterlicher Historiker – noch dazu als besonders wortreicher – nicht nur die Intentionen der Auftraggeber, sondern wohl auch seine eigenen, wobei die im Falle der Abstammung der normannischen Dynastie von Skandinaviern auf beiden Seiten (durch die »dänische« Mutter Gunnor) zusammengefallen sein mögen, auch wenn Dudo die später christlich legitimierte Ehe betont.

Abgesehen von einzelnen Urkunden und dem erwähnten *Planctus* auf Wilhelm Langschwert ist Dudos Werk die einzige normannische Quelle, die authentische Informationen aus der Zeit vor der Jahrtausendwende enthält, denn alle späteren Historiker stützen sich auf Dudo. Der erste von ihnen ist der normannische Mönch Wilhelm von Jumièges (um 1000 – nach 1070),[36] der nach 1050 Dudos Werk erstens beträchtlich kürzte und zudem bis zur Regierungszeit von Wilhelm dem Eroberer erweiterte; gegen Ende seines Lebens fügte er sogar noch die Eroberung Englands hinzu. In seinen *Gesta Normannorum Ducum* (›Taten des Herzogs der Normannen‹, nach 1050) behauptet er, Ereignisse unter der kurzen Herrschaft Richards III. (1026–1027) miterlebt zu haben, war also auch noch ein Zeitgenosse der Gunnor. Wir wissen allerdings nicht, ob er von ihr zusätzliche Informationen bekommen hat.

Während des 11. Jahrhunderts wurde sein Text durch eine Reihe anonymer Redaktoren bearbeitet (weswegen seine Fassung jetzt Redaktion C genannt wird), die aber nur kleinere Veränderungen vornahmen, bis Ordericus Vitalis Wilhelms Text in der Zeit zwischen 1109 und 1113 nochmals ergänzte und stilistisch überarbeitete (das Resultat ist als Redaktion E der *Gesta Normannorum Ducum* bekannt).[37] Er integrierte eine lange Vorgeschichte und die Geschichte seines eigenen Klosters nach historischen Dokumenten,[38] und erst seine Fassung bildete die Grundlage für die Revision, die der schon erwähnte Robert von Torigni gegen Ende der 1130er Jahre vornahm.

Ordericus' Hauptwerk ist allerdings seine umfangreiche *Historia Ecclesiastica*, mit der er – trotz des allzu bescheidenen Titels – die Normannen nicht nur in die westeuropäische Kirchengeschichte einschrieb, sondern in die Heilsgeschichte überhaupt. In sein wohl 1114 begonnenes und vor 1137 abgeschlossenes Buch konnte Ordericus auch reiches Material aus dem 11. Jahrhundert einarbeiten, das er in seiner Jugend gesammelt haben mag.[39]

Robert von Torigni baute dann nicht nur die Geschichte seines eigenen Klosters, der Benediktinerabtei Le Bec, in Wilhelms Werk ein, sondern ergänzte auch fantasievolle Angaben zu Rollo und schließlich noch ein ganzes Buch über Heinrich I. bis 1135.[40] Damit schrieb er aber schon ein ganzes Jahrhundert nach dem Tod Gunnors, der letzten Zeitzeugin des 9. Jahrhunderts. Die noch jüngeren Versionen der normannischen Geschichte von Stephan von Rouen und Benedict von St. Maure werden uns später noch beschäftigen.

Richard II. der Gute (*Richard le Bon*, 963–1026)

Alle nachträglichen kirchlichen und historiografischen Legitimierungen der normannischen Nachkommenschaft konnten nicht verbergen, dass sowohl Richard I. außerhalb der Ehe von einer bretonischen Geliebten geboren worden war als auch Gunnor seinen Erben Richard II. vor ihrer förmlichen Heirat mit Richard noch außerehelich geboren hatte. Der Ruf dieser Reihe von ›Bastarden‹ sollte der ganzen normannischen Dynastie Rollos und schließlich ausgerechnet dem Eroberer Englands, Wilhelm, anhaften, der in den skandinavischen Quellen ausschließlich als ›Wilhelm der Bastard‹ (*Vilhjálmr bastardr*) auftritt. Nicht nur war er selbst ein unehelicher Sohn Roberts I. und der Handwerkerstochter Herleva aus Falaise, er stammte zudem von einer ganzen Dynastie von Bastarden ab. Davon wird bei Wilhelm und seinen Nachfahren noch zu sprechen sein.

Auch Richard II. folgte den Fußstapfen seiner väterlichen Vorfahren: Als er 996 die Herrschaft antrat, stand er noch unter dem Einfluss seiner Mutter Gunnor und seines Vormundes Raoul von Ivry, aber seine fast dreißigjährige Regierungszeit führte zu einer endgültigen Konsolidierung der Normandie. Zum einen setzte er die von seinem Vater begonnene Kirchenreform energisch fort, indem er Wilhelm von Dijon als Klosterreformer ins Land rief. Auch förderte er den Geschichtsschreiber Dudo und holte anscheinend sogar skandinavische Skalden (Dichter) wie Sigvatr Þórðarson nach Rouen. Wir dürfen daher annehmen, dass er wie sein Vater in Bayeux Altnordisch gelernt hatte und die Skalden somit verstehen konnte. Daneben förderten er und sein bischöflicher Bruder Robert ›der Däne‹ offenbar auch andere Literaten, denn es ist überliefert, dass zwischen 1000 und 1030 der normannische Poet Garnier von Rouen aus dem Gefolge des Erzbischofs Robert und seiner Mutter Gunnor einem irischen Dichter, Moriuht, der der Sklaverei der Wikinger entkommen war, in einer derben lateinischen Satire heidnisch-wikingische (!) Bräuche vorwirft und ihn damit lächerlich machen will: Die Absurdität der Vorwürfe ausgerechnet einem Iren gegenüber zeigt einmal mehr, wie weit man sich in Rouen nach 1000 bereits von der skandinavischen Vergangenheit entfernt hatte.[41]

Wie Richards etwa 50 erhaltene Urkunden zeigen, war er in vielfältigen Bereichen aktiv. Nicht nur setzte er sich für die Klöster ein, von denen er besonders das von seinem Vater als dynastische Grablege bestimmte St. Trinité in Fécamp förderte und zu einer Benediktinerabtei umwandelte, sondern er pflegte auch die Beziehungen zu den fränkischen und englischen Nachbarn. Eine besondere Verbindung hatte er zum französischen König Robert II., dem er gegen Burgund beistand. Mithilfe einer klugen Heiratspolitik versicherte Richard sich der Bretagne, indem er seine Schwester Hawise mit Gottfried I. von Bretagne vermählte und selbst dessen Schwester Judith um etwa 1000 zur Frau nahm. Die historisch folgenschwerste dieser Bündnisehen war 1002 die Verheiratung seiner Schwester Emma mit Æthelred II. dem Unberatenen von England, der noch 1001/1002 eine Expedition in die Normandie geschickt hatte, um Richard gefangenzusetzen, aber dabei eine empfindliche Niederlage erlitt.

Zudem konnte Richard II. die wesentlichen Ämter des Herzogtums mit seinen eigenen Verwandten besetzen:

Sein Bruder Malgerius wurde Graf von Corbeil, sein Halbbruder Wilhelm (einer der zahlreichen unehelichen Nachkommen Richards I.) wurde Graf von Eu. Für die Kirchenämter standen sowohl sein Bruder Robert als Erzbischof von Rouen und als Graf von Évreux zur Verfügung als auch seine Cousins (Söhne seines Onkels und Vormunds Raoul von Ivry). Von den Letzteren wurde Hugo Bischof von Bayeux und Johannes Bischof von Avranches. Dabei bürgerte sich, ohne dass diese Würde jemals verliehen wurde, der Titel eines Herzogs für die ehemaligen Grafen der Normandie ein, so dass die Historiografen auch zurückblickend durchweg von den Herzögen der Normandie sprechen.

Mit der erwähnten Judith von der Bretagne, Tochter Conans I., hatte Richard II. eine reiche Nachkommenschaft, die ebenfalls dynastisch relevante Ehen eingehen musste: Seine älteste Tochter Alice (auch Adeliza, etwa 1002/1005 – 1038) heiratete Renaud I. von Burgund, die nächstjüngere Eleanor (etwa 1011/1013) Baldwin IV. von Flandern; nur die jüngste Tochter Matilda starb noch nicht einmal 20-jährig als Nonne in Fécamp, ebenso wie der jüngste Sohn Wilhelm (1007/1009 – 1025), der als Mönch im selben Kloster verschied. Mit drei Söhnen aus dieser respektablen Ehebeziehung hatte Richard II. eigentlich schon gut für seine Nachfolge vorgesorgt, aber nach dem Tod von Judith 1017 ging er eine weitere Beziehung mit einer gewissen Poppa von Envermeu ein, die ihm 1019 bzw. 1020 wenigstens die beiden Söhne Mauger und Wilhelm gebar. Mauger wurde später Erzbischof von Rouen, Wilhelm Graf von Arques. Angeblich hatte er mit ihr aber auch noch fünf weitere Kinder.

Richard III. (etwa 997/1001 – 1027) und Robert I. der Prächtige (*Robert le Magnifique*, etwa 1000/1002 – 1035)

Als Richard II. 1026 starb, schien die Normandie in sich gefestigt, aber das änderte sich überraschend schnell. Zwar konnte Richard III. noch im Spätsommer 1026 einen Aufstand seines jüngeren Bruders Robert niederschlagen, der als Graf von Hiemois mit seinem Los unzufrieden war. Richard ließ ihn gefangen setzen und nur gegen Ehrenwort wieder freilassen. Im Januar 1027 schloss Richard eine Ehe mit Adele, der Tochter des Königs Robert II. von Frankreich, welche noch von seinem Vater Richard II. arrangiert worden war. Schon zuvor hatte er mit uns unbekannten Frauen zwei Kinder gezeugt, die Tochter Alice und den Sohn Nicolas, der später Abt von St. Ouen in Rouen werden sollte und erst 1092 starb. Die kurze Ehe mit Adele dagegen blieb kinderlos, und Richard starb überraschend sowie unter ungeklärten Umständen nach nicht einmal einem Jahr der Herrschaft im Sommer 1027. Gerüchte, sein Bruder Robert habe ihn vergiften lassen, bleiben unbestätigt.

Diese Gerüchte und Roberts erfolglose Revolte trugen aber dazu bei, dass Letzterer sich bei den normannischen Adeligen nur mit Schwierigkeiten durchsetzen konnte, wobei ihm als einer der wenigen sein Onkel Robert beistand, der schon seit 990 (und bis 1037) Erzbischof von Rouen war. Hinzu kam, dass auch er – offenbar schon vor seinem Herrschaftsantritt – statt einer dynastischen Eheverbindung eine außereheliche Beziehung mit einer gewissen Herleva eingegangen war, die ihm 1026/1027 einen Sohn gebar, nämlich Wilhelm den Eroberer. 1030 bekam er mit ihr (oder einer anderen Geliebten?) noch eine Tochter,

Bischof Odo (links), der Halbbruder Wilhelms des Eroberers, auf dem Teppich von Bayeux

Adela (oder Adelheid, gest. 1082). Über die Herkunft dieser Herleva haben sich die späteren mittelalterlichen Historiker allesamt den Kopf zerbrochen, aber ob ihr Vater Fulbert nun ein schlichter Gerber, ein Bürger von Falaise oder ein herzöglicher Kämmerer gewesen war, sie war jedenfalls von niederer und somit unstandesgemäßer Herkunft, und Robert heiratete sie auch nie. Nach 1029 ehelichte sie seinen Vasallen Herluin, Vicomte de Conteville, und gebar diesem zwei Söhne und eine Tochter. Einer jener Söhne, Odo, wurde immerhin Erzbischof von Bayeux und englischer Regent, während sein Bruder Robert Graf von Montain wurde; alle drei (Halb)brüder sind auf dem Teppich von Bayeux dargestellt.

Damit hatte Robert die normannische Dynastie mit einem weiteren Bastard belastet, wiewohl dieser als Wilhelm der Eroberer König von England werden sollte. Noch spätere englische Könige waren schlecht auf diese Herkunft zu sprechen, wie eine Anekdote von Heinrich II. Plantagenet (1068–1135) zeigt, dem Urenkel Wilhelms des Bastards: Als der Bischof Hugo von Lincoln den ohnehin schon erzürnten König an einem Fingerverband herumfummeln sah, sagte er zu ihm leise die abwertend zu verstehenden, aber sicher scherzhaft gemeinten Worte: »Wie gleichst Du doch Deinen Verwandten aus Falaise!« Damit spielte er auf die niedere Herkunft von Heinrichs Urgroßmutter Herleva an, was Entsetzen beim Gefolge des Königs auslöste. Zu Hugos Glück sah der König die komische Seite der Bemerkung und brach in Gelächter aus, bevor er seinem Gefolge den Scherz sogar erklärte: »Die Mutter unseres Urgroßvaters Wilhelm, Eroberer dieses Landes, soll von niederer Geburt und aus der bekannten normannischen Stadt Falaise gewesen sein; dieser Ort ist berühmt für seine Lederverarbeitung«.[42]

Robert der Prächtige wiederum hatte nicht nur im Inneren, sondern auch mit seinen bretonischen Nachbarn Schwierigkeiten. Erst dank seines Onkels Robert konnte er Frieden mit Allan III. von der Bretagne schließen. Außerdem lebten seine Cousins Edward und Alfred, die Kinder Emmas und Æthelreds, bei ihm im Exil in der Normandie, seit sie mit Æthelred 1013 vom dänischen König Sven Gabelbart aus England vertrieben worden waren; ein zweites Exil in der Normandie trat Æthelred, nach seiner zeitweiligen Wiedereinsetzung dann 1016 an, als Knut endgültig die Herrschaft übernommen hatte. Im Namen der jungen Prinzen unternahm Robert 1035 nach dem Tod von Knut dem Großen einen Invasionsversuch in England, der aber am stürmischen Wetter scheiterte. Die Flotte zerstreute sich, während Robert selbst nur mit Mühe in Guernsey landen konnte. Bei einem weiteren Invasionsversuch mit normannischen Söldnern wurde Alfred in England gefangengenommen und geblendet.[43]

Zudem hatte Robert Schwierigkeiten mit seinen normannischen Bischöfen. Obwohl er selbst Klöster gründete, wurde ihm die Beschlagnahme von Kirchengütern von Fécamp angelastet, weshalb ihm einige Historiker den Beinamen *le diable* (›der Teufel‹) gaben. Noch vor 1034 konnte er jedoch die Kirchengüter zurückgeben. Ungeachtet seiner diversen Probleme entschloss sich Robert aus unbekannten Gründen zu einer Pilgerfahrt nach Jerusalem[44] – vielleicht lastete doch ein Brudermord auf seinem Gewissen? Jedenfalls ließ er den noch unmündigen, erst 7-jährigen Wilhelm als seinen Nachfolger und Erben einsetzen und steckte seinen ebenfalls noch unmündigen Neffen Nicolas, den unehelichen Sohn Richards III., ins Kloster, um Nachfolgeansprüchen von dieser Seite vorzubeugen. Dann reiste er über Konstantinopel ins Heilige Land und erreichte Jerusalem tatsächlich, starb aber auf dem Rückweg im Juli 1035 in Nicäa an einer Krankheit.

Sein früher Tod sollte dem minderjährigen Wilhelm noch unruhige Zeiten bescheren, obwohl vorerst dessen Großonkel Robert als Erzbischof weiterhin die Regierungsgeschäfte leitete, der aber schon 1037 hochbetagt starb (er war um 960 geboren worden und bereits seit 989/990 Erzbischof). Bei der Beschreibung von Wilhelms Leben und seiner Eroberung Englands wird auf diese Hintergründe noch einzugehen sein.

Erst 1087 sandte Wilhelm eine Gesandtschaft nach Nicäa, um den Leichnam seines über 50 Jahre vorher verstorbenen Vaters Robert heimzuholen. Als aber die Delegation mit den sterblichen Überresten Apulien erreichte, starb Wilhelm selbst, und die Gebeine wurden laut der ›Geschichte der Englischen Könige‹ von Wilhelm von Malmesbury ebendort beigesetzt – immerhin in normannischem Boden, aber nicht in der Normandie.[45]

Normannische Identität in der Frühzeit der Normandie?

Spätestens unter Richard I., also nur zwei Generationen nach Rollos Taufe, stellte sich bereits die Frage der Identität der neuen ›Normannen‹: Waren sie zu Franken geworden, oder waren sie weiterhin Wikinger, die lediglich im Frankenreich wohnten? Neben der Religion, die die Wikinger mit ihrer Landnahme aber aufgeben mussten, war die Sprache ein wichtiges Element der Identität. Es ist daher nötig herauszufinden, nach wie vielen Generationen die Skandinavier ihr Altnordisch aufgegeben und sich vorwiegend auf Französisch verständigt haben.

Noch im Jahre 1021 – also 110 Jahre nach Rollos Taufe – soll ein Skalde am Hof Richards II. in Rouen seine altnordischen Gedichte vorgetragen haben, was wohl voraussetzt, dass ihn das Publikum – oder doch ein Teil davon – noch verstehen konnte. Der äußerst produktive isländische Skalde Sigvatr Þórðarson erwähnt kurz seinen Besuch in Rúðuborg (Rouen[46]) um 1025, und Snorri Sturlusons norwegische Königsgeschichte (*Ólafs saga hins helga*, Kap. 146) bestätigt diese Reise Sighvatrs nach Rouen in »Valland«. Dass die Verständigung zwischen Skandinaviern und Norman-

Rollo (gest. 927/933)
Wilhelm I. Langschwert (gest. 942)
Richard I. Ohnefurcht (Richard Sans-Peur, 933–996)
Richard II. der Gute (Richard le Bon, 963–1026)
Richard III. (etwa 997/1001 – 1027)
Robert I. der Prächtige (Robert le Magnifique, etwa 1000/1002–1035)
Wilhelm I. der Eroberer (1028–1085)
Robert II. Curthose (1051–1134, Herzog bis 1106)

Die Herrscher der Normandie

nen aber nicht mehr ganz selbstverständlich war, zeigt die erwähnte Geschichte bei Dudo, nämlich dass schon Wilhelm Langschwert seinen Sohn Richard (geb. 933) nach Bayeux schickte, damit jener die dänische Sprache lernen konnte, weil in Rouen in den 930er Jahren schon das Französische vorherrschte.

Aber dem Vater ging es offenbar um mehr als nur um die Sprache, nämlich auch um kulturelle oder charakterliche Fertigkeiten, denn Dudo verweist auf eine ›dänische Beredsamkeit‹, die Wilhelm seinem Sohn anerzogen wissen wollte: »erzogen mit großer Sorgfalt, Nutzen aus der dänischen Beredsamkeit ziehend«.[47] Offensichtlich ist auch die rhetorisch geschulte Beredsamkeit in altnordischer Sprache gemeint, die Richard später dazu befähigte, auch neu ankommende Wikinger vom Übertritt zum Christentum zu überzeugen. Ohne eine flüssige Kenntnis des Altnordischen hätte ihm das kaum gelingen können. Abgesehen von Dudo zeigen sich die normannischen Historiker leider denkbar uninteressiert an Fragen der sprachlichen Kommunikation, so dass man aus praktischen Gründen davon wird ausgehen müssen, dass das Altnordische in den Hafenstädten immer noch gebräuchlich war, solange neue Wikinger aus Skandinavien in der Normandie ankamen, was wohl bis zum Anfang des 11. Jahrhunderts noch regelmäßig der Fall war.

König Olaf Haraldsson von Norwegen (reg. 1015–1030), der spätere Hl. Olaf, empfing um 1013 als bereits Erwachsener durch Erzbischof Robert die Taufe in Rouen, wo er zwei Winter und einen Sommer zubrachte. Das zeigt, dass auch in den späteren Regierungsjahren von Richard II. immer noch neue Wikinger aus Skandinavien in der Normandie ankamen, die wohl vorerst nur des Altnordischen mächtig waren. Im ersten Viertel des 11. Jahrhunderts war das Altnordische in der Normandie zweifellos also weiterhin eine gängige Umgangssprache, zumindest in den Hafenstädten.

Zudem wussten praktisch alle normannischen Historiker, auch noch diejenigen des 12. Jahrhunderts, den Namen der Normannen richtig zu deuten, obwohl sie längst das normannisch gefärbte Französisch sprachen und ausschließlich auf Latein schrieben. Natürlich war die Etymologie des Namens der Normannen bei diesen Historikern längst zu einem *locus communis* geworden,[48] aber dieser Gemeinplatz wurde je nach Stilebene und Verfasserinteresse einmal ausführlicher und dann wieder knapper formuliert, am ausführlichsten bei Ordericus:

> North bedeutet nämlich auf Englisch Norden, und Man den Menschen. Normannus heißt daher Mann aus dem Norden, und seine kühne Strenge hat sich für die weicheren Nachbarn wie der kalte Nordwind für junge Blumen erwiesen.[49]

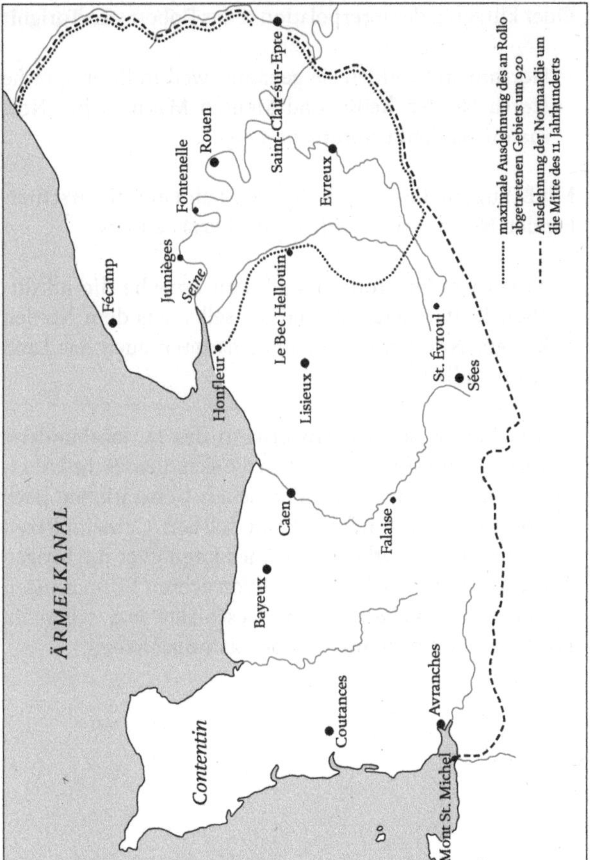

Normannische Gebietsgewinne in der Normandie 911–1066

Oder kürzer in der Interpolation 11 des Robert von Torigni:

> Northmanni werden sie genannt, weil in ihrer Sprache North Norden heißt, und Mensch Mann: daher Normanni, das heißt Nordmenschen.[50]

Mit Bezug auf die englische Sprache beim in Sizilien schreibenden Normannen Gottfried Malaterra heißt es:

> North werden in der englischen Sprache die nördlichen Küsten genannt, und die selbst aus dem Norden kamen, Normannen genannt, nannten auch das Land Normandie.[51]

Sonst aber ist bei den Historikern des 12. Jahrhunderts kaum mehr eine Reminiszenz an die skandinavische Urheimat zu finden, die sechs oder sieben Generationen nach Rollos Landnahme nur mehr in solchen Gemeinplätzen oder aber in weitverbreiteten Anekdoten über die listigen Normannen durchschimmert.[52] Von echten Erinnerungen an die eigene skandinavische Geschichte war schon im 12. Jahrhundert nicht mehr als der Name geblieben.

Die Normannen und ihre Mönche

Wikinger und Christentum

Obwohl die Franken innerhalb Skandinaviens schon viel früher Missionsversuche unternommen hatten,[53] die aber von bescheidenem Erfolg waren, bemühten sie sich vor 911 kaum systematisch um die Christianisierung der Seeräuber, wenn man von den (Massen-)Taufen dänischer Gesandtschaften in der Kaiserpfalz der Karolinger in Ingelheim am Rhein einmal absieht. Aber für fast jede Art von *foedus*, also einer vertraglichen Bindung an die fränkischen Herrscher, war die Taufe Voraussetzung, auch wenn sich offenbar pragmatische Ausnahmen anboten. Dagegen freilich erhoben die Kirchenfürsten ihre warnende Stimme, wie Erzbischof Fulko von Reims (883–900) in einem Brief an Karl den Kahlen aus dem Jahr 997, in dem er ein Bündnis Karls mit noch heidnischen Wikingern scharf verurteilte.[54] Rollos Vertrag aber hatte trotz aller Vorbehalte den Weg zur religiösen Integration der Skandinavier geebnet, und auch weitere Verträge hatten durchweg die Taufe zur Bedingung.

Es ist ein häufig begangener Fehler zu glauben, dass in der Wikingerzeit eine Art Religionskrieg zwischen den heidnischen skandinavischen Seeräubern und dem schon christianisierten Europa in Irland, England oder dem Frankenreich stattfand. Nichts wäre weiter von der Wahrheit entfernt, obwohl dieser Eindruck im christlichen Europa leicht entstehen konnte, weil die Wikinger bei ihren Plünderungen keinen Unterschied zwischen reichen Städten, ergiebigen Handelsplätzen und eben auch heiligen Stätten wie Kirchen und Klöstern machten – was aus ihrer Sicht in Bezug auf Attraktivität und Profit auch tatsächlich wenig ausmachte. In den Augen der Betroffenen ließ sie das jedoch als heidnische Kirchenschänder erscheinen. Aber weder gab es die viel zitierte angebliche Zweiteilung Europas in ein christliches Zentrum und die heidnische Peripherie im Norden, weil die Grenzen sich vom 6. bis zum 11. Jahrhundert dauernd verschoben, noch hatten die Skandinavier ein ideologisches Konzept von einer Ausschließlichkeit ihrer Religion wie die Christen, die ihre Religion als die einzige seligmachende verstanden. Zudem vollzog sich der Übergang zum Christentum schon mitten in der Wikingerzeit und nicht erst an deren Ende.

Noch im 10. Jahrhundert wurden der Dänenkönig Harald Blauzahn (965) und die späteren Norwegerkönige Hakon der Gute Aðalsteinsfóstri (um 930) und Olaf Tryggvason (nach 990) getauft. Damit standen sie am Anfang der Christianisierung der Wikinger im Norden. Der bedeutendste christliche Monarch des Nordens etwa, Olaf der Heilige, der zuerst Christ wurde, dann mit aller Macht versuchte, die unter Olaf Tryggvason begonnene Bekehrung Norwegens abzuschließen und dabei auch den Märtyrertod (oder zumindest Schlachtentod) fand, hatte die Taufe in Rouen in der Normandie empfangen. Offenbar verdankte er sie also Richard II., der ja immer wieder versuchte, die neu ankommenden Wikinger zu Christen zu machen – anscheinend mit Erfolg. Denn Richards angebliche oder tatsächliche Ansprachen und seine listenreichen Schachzüge samt der ihm offenbar wichtigen Bekehrung der Anführer müssen Olaf den (späteren) Heiligen immerhin so überzeugt haben, dass er nicht nur die Taufe annahm, sondern auch verstand, welch ein brauchbares Instrument der Herrschaftsstabilisierung das Christentum war. So setzte er es in Norwegen dann auch ein, und wenn ihn nicht sein Tod nach nur knapp 15 Herrschaftsjahren daran gehindert hätte, wäre wohl auch er noch als Klostergründer in die Geschichte eingegangen.

Das Christentum der Normannen

Rollos Vertrag hatte für alles Weitere den Weg bereitet. Wie schnell aber nun der tatsächliche Übergang zum Christentum bei den neuen Normannen vor sich ging, ist heftig umstritten: Die Zeitspanne von nur zwei Generationen ist jüngst wieder angezweifelt worden,[55] aber dass sich bereits Rollos Enkel, Richard I., um eine Klosterreform bemühte, kann nicht in Frage gestellt werden. Allerdings muss wohl zwischen sozialen Schichten einerseits und den verschiedenen Formen und Durchdringungen religiöser Akkulturation andererseits unterschieden werden. Auf der einen Seite dürften die normannischen Fürsten sehr schnell erkannt haben, welche Chancen für eine kulturelle und soziale Integration sich ihnen durch die Annahme des Christentums und seine systematische Förderung bot; andererseits dürfte es aufgrund der anfangs noch sehr schwachen kirchlichen Infrastruktur in der Normandie recht lange gedauert haben, bis das geistliche Lehramt auch die einfachen Krieger unter den Neusiedlern erreichte und deren religiöse Vorstellungen tiefgreifend beeinflussen konnte.

Zieht man als Beleg für eine schleppende Christianisierung einen Brief des Erzbischofs Guido von Rouen an Erzbischof Heriveus von Reims heran, in dem angefragt wird, wie man mit mehrfachen Taufen und Rückfällen bei Wikingern zu verfahren habe,[56] sollte man nicht vergessen, dass dieser Brief aus den allerersten Jahren des 10. Jahrhunderts stammt, also wohl sogar noch vor Rollos Taufe und Belehnung verfasst wurde und daher für die Normannen kaum relevant ist. Weiterhin ist nicht zu unterschätzen, dass für die religiöse Praxis die Ehen mit fränkischen Frauen wohl wirkmächtiger waren als das kirchliche Lehramt, zumindest was die Frühzeit der Normandie angeht. Freilich ist auch die Wirkung des Patenamtes für die Unterweisung oder wenigstens Vorbildfunktion für die Neugetauften nicht zu unterschätzen, was aber bei Massentaufen nur eingeschränkte Bedeutung hatte. Somit scheinen sich die Normannen in der Tat innerhalb von zwei Generation christianisiert zu haben, sofern man weniger von einem grundlegenden inneren Wertewandel, also einer tiefgreifenden ›Bekehrung‹ ausgeht, sondern vor allem von der alltäglichen Praxis religiösen Lebens.

Auch die karolingischen Herrscher waren Vorbilder für die frisch getauften Neuankömmlinge, bei aller Konkurrenz zwischen den Normannen und den französischen Königen: Der Klerus hatte ja unter den Karolingern eine enorme Bedeutung samt den zugehörigen Rechten, Privilegien und politischen Funktionen gewonnen, so dass man geradezu von einer »Symbiose von politischer und kirchlicher Organisation«[57] sprechen kann.

Der Übergang von einer äußerlichen, formalen Akzeptanz des Christentums hin zu einer überzeugten Förderung von kirchlichen Institutionen ist aber erst ab der Wende vom 10. zum 11. Jahrhundert zu erkennen. Damals begannen die normannischen Großen in ihren eigenen Einflusssphären, ihrem Herzog Richard II. nachzueifern, was die Wiederherstellung und Gründung von Klöstern bzw. Kirchen anging. Die Bedeutung der Grablege *ad Sanctos* (also ein Grab in möglichst unmittelbarer Nachbarschaft eines Heiligengrabs) für das Nachleben dürfte schon für die normannischen Adeligen eine wesentliche Rolle gespielt haben, noch stärker wünschten sie sich vielleicht ein kulturelles Gleichziehen mit dem fränkischen Adel und damit die endgültige soziale Integration in das normannische Herrschaftsgefüge.

Aufgrund des wirtschaftlichen Aufschwungs, den die Normandie nach den wikingischen Verwüstungen des 9. Jahrhunderts erlebte, war das auch ökonomisch möglich. Davon profitierten nicht nur die Klöster, die sich über Neubauten, Schenkungen an die Bibliotheken und Berufungen bedeutender Gelehrter freuen durften, sondern auch die normannische Oberschicht gewann dadurch enormes Prestige und konnte nun ihre eigenen Nachkommen angemessen erziehen lassen. Nicht zuletzt stand überzähligen, nicht erbberechtigten männlichen Nachkommen mit einer kirchlichen oder klösterlichen Karriere nun eine weitere standesgemäße Berufswahl offen. Für den Hochadel bildeten diese Kleriker und Mönche aus den eigenen Familien zudem eine willkommene Personalreserve für die Besetzung der Bischofsämter: Richard II. machte seinen Bruder Robert 989 zum Erzbischof von Rouen, seinen Cousin Hugo zum Bischof von Bayeux, Mauger, einen seiner Söhne mit Poppa, zum Erzbischof von Rouen ab 1037, und sein jüngster Sohn aus der Ehe mit Judith, Wilhelm (1007/1009 – 1025), wurde Mönch in Fécamp.

Dass weder Bekehrung noch Akkulturation und Integration überall so schnell verliefen wie bei der führenden Schicht, zeigt auch folgende Anekdote. Richard I., von dessen ›dänischer Beredsamkeit‹ schon mehrfach die Rede war, hatte um 960 – als die Wikingerzeit in England einem neuen Höhepunkt zustrebte – in einer innenpolitischen Auseinandersetzung, andere, noch heidnische Wikinger zu Hilfe gerufen. Letztere erwiesen sich aber als recht eigenwillig, sobald ihre Aufgabe erledigt war. Da Richard sie offenbar als Siedler gewinnen und deswegen zur Taufe überreden wollte, überzeugte er (dank seiner Eloquenz, dürfen wir annehmen, aber auch mit entsprechenden Bestechungen) in einem nächtlichen Geheimgespräch zuerst ihre Anführer. Er war zuversichtlich, anderntags leichtes Spiel mit den Kriegern selbst zu haben. Diese Rechnung ging jedoch nicht auf, denn viele der Krieger beharrten auf ihrem Glauben und verlangten, beim Abzug noch ihre Unkosten erstattet zu bekommen. So geschah es auch, woraufhin die Heiden weiter nach Spanien gezogen sein sollen. Freilich wäre auch England ein mögliches Ziel gewesen, wo sich damals gerade das *micil here* ›das Große Heer‹ formierte, das ab 965 ganz Ostengland überrennen sollte.

Wie schnell die angeblich bekehrten zurückbleibenden Seeräuber den christlichen Glauben tatsächlich annahmen, darüber geben uns die Quellen leider keine Auskunft, auch wenn bischöfliche Schreiben des 10. Jahrhunderts wiederholt darüber klagen, dass neugetaufte Normannen weiterhin heidnischen Bräuchen anhingen – aber das ist die typische Klage von Klerikern der Missionszeit, und man wird ihr mangels Detailinformation nicht allzu viel Gewicht beilegen dürfen. Es ist nämlich auffällig, wie wenig Konkretes über heidnische Sitten und Gebräuche sich in den Geschichtsquellen findet, gerade als seien Dudo und seine Nachfolger überhaupt nicht mehr mit derartigen Bräuchen in Kontakt gekommen: Einzig und allein die Ehe *more Danico* wird angeprangert, und daneben findet sich eine – schon sehr schwache – Erinnerung daran, dass die Vorfahren der Normannen einem Gott »Thur« geopfert hätten.[58]

Auch dies scheint darauf hinzuweisen, dass bereits zu Dudos Zeit die förmliche Christianisierung recht weit fortgeschritten war. Dass die fränkischen Soldaten den normannischen noch im Jahre 942 beim erwähnten Treffen der ost- und westfränkischen Könige Barbarentum vorwarfen, gehört dagegen eher in den Bereich ethnischer Vorurteile und dürfte wenig mit der Religion zu tun gehabt haben.

Die Normannen und die Klöster

Die normannischen Herrscher in der Normandie hatten von Anfang an verstanden, wie man Kirche und Orden zum politischen, ökonomischen und nicht zuletzt kulturellen Aufbau eines Landes nutzen konnte. Im Falle der Normandie spräche man besser von Wiederaufbau, denn nach den Wikingerzügen des 9. Jahrhunderts waren die meisten alten Strukturen zerstört. So verwundert es auch nicht, dass die fränkischen Kleriker es den nun sesshaften Wikingern zuerst gar nicht zutrauten, Klöster zu fördern oder gar zu gründen, was durchaus verständlich ist. Die alte Abtei Fécamp an der Küste zum Beispiel, deren Geschichte ins 7. Jahrhundert zurückreicht, wurde von den Wikingern 842 zerstört, dann wiederaufgebaut und in den 880er Jahren noch einmal niedergebrannt. Rouen lag 911 angeblich völlig in Trümmern, als sich Rollo taufen ließ. Die Kirchen waren verwüstet, die Mönche geflohen.

Obwohl die Kirchenmänner den neuen Christen kaum über den Weg trauten, begann sofort der Wiederaufbau, allen Unkenrufen zum Trotz. Denn mit Rollo traten wohl tatsächlich die meisten seiner Gefolgsleute zum Christentum über, und sein Sohn Wilhelm Langschwert war offenbar über die zerstörte Abtei Jumièges so entsetzt, dass er den paar verbliebenen Mönchen seine volle Unterstützung zusagte. Getreu seinen Worten gründete er 940 das Kloster dort praktisch neu. Laut Dudo und Ordericus hoffte er, selbst dort Mönch zu werden oder wenigstens seine Grabstätte zu finden.[59] (Beides blieb ihm allerdings verwehrt, denn begraben liegt er in der Kathedrale von Rouen). Auch sein Wunsch, Mönche aus St. Cyprien in Poitiers nach Jumièges zu holen, ging nicht in Erfüllung.

Sein Sohn Richard I. zeigte ebenfalls ein intensives Interesse am Wiederaufbau der Klöster und an deren Reform. Zwar scheiterte er vorerst mit dem Versuch, Benediktiner aus Cluny nach Fécamp zu holen, weil der Abt Maiolus von Cluny deren Entsendung verweigerte,[60] und selbst Wilhelm von Volpiano hatte noch Jahre danach Zweifel, ob die Normannen es mit den Klostergründungen und -reformen überhaupt ernst meinten. Aber immerhin gelang Richard das, woran sein Vater gescheitert war, nämlich die Mönche von St. Cyprien für sein Reformvorhaben zu gewinnen. Auch ließ er ab 961 die Klöster St. Ouen in Rouen und St. Wandrille in Fontenelle restaurieren. Besonders aber bemühte er sich um die Abtei auf dem Mont St. Michel, *St. Michel in periculis maris* ›St. Michael inmitten der Gefahren des Meeres‹, deren Geschichte ins 6. Jahrhundert zurückreicht. Das 708 auf diesem Berg errichtete Michaelsheiligtum nach Vorbild der Michaelsgrotte am Monte Gargano verbindet diesen Wallfahrtsort mit der Geschichte der Normannen in Italien.[61]

Ein wesentlicher Durchbruch in ihrer Kirchen- und Klosterreform gelang den Normannenfürsten, als Richard II. im Jahre 1001 endlich den erwähnten Reformer Wilhelm von Volpiano (Guillaume de Volpiano) aus Cluny überreden konnte, mit seinen Mönchen in das von Richard I. wieder aufgebaute Kloster Fécamp zu kommen, in dem damals nur Kanoniker tätig waren. Dieser Reformer war zuletzt Abt von St. Bénigne in Dijon gewesen, hatte aber von Cluny aus schon mehrere oberitalienische Klöster reformiert. Er verweigerte sich vorerst ebenfalls Richards Wunsch mit dem Argument, dass die Normannen eher geeignet seien, Kirchen zu zerstören als sie aufzubauen, bevor er später nachgab. Wie wir sehen, hielt sich ein hartnäckiges Vorurteil gegen Wikinger bis neunzig Jahre nach Rollos Taufe. Selbst gegen Ende des 10. Jahrhunderts beschrieb der Benediktiner Richer von St. Remi in Reims (gest. nach 998) den überaus christlichen Normannenfürsten Richard I. noch als einen *dux pyratorum* (›Piratenanführer‹), womit ein spätes Vorurteil gegen die Immigranten ventiliert wird.

Es ist dennoch bemerkenswert, dass sich die Normannenfürsten besonders um die in Cluny praktizierte Form des Klosterlebens bemühten (und nicht einfach um die Anwesenheit von irgendwelchen Klerikern). Zum einen wird ersichtlich, dass die Normannen schnell lernten, zwischen den verschiedenen Formen kirchlichen und monastischen Lebens zu unterscheiden (was ihnen die Mönche selbst offenbar nicht zutrauten), zum anderem, dass ihnen gerade die Ziele der Cluniazenser, nämlich feierliche Liturgie mit strikter Einhaltung der täglichen Gebetszeiten, Musik, und Gelehrsamkeit imponierten. Auch solche Vorlieben würde man nicht in erster Linie mit den Wikingerabkömmlingen assoziieren, sie waren aber Teil einer höchst aktiven Akkulturation. Warum sich die Normannenfürsten mit anderen Zielen der cluniazensischen Reform identifizierten, etwa der Verhinderung der Laieninvestitur und der Simonie, also des Verkaufs oder Kaufs kirchlicher Ämter, sowie der Zurückdrängung des Konkubinats in der Priesterschaft, ist schwerer erklärbar. Gerade der letztgenannte Punkt bot ihnen aber vielleicht eine Chance, ihren Ruf bezüglich ihrer Vorliebe für die ›Ehen nach dänischem Brauch‹ (also die Friedelehen) etwas zu verbessern.

Normannisches Klosterleben und Gelehrsamkeit

Die von Richard I. wieder aufgebaute und von Richard II. 1001 durch die Berufung Wilhelms von Volpiano (962–1031) mit neuem Leben erfüllte Benediktinerabtei Fécamp entwickelte sich zu einem Zentrum des religiösen und kulturellen Lebens in der Normandie. Wilhelm gründete dort zwei Schulen, eine für Geistliche und eine für Laien (womit sicherlich in erster Linie die Kinder der adeligen Normannen gemeint waren), und als sein Nachfolger kam sein ebenfalls hochgelehrter Schüler (oder sogar Neffe?) Johannes von Ravenna (Jean d'Allie) als Abt nach Fécamp, der das Amt von 1028 bis zu seinem Tod 1078 bekleidete. Johannes war nicht nur Theologe, sondern auch Arzt und hatte Maßgebliches für den Ruf und das Vermögen des Klosters geleistet, bevor zwei Normannen, Wilhelm von Bayeux und Roger von Bayeux (ab 1107), die Liste der vier Äbte von der Mitte des 10. bis tief ins 12. Jahrhundert vervollständigten.[62] Von Wilhelms Schüler Suppo, ab 1033 Abt von Mont St. Michel, wird noch zu reden sein.

Solche Zentren der Gelehrsamkeit entwickelten sich trotz der während des ganzen 10. Jahrhunderts andauernden Wikingereinfälle im Frankenreich: Entweder hatten die Abwehrmaßnahmen der Normannen gegen ihre skandinavischen Landsleute Erfolg, oder es respektierten im Falle der Normandie auch die Wikinger jüngerer Generationen wenigstens teilweise die Christianisierungsbestrebungen der frühen Herzöge. So blieben jedenfalls selbst die extrem exponiert gelegenen Abteien am Mont St. Michel und in Fécamp von Überfällen verschont, und letztere wurde sowohl die Grablege der beiden Richards als auch des Klosterreformers Wilhelms von Volpiano selbst, was zeigt, dass man sie nicht als besonders gefährdeten Ort betrachtete.

Gegen Ende des 10. Jahrhunderts war es trotz der Bemühungen Wilhelm Langschwerts ab 940 noch nicht sonderlich gut um die Restauration der Klosterlandschaft im nunmehrigen Herrschaftsgebiet der Normannenfürsten bestellt. Andernfalls hätte man in den 990er Jahren wohl kaum den aus dem Kloster St. Quentin in der Grafschaft Vermandoise (also immerhin 200 Kilometer von Rouen entfernt) stammenden Dudo als Historiografen an den Hof Richards I. holen müssen, um »Bräuche und Taten der ersten Herzöge der Normandie« seit Rollo ausführlich aufzuzeichnen.

Zu diesem Zeitpunkt war jedoch bereits die alte Struktur der Erzdiözese Rouen mit den Bistümern Évreux, Lisieux, Sées, Bayeux, Avranches und Coutances wiederhergestellt. Nur Coutances im äußersten Westen hatte noch so unter Wikingerüberfällen zu leiden, dass die Bischöfe ihren Amtssitz nicht nutzen konnten. Man wird also davon ausgehen können, dass auch ein wenigstens rudimentäres Netz aus kirchlichen Einrichtungen wieder existierte, so dass die geistliche Betreuung der Bevölkerung funktionierte. Allerdings dürfte ein enormer Unterschied zwischen den Ansprüchen der Klosterreformer und besonders der cluniazensischen Benediktiner einerseits sowie der Weltpriesterschaft andererseits bestanden haben, denn Ordericus Vitalis klagt über normannische Weltpriester aus »dänischem Geschlecht«, die in der ersten Generation besser mit Waffen als mit Büchern umzugehen verstünden, die noch um die Mitte des 11. Jahrhunderts Waffen trügen und uneheliche Beziehungen pflegen würden. Nach dem Konzil von Reims (1119) gaben sie zwar das Waffentragen auf, an ihren Geliebten hingegen hielten sie fest.[63] Wie weit die Reformen also über die Klöster hinausgingen und mit der Zeit die Pfarreien erreichten, ist angesichts dieser Klagen des nach 1100 schreibenden Ordericus recht fraglich.

Als Wilhelm der Eroberer 1035 den Thron bestieg, gab es jedenfalls bereits zehn Abteien in der Normandie, die allesamt von den Herzögen gegründet oder wenigstens neu belebt worden waren. Aber in den darauf folgenden 30 Jahren entstanden mindestens 18 weitere Klöster, die nun auf die Gefolgschaft der Normannenfürsten zurückgingen. Ordericus Vitalis erklärt sich das Anfang des 12. Jahrhunderts so:

> Die Barone der Normandie wurden durch die Frömmigkeit ihrer Fürsten veranlasst, ihnen nachzustreben, und stifteten sich gegenseitig an, auch etwas zur Rettung ihrer Seelen zu tun. Sie suchten einander in frommen Werken zu übertreffen, und jeder wollte der Großherzigste beim Almosengeben sein, wie es ihrem Rang auch zustand. Jeder einzelne von den Großen hätte schlecht von sich selbst gedacht, wenn er nicht die Kleriker und Mönche auf seinem Gebiet beim Werk Gottes gefördert hätte.[64]

Die dahinterstehende Mentalität dieser ehemaligen Wikinger ist nicht ganz einfach zu erklären, aber neben dem natürlichen Konkurrenzdenken unter den Baronen der Normandie war sicherlich der schon erwähnte Wunsch nach Integration ausschlaggebend, samt dem Wunsch, es den einheimischen Großen nicht nur gleichzutun, sondern diese womöglich zu übertreffen. Aber auch ihr genuines Interesse, an der christlichen Bildung und Gelehrsamkeit teilzuhaben, war sicherlich eine treibende Kraft bei der Förderung von Klöstern und Schulen, die in Jumièges, Fécamp, St. Wandrille (Fontenelle), St. Évroul, sowie La Trinité in Rouen und St. Etienne in Caen und ganz besonders Le Bec zu besonderer Blüte gelangten. Nur die Gründung von Wilhelms Verwandtem Wilhelm FitzOsbern (etwa 1020–1071) in Cormeilles blieb, trotz reicher Schenkungen nach der Eroberung Englands, in ihrer Bedeutung hinter den anderen normannischen Gründungen zurück.

Sein anderes Kloster St. Évroul brachte es zu einem beträchtlichen Ruf in der Kirchenmusik, der aber abnahm, nachdem der von ihm 1050 eingesetzte Abt Robert von

Grantmesnil nach einem Streit mit Wilhelm dem Eroberer nach Süditalien fliehen musste und elf seiner Mönche mitnahm. Danach trat literarisch in St. Évroul der in England von einer englischen Mutter und einem normannischen Vater geborene Benediktiner Ordericus Vitalis (1075 – etwa 1142) hervor, der dort vor 1142 seine große *Historia Ecclesiastica* beendete. Das Werk war als Chronik der Abtei gedacht, entwickelte sich aber zu einer umfassenden Normannengeschichte.

Darin beschreibt Ordericus beispielsweise die unentwegten Reisen der Normannen zwischen der Normandie und Kalabrien, Apulien und Antiochien, Sizilien und England. Er kennt und benennt auch die Akteure der bewegten normannischen Geschichte des 11. Jahrhunderts aus erster Hand, wobei er ein lebendiges, auch anekdotenreiches und durch persönliche Vorlieben mitgeprägtes Bild zeichnet. St. Évroul blieb ein wichtiges Bindeglied zwischen den normannischen Rittern in England einerseits, welche die Abtei weiterhin förderten, und Sizilien und Kalabrien andererseits, denen es durch Tochtergründungen verbunden blieb. Als erster Ableger entstand dort die Abtei in Venosa, deren Abt Berengar mit Robert aus St. Évroul gekommen war und ihr von 1063 bis 1094 vorstand, bevor er sogar Bischof von Venosa wurde und bis zu seinem Tod 1096 blieb.

Zu einem besonderen Zentrum der Literatur und Geschichtsschreibung, das noch lange über das 11. Jahrhundert hinaus Einfluss hatte, wurde das 1034 gegründete Kloster Notre-Dame du Bec in Le Bec Hellouin, obwohl dessen Gründer Herluin nur ein einfacher Ritter und kein Baron war. Diese Sonderstellung war vor allem auf zwei herausragende Persönlichkeiten unter den dort lehrenden Mönchen zurückzuführen: Lanfranc und Anselm. Der geborene Italiener Lanfranc (1010–1089) trat 1042 in Le Bec ein und war von 1045 bis 1063 dort Prior, bevor ihn Wilhelm der Eroberer 1070 als Erzbischof von Canterbury nach England holte. Sein Schüler Anselm (1033–1109) stammte ebenfalls aus Oberitalien und kam 1060 nach Le Bec, wo er 1075 Abt wurde. Dort verfasste er die ersten seiner zahlreichen theologischen Schriften, durch die er zu einem Wegbereiter der hochmittelalterlichen Scholastik wurde. Auch er wurde 1093 von Wilhelm zum Erzbischof von Canterbury berufen, überwarf sich aber sowohl mit dem Eroberer als auch mit dessen Nachfolger Heinrich I. im Zuge des Investiturstreits. Daraufhin musste er sogar mehrfach nach Frankreich ins Exil gehen, von wo aus er (wie andere normannische Mönche auch) nach Süditalien reiste. Im Jahre 1494 wurde Anselm von Canterbury, dieser von den Normannen geförderte und deren Bildung vorantreibende Gelehrte, sogar heiliggesprochen.

In Le Bec waren aber nicht nur Theologen, sondern auch eine Reihe von Historiografen tätig, nicht zuletzt der schon erwähnte Robert von Torigni (etwa 1110–1186), ein Gelehrter normannischer Abstammung, der zuerst Mönch in Le Bec war, bevor er 1154 Abt in Mont St. Michel wurde. Er arbeitete an den *Gesta Normannorum Ducum* des Wilhelm von Jumièges und an der *Historia Ecclesiastica* des Ordericus Vitalis mit und überarbeitete andere, ältere Chroniken. Auch sein etwas betagterer Zeitgenosse Stephan von Rouen (oder Stephanus Rothomagensis oder Étienne de Rouen, gest. 1170) schrieb um 1167–1169 in Le Bec eine prosimetrische normannische Chronik, den *Draco Normannicus*

(›Drache/Standarte der Normannen‹). Als Quellen nutzte Stephan Werke des Dudo von St. Quentin und des Wilhelm von Jumièges, ließ aber noch mehr als diese beiden seine Fantasie spielen.

Neben den Abteien in Le Bec und St. Ouen in Rouen erlangten von Richards I. Gründungen vor allem der Mont St. Michel und Fontenelle historische Bedeutung. Das Kloster Mont St. Michel, 709 vom Heiligen Aubert (gest. 720/725) gegründet, stand schon seit dem 8. Jahrhundert mit Italien in Kontakt, da seine Kleriker nach Süditalien zum Monte Gargano gepilgert waren, um den Bauplan der dortigen Kirche als Vorlage zu holen. (Der Monte Gargano galt als Heiligtum des Erzengels Michael und diente vielen anderen Berg- und Höhlenheiligtümern als Modell.) Die Pilger brachten auch immer wieder Handschriften aus Italien mit. Als Mainard I. dann 966 der erste benediktinische Abt von Mont St. Michel wurde, welches bislang wie andere normannische Klöster von Regularkanonikern bewohnt worden war, entwickelte sich dort bald eine lebendige literarische Szene, ganz zu schweigen von der Abschreibetätigkeit im dortigen Scriptorium.[65]

Obwohl viele Handschriften der reichen Bibliothek beim großen Brand von 1122 vernichtet wurden, ist noch eine Cicero-Handschrift aus dem 10. Jahrhundert erhalten, und im 11. Jahrhundert brachte Abt Suppo (1033–1048) erneut zahlreiche Handschriften aus Italien mit, von denen noch eine Justinian-Handschrift erhalten ist. Unter ihm erreichte die Wissenschaft eine solche Blüte, dass auch der Venezianer Anastasius in das Kloster eintrat, der sogar das Griechische beherrschte. Dank der Konventionen des dortigen Scriptoriums sind auch die Namen etlicher Schreiber der folgenden Perioden bekannt: Im frühen 11. Jahrhundert arbeiteten dort ein Gualterius und ein Martinus, im späten 11. Jahrhundert ein Frotmundus, nach 1100 dann Osbern und Gyraldus, im 12. Jahrhundert Gualterius, Hilduinus, Scollandus, Ermelandus, Osbernus und Nicolaus, ganz zu schweigen von dem schon erwähnten Robert von Torigni, der nach seiner Tätigkeit in Le Bec ab 1154 Abt auf dem Mont St. Michel war und von Heinrich von Huntingdon als »ein äußerst gelehrter Untersucher und Sammler religiöser und weltlicher Bücher« beschrieben wurde. Aus seiner Zeit stammt auch ein erster Plinius-Codex, den Robert mit einem eigenen Prolog versah, nachdem er ihn (aus Italien?) in die Normandie gebracht hatte.[66] Das Kloster Mont St. Michel verlor offenbar nie den Kontakt nach Italien, dagegen fanden sich darin, anders als in Jumièges, kaum Codices aus England, so dass dorthin wohl nur wenige Beziehungen bestanden.

Die Abtei von St. Wandrille in Fontenelle geht ursprünglich auf den namengebenden Heiligen Wandregisel (gest. 668, ein Verwandter von Pippin dem Älteren) im Jahre 648 zurück, wurde aber zwischen 842 und 862 viermal von Wikingern überfallen und schließlich niedergebrannt. Die Mönche flüchteten mit den Reliquien ihres Heiligen nach Boulogne, Chartres und sogar Gent, und das Kloster wurde erst ein Jahrhundert später durch Abt Mainard I. (aus sächsischem Geschlecht, gest. 991) zwischen 962 und 966 wiederaufgebaut und reformiert. Mainard I. war 961 auf Bitten von Richard I. mit einer Gruppe von Mönchen aus Gent in das verkehrsgünstig unweit der Seine gelegene Fontenelle gekommen.[67] Unter Abt Gérard (1006–1029) hatte man 1012 gerade eine neue Kirche fertiggestellt, als diese durch

Blitzschlag zerstört wurde und bis 1033 neuerlich aufgebaut werden musste.

Die Abtei war unter ihrem Vorsteher Gradulf auch für einige Tochtergründungen verantwortlich, darunter Préaux (um 1040) und Grestain (um 1050). Unter den im 11. Jahrhundert in Fontenelle tätigen Gelehrten ist der englische Jerusalempilger Ingulphus erwähnenswert, den Wilhelm der Eroberer 1075 zum Abt von Croyland in Lincolnshire berief (bis 1109) und der dort die *Vita et miracula S. Guthlaci* (die ›Lebensgeschichte des [Lokalheiligen] Guthlacus‹) verfasste.

Das alte Kloster St. Ouen in der normannischen Hauptstadt Rouen war ebenfalls 841 von Wikingern geplündert und zerstört worden, bevor Richard I. um 960 den Wiederaufbau einleitete und einen Abt Hildebert (960?–1006) einsetzte, der die Benediktinerregel auch dort einführte. Die inzwischen restaurierte karolingische Kirche wurde unter dem vierten Abt Nikolaus (etwa 1026/1028–1092), einem Sohn Richards III., abgerissen und durch einen romanischen Neubau ersetzt, der aber im Mittelalter zweimal abbrannte. Die heute noch bestehende beeindruckende gotische Abteikirche wurde erst 1318 begonnen. Trotz der hochadeligen Förderung und einer beeindruckenden Reliquienausstattung erreichte St. Ouen nicht die wissenschaftliche und theologische Bedeutung von Fécamp, Le Bec oder Mont St. Michel.

Auch die alte Abtei in Jumièges war 841 von Wikingern niedergebrannt worden, wurde aber als erstes der normannischen Klöster von Wilhelm Langschwert unterstützt und schon 941 soweit wiederhergestellt, dass vorerst zwölf Mönche darin leben konnten – eine geringe Zahl verglichen mit den tausend Klerikern, die das Kloster um 700 schon beherbergt haben soll. Erst unter Abt Robert (1040–1052) wurde die Abtei massiv ausgebaut, und 1067 konnte der Erzbischof Maurille von Rouen in Anwesenheit von Wilhelm dem Eroberer eine neue große Klosterkirche einweihen. Jumièges war nicht nur durch das ganze Mittelalter für sein Scriptorium bekannt, sondern auch als die normannische Abtei, die nach der Eroberung Englands die engsten Kontakte zur Insel pflegte. Das belegt sowohl sein Handschriftenbestand als auch die Rolle seiner Mönche bei der Besetzung englischer Kirchenposten.

In Jumièges entstand nicht nur kurz nach Wilhelm Langschwerts Tod 942 der *Planctus* (›Trauergesang‹) auf Wilhelm, sondern ein Jahrhundert später die erste der zahlreichen Bearbeitungen von Dudos *Historia*, nämlich die *Gesta Normannorum Ducum* des Wilhelm von Jumièges, der sich angeblich noch selbst an Ereignisse unter Richard III. (1026–1027) erinnern konnte. Ansonsten kürzte er aber Dudos Werk einerseits und fügte andererseits die Geschehnisse bis zu Wilhelm dem Eroberer und später sogar bis zur Eroberung Englands hinzu. Neben der literarischen Tätigkeit war Jumièges auch lange für seine Armenbetreuung bekannt und hieß deshalb im Volksmund *Jumièges l'Aumônier* (›Jumièges der Almosengeber‹).

Wilhelm der Eroberer nutzte das Personal der normannischen Abteien, um nach 1066 ganz strategisch die wichtigsten Kirchenämter in England mit Normannen zu besetzen. Aber immerhin verzeichnet das *Domesday Book*[68] schon 35 benediktinische Abteien in England, die es zu reformieren galt; darüber hinaus war die normannische Umgestaltung der englischen Kirchenlandschaft von einer intensiven Bautätigkeit geprägt.

Dagegen verliefen die Kontakte mit Italien und Sizilien über eine weniger politische Schiene, waren aber ähnlich intensiv. Von der Flucht des Abts Robert von Grantmesnil Mitte des 11. Jahrhunderts nach Kalabrien war schon die Rede, aber auch danach wurden die süditalienischen Klöster immer wieder mit Personal aus der Normandie besetzt, nicht zuletzt, wenn es um die Positionen von Prioren und Äbten ging. Später wird eingehender von den kirchlichen wie literarischen Kontakten zwischen Kalabrien und Sizilien einerseits und der Normandie andererseits die Rede sein.

Der Zug nach Süden: Normannische Söldner in Italien

Die Anfänge der normannischen Südexpansion

Mit der Entstehung der Grafschaft und des nachmaligen Herzogtums Normandie wurden auch die Überfälle der Skandinavier im Frankenreich seltener, während England im späten 10. Jahrhundert seine ›Zweite Wikingerzeit‹ erlebte. In Frankreich und der Normandie hingegen ging die Wikingerzeit mehr oder weniger zu Ende. Der skandinavische Expansionismus, wie ihn die Skandinavier unter Knut zu Beginn des 11. Jahrhunderts in England betrieben, richtete sich in der Normandie noch nicht gegen England. Die Normannen, zwar schon deutlich romanisiert, aber noch immer mit wikingischem Tatendrang, wandten sich um die Jahrtausendwende zunächst nach Süden und stellten in der Folge ihre staatsgründerischen Fähigkeiten auch in Süditalien und auf Sizilien unter Beweis.

An den Gestaden des Mittelmeeres sollte bis zum 12. Jahrhundert nach Knuts eher kurzlebigem Großreich im Norden der größte normannische Herrschaftsraum entstehen. Die später hinzukommende Eroberung Englands durch den Normannen Wilhelm 1066 (welcher 1070 die Unterwerfung Irlands folgte) zeigt zumindest im Rückblick, dass die Belehnung Rollos durch Karl den Einfältigen und die daraus folgende ethnische Verbindung der Skandinavier mit den Westfranken politisch gesehen der wohl folgenschwerste Schritt der Wikingerzeit war. Er ermöglichte nämlich die Gründung gleich drei neuer Reichsgebilde in Europa außerhalb Skandinaviens, die am Beginn der Wikingerzeit nicht existiert hatten: Es entstanden das Herzogtum Normandie, das Königreich England und das (später sogenannte) ›Königreich beider Sizilien‹ im Süden.

Im 11. Jahrhundert waren es zudem nicht mehr – so wie in den ersten Jahrzehnten der Wikingerzeit – die Inseln, auf denen die Wikinger ihre nachhaltigsten Erfolge erzielen konnten. Erst dort, wo sie sich von den Inseln lösten und das untereinander aufgeteilte Land zu bewirtschaften begannen, wie etwa ab 876 in Northumbria oder nach 911 in der Normandie, konnte ein wenigstens halbwegs stabiles politisches Gebilde entstehen. Die Inseln setzten die Stärke der Plünderer in Szene, das Ackerland hingegen die Stärke der Staatengründer.

Wie so oft bei der skandinavischen Expansion in Europa liegen auch die Anfänge der normannischen Eroberung Süditaliens im Halbdunkel, weil die mittelalterlichen Historiker uns darüber nur lückenhafte und noch dazu widersprüchliche Berichte hinterlassen haben. Jedenfalls sind durch die Geschichtsschreiber mindestens drei völlig unterschiedliche Versionen der normannischen Anfänge in Italien auf uns gekommen, die nicht miteinander in Einklang zu bringen sind.

Bemerkenswert ist aber, dass die beiden normannischen Chronisten, die die allerfrüheste Geschichte der Normannen in Italien behandeln, die Ankunft der ersten Söldner bald nach dem Jahre 1000 zum einem mit einem Hilfegesuch süditalienischer Städte, die sich gegen die seit 968 andauernde byzantinische Besetzung zur Wehr setzten, zum anderen mit normannischen Pilgern in Verbindung bringen. Erst durch die Pilger sei der Hilferuf überhaupt in die Normandie gelangt. Allerdings widersprechen sich die beiden Chronisten auch diesbezüglich.

Wilhelm von Apulien, der sein *Carmen historicum* zwischen 1095 und 1099 verfasste, also immerhin mit fast einem Jahrhundert Abstand zu den Ereignissen, erzählt von normannischen Pilgern, die sich auf einer Wallfahrt zum Michaelsheiligtum auf dem Monte Gargano (auf dem ›Sporn‹ des italienischen Stiefels) befunden hätten. Zu diesem Höhlenheiligtum hatten die Normannen mit ihrem Nationalheiligtum am Mont St. Michel seit Jahrhunderten eine ganz besondere Beziehung. Dieses Kloster auf dem Berge Tumba war das einzige, das während der kommenden Jahrhunderte immer mit Italien in Verbindung stehen würde. Die erste Schenkung Rollos nach seiner Taufe ging an Mont St. Michel, den späteren Hauptwallfahrtsort der Normannen. Diese enge Verbindung war gleichzeitig ein Grund dafür, dass im 10. und 11. Jahrhundert der Monte Gargano immer wieder von normannischen Pilgern besucht wurde, ob nun als alleiniges Ziel oder auf dem Weg ins Heilige Land.

Am Monte Gargano jedenfalls sollen diese Pilger laut Wilhelm von Apulien den exilierten Langobarden Meles von Bari getroffen haben. Dieser habe sie um Hilfe gegen die Byzantiner (›die Griechen‹) gebeten, woraufhin die Normannen versprochen hätten, später mit Landsleuten zurückzukehren, um ihm beizustehen. Kaum seien die Normannen in der Tat mit Verstärkung nach Italien zurückgekehrt, habe Meles sie mit Waffen versorgt, und sie seien mit ihm 1017 in den Kampf gegen die Byzantiner gezogen, der aber dann mit Meles' einstweiligem Misserfolg bei Cannae 1018 endete. Erst in drei Schlachten des Jahres 1041 konnten die Langobarden mit normannischer Hilfe diese Scharte wieder auswetzen. Der Hinweis auf die angebliche Waffenlosigkeit der doch so kriegerischen Normannen ist nur aus dem späteren Blickwinkel heraus zu verstehen: Manche Ankömmlinge der späteren Jahrzehnte mögen wegen Rebellion und Flucht aus der Normandie tatsächlich ohne (vollständige?) Bewaffnung unterwegs gewesen sein, für diese ersten Söldner ist dies dagegen sehr unwahrscheinlich.[69]

Eine ganz andere Geschichte verzeichnet Amatus von Montecassino, der viel früher einsetzt, aber ebenfalls von normannischen Pilgern erzählt, die allerdings auf der Rückreise aus Jerusalem gewesen seien.[70] Diese 40 normannischen Pilger fanden, aus dem Heiligen Land in Italien ankommend, die Stadt Salerno von Arabern belagert und boten daraufhin Fürst Gaimar IV. (auch Waimar, reg. 999–1027) ihre Hilfe an. Gaimar besorgte ihnen Pferde und Waffen – als Pilger waren die Normannen wohl wirklich unbewaffnet unterwegs –, und sie befreiten die Stadt von der Belagerung der Sarazenen. Die Einladung, in Gaimars Dienste zu treten, lehnten sie allerdings ab, dafür gab er ihnen Gesandte und Geschenke mit, um in der Normandie Söldner anzuwerben.

> Als dieser große Sieg durch die Tapferkeit der 40 Pilger gewonnen war, dankten ihnen der Prinz und alle Bürger von Salerno, und sie boten ihnen Geschenke und Belohnungen an und flehten sie an, zum Schutz der Christen zu bleiben […]. Danach beschlossen die Salernitaner [die Handschrift hat fälschlich: Normannen], dass alle Prin-

> zen der Normandie kommen sollten, und luden sie ein, aus der Normandie zu kommen, sie teils mit dem Reichtum dort lockend. Sie schickten ihre Abgesandten und sandten Zitrusfrüchte, Mandeln, eingelegte Nüsse, Purpurstoffe und mit Gold eingelegte Eisenwaren mit, um die Normannen dazu zu bringen, in dieses Land von Milch und Honig und so schönen Dingen zu kommen.[71]

Die ersten derart angelockten Söldner seien laut Amatus die Brüder Gilbert, Rainulf, Ascletin, Osmund und Rodulf aus der Familie Drengot gewesen, die wegen eines Mordes den Zorn des Herzogs Robert zu fürchten hatten. Ordericus gibt die Geschichte noch detaillierter wieder. Ihm zufolge hatte Osmund (und nicht Gilbert wie bei Amatus) in Gegenwart des Herzogs Richard II. einen gewissen Wilhelm Repostellus ermordet, weil dieser sich gebrüstet habe, die Tochter des Mörders geschändet zu haben. Zwar gehört diese Mordgeschichte und das Exil der Brüder in die Zeit nach 1027, aber Amatus lässt seine Protagonisten in Italien an der Rebellion des Meles gegen die Griechen (die bereits 1017–1018 stattfand) teilnehmen, wobei sie erst nach fünf Siegen in fünf Schlachten bei Cannae 1018 besiegt worden seien.[72] Bei dieser Episode ist ihm sicher die Chronologie durcheinandergeraten, allerdings stimmt er danach wieder mit Wilhelm von Apulien überein.

Eine dritte Fassung wird schließlich von Historikern ins Spiel gebracht, die sich gar nicht direkt mit der Geschichte Italiens beschäftigen. Gemeint sind die Zeitgenossen Rodulfus Glaber (›der Glatzköpfige‹) aus Burgund (etwa 985–etwa 1047)[73] und der Franzose Ademar von Chabannes (etwa 989–1034)[74] sowie der etwas jüngere italienische benediktinische Kardinal Leo von Ostia (auch Leo Marsicanus, 1046–1115). Alle drei berichten aus geringerem zeitlichem Abstand als die normannischen Chronisten. Vor allem die beiden Erstgenannten erlebten zudem die Eroberung Süditaliens zwar aus sicherer räumlicher Entfernung, aber immerhin als Zeitgenossen mit und vermitteln uns daher ein recht authentisches Bild der Normannen aus der Sicht ihrer Nachbarvölker.

Allen drei Erzählungen ist gemein, dass die Normannen aus eigenem Antrieb, weder eingeladen noch um Hilfe gebeten, nach Italien gereist seien, um in den Kriegsdienst zu treten, und erst dort von Meles von Bari (laut Leo) oder Papst Benedikt VIII. (1012–1024; so bei Rodulfus und Ademar) rekrutiert worden seien, um an der Seite der langobardischen Aufständischen gegen die byzantinische Herrschaft in Apulien zu kämpfen. Die drei Historiker erläutern auch, *warum* die Normannen ihr Land verlassen hätten, nämlich aus Furcht vor dem Zorn des normannischen Grafen, vermutlich Richard II. (996–1026), was also auf eine Flucht vor einer Verurteilung oder der Verbannung aufgrund einer Ächtung und damit verbundener Vogelfreiheit hindeutet. In diesen Berichten ist weder die Rede von verzweifelten Hilfegesuchen noch vom edlen Angebot der Waffenhilfe, vielmehr werden die ersten normannischen Ritter als typische Söldner im Exil geschildert, die sich ihren Lebensunterhalt mit Kriegsdienst verdienen. Wilhelm von Apulien beschreibt sie wohl relativ realistisch mit dem Vers:

> unstet, unsicher, schon durch viele Orte streifend,
> konnten sie nirgendwo einen sicheren Ort als Sitz festhalten.[75]

Ihre Effizienz im kriegerischen Handwerk wird allerdings auch von den drei Autoren nicht in Frage gestellt. Leo nennt die Exilanten geradezu überschwenglich *armis experientissimi* ›äußerst waffengewandt‹.[76]

Normannische Geschichtsschreiber im Süden: die Quellen der Eroberung Süditaliens und Siziliens

Von den genannten Autoren abgesehen sind im Gegensatz zur Geschichte der Normandie die Quellen zur normannischen Expansion im Süden recht dünn und stammen von lediglich einer guten Handvoll (fast) zeitgenössischer Autoren. Vor allem drei Historiografen haben sich im späten 11. Jahrhundert der normannischen Eroberung von Kalabrien, Apulien und Sizilien gewidmet. Sie schrieben zwar offensichtlich mit dem Ziel, den Ruhm der Söhne des Tankred von Hauteville, also Robert Guiscards, Rogers I. und Richards von Capua, der Nachwelt zu bewahren, aber alle drei Schriftsteller betreiben dabei auch eine Apologetik. Sie wollen die Taten der Neuankömmlinge in Italien sowohl heilsgeschichtlich als auch machtpolitisch verorten.

Der älteste dieser Geschichtsschreiber war der Benediktinermönch Aimé von Montecassino (Amatus Casinensis), der die erste Periode von 999, nämlich der normannischen Verteidigung Salernos, bis 1078, mit der Einnahme Salernos 1076 als letztem großem Ereignis, recht eingehend schildert; sein Werk, die *Historia Normannorum* (›Geschichte der Normannen‹), dürfte bis 1080 abgeschlossen worden sein. Der Benediktiner widmete das Werk seinem Abt Desiderius von Montecassino, der als Viktor III. wenige

Jahre später 1086/1087 Papst wurde, aber schon viel früher in der normannischen Expansionsphase, nämlich 1159, einen Bund zwischen Papsttum und Normannen eingefädelt hatte. Mit seinem Werk versucht Amatus nicht nur eine ausgewogene Darstellung des Verhältnisses zwischen Robert Guiscard und Abt Desiderius, sondern auch einen Ausgleich zwischen Robert und Papst Gregor VII. zu schaffen, was für Montecassino in seiner prekären Lage zwischen Normannen, Papst und Kaiser sicherlich ein dringendes Anliegen war. Der ursprüngliche lateinische Text ist verloren, aber eine mittelfranzösische Übersetzung aus dem 14. Jahrhundert, *L'Ystoire de li Normant*, hat sich in einer einzigen Handschrift erhalten.[77]

Der zweite Historiker der normannischen Expansion im Süden war der Benediktiner Gottfried (Galfredus, Gaufred) Malaterra (gest. 1099?), selbst ein Normanne, der mit den Söhnen Tankreds von Hauteville nach Süden gekommen war. Seine Geschichte Rogers I. (*De rebus gestis Rogerii Calabriae et Siciliae Comitis et Roberti Guiscardi* ›Über die Taten Rogers, Graf von Kalabrien und Sizilien, und Robert Guiscards‹, früher als *Historia Sicula* ›Geschichte Siziliens‹ bezeichnet), die er wohl 1098 im Auftrag Rogers verfasste und dem Bischof Ansger von Catania (gest. 1125) widmete, ist die wichtigste, weil praktisch zeitgenössische Quelle über die Normannen in Sizilien und endet mit den Ereignissen des Jahres 1098.[78] Gottfried glaubte, sicherlich auch aufgrund eigener Erfahrungen mit seinen Landsleuten, ähnlich wie Wilhelm von Apulien an eine Art normannischer Gier, ja geradezu Veranlagung zum Erobern und Herrschen.[79]

Der dritte wichtige Chronist Süditaliens unter den Normannen ist besagter Wilhelm von Apulien, der fast zeitgleich mit Galfredus ein Gedicht auf Robert Guiscard verfasste, die *Gesta Roberti Wiscardi* (entstanden zwischen 1096 und 1099)[80], das von den Anfängen der Normannen in Italien bis zum Tod Robert Guiscards im Jahre 1085 reicht. Er schrieb das epische Gedicht auf Anregung Papst Urbans II. für Roger Borsa, den Sohn Robert Guiscards, aber ob der Dichter selbst auch Normanne war, ist ungeklärt.

Andere, etwas spätere Geschichtswerke konzentrieren sich dann auf die Geschehnisse am Ende des 11. und Beginn des 12. Jahrhunderts, haben also über die Anfänge der normannischen Expansion wenig zu sagen. Dazu gehört Petrus de Ebulo in seinem *Carmen de rebus Siculi* (›Gedicht über sizilianische Dinge‹, vor 1197)[81] und der ausgesprochen antinormannische Langobarde Falco von Benevento in seinem *Chronicon Beneventanum*, das bis 1139 reicht.[82]

Geschichtsmythos und Gründungslegende

All diesen Geschichten vom Auszug der Normannen in den Süden dürften durchaus historische Tatsachen zugrunde liegen, etwa bezüglich der enormen Zahl der Söhne normannischer Adelsfamilien, der Besitzgier der Normannen (besonders der landlosen jüngeren Söhne), des Zwangsexils normannischer Krieger aufgrund von Flucht oder Ächtung – denn dieses germanische Instrument der Bestrafung von Übeltätern, besonders Mördern, durch Landesverweisung sollte auch bei den Normannen nicht unberücksichtigt bleiben. Realistisch ist schließlich auch, dass die Söldner in Italien in alle mögliche Dienste traten: des Papsts, der Stadtstaaten, der Langobarden, der Byzantiner.

Trotz all dieser einzeln belegten historischen Fakten ist es ebenso unzweifelhaft, dass die genannten Historiker ihr persönliches Interesse bei ihrer Darstellung verfolgten: Der Mönch Amatus von Montecassino versuchte das Verhältnis zwischen Normannen und Papst zu verbessern, der Burgunder Rodulfus Glaber die Gier der Normannen zu zeigen, Gottfried Malaterra den Kampf gegen die Ungläubigen hervorzuheben. Welcher auch immer ihr Beitrag zum Geschichtsmythos der Normannen in Italien ist, so ist doch auffällig, dass die zwei durchaus unterschiedlichen Erzählungen des Amatus von Montecassino und des Wilhelm von Apulien dasselbe Element dieser Legende nennen, nämlich das Hilfegesuch bestimmter Einheimischer, und zwar des Gaimar von Salerno bei Amatus einerseits, des Meles von Bari sowohl bei Amatus als auch bei Wilhelm andererseits.

Auf einen solchen Gründungsmythos berufen sich aber keineswegs nur die Normannen, sondern schon lange vorher haben auch andere germanische *gentes*, welche auswanderten, ihre Auswanderung mit dem Hilfegesuch der später Unterworfenen geschichtsträchtig gerechtfertigt: Die Angeln, Sachsen und Jüten begründeten ihre Expansionen mit einem – teilweise durchaus belegten – Gesuch der römischen Städte Britanniens um Militärhilfe gegen die Pikten in Schottland.[83] In Italien selbst erzählte schon im 8. Jahrhundert Paulus Diakonus in seiner ›Geschichte der Langobarden‹ (*Historia Langobardorum*)[84], ein gewisser Narses habe die Langobarden gebeten, ihm zu Hilfe nach Italien zu kommen.

Amatus von Montecassino dürfte diese Geschichte der Langobarden gekannt haben, doch noch näher an seiner

Darstellung liegt ein etwas späterer Gründungsmythos, nämlich derjenige der schwedischen Rus' in Osteuropa um Nowgorod und Kiew, ein Gebiet, das sich nach dem Ende der Wikingerzeit zum Großherzogtum Kiew und noch viel später zu Russland entwickeln sollte. Auch in der altslawischen *Chronik der ersten Dinge*[85] wird nämlich geschildert, wie die Slawen in Osteuropa die Schweden um einen Herrscher gebeten hätten, weil sie selbst so uneins gewesen seien. Zudem finden wir hier eine ganz ähnliche Handlungsstruktur mit Reisenden, die zunächst in ihre Heimat zurückkehren, um dann in Schweden von einer Gesandtschaft um Hilfe gegen äußere und innere Feinde gebeten zu werden.

Offensichtlich haben wir es mit einem unter den germanischen *gentes* weitverbreiteten Interpretationsmuster der eigenen Emigration zu tun: Diese Auswanderung sei nicht aus eigenem Anstoß und Gier nach Beute oder Land erfolgt, sondern geschah auf eindringliche Bitten der Betroffenen hin, zu deren Unterstützung und letztendlich Befriedung (und Beherrschung) man ausgezogen sei. Zwar hatten die genannten normannischen Historiker eine ausreichend gute literarische Bildung – und im Falle von Amatus auch eine ausgezeichnete Bibliothek in Montecassino zur Verfügung –, um auf ältere Werke rekurrieren zu können, aber vielleicht reichen die dahinter liegenden Konzepte viel weiter zurück. Auf jeden Fall gehen die Querbezüge über reine intertextuelle Beziehungen hinaus.[86]

Personal und Gründe der normannischen Emigration nach Italien

Wer waren aber nun diese normannischen Söldner, die offenbar gut ausgerüstet und schwer bewaffnet nach Italien zogen, um dort ihr Glück zu machen, und warum kam es, ganz abgesehen vom hausgemachten Geschichtsmythos der Historiker im Auftrag ihrer Fürsten, zu diesem Exodus aus der Normandie?

Die ersten, die ihre Heimat verließen, sind laut Amatus die Brüder Gilbert, Rainulf, Ascletin, Osmund und Rodulf gewesen, welche wegen eines Mordes den Zorn des Herzogs Robert zu fürchten hatten. Wir haben schon bei Leo von Ostia erwähnt, dass er eine Gruppe von vor dem ›Grafen der Normandie‹ geflüchteten jungen Adeligen zu den allerersten Söldnern in Italien zählte, nämlich Rodulf von Tosny, Gosmannus, Rufinus und Stigandus; von diesen nennen Ademar und Radulf ausschließlich Rodulf von Tosny, aber auch dieser Exodus dürfte erst gegen 1015 geschehen sein, also unter Graf Richard II.[87]

Der aus historischer Sicht folgenreichste Auszug war aber der seinerzeit keineswegs glorreiche Exodus der Söhne des Tankred von Hauteville, eines kleinen und keineswegs begüterten Adeligen aus dem Contentin, der um 1010 mit seiner zweiten – ebenfalls legalen – Ehefrau Muriella (was Gottfried Malaterra bei einem Normannen nicht für selbstverständlich hält) fünf Söhne gezeugt hatte, nämlich Wilhelm (genannt Eisenarm), Drogo, Humfred, Gottfried und Serlo.[88] Nach ihrem Tod um 1014 heiratete er erneut und hatte mit Fressenda (Fransenda) sieben weitere Söhne sowie mindestens drei Töchter. Die Söhne nennt Gottfried

Malaterra alle namentlich, nämlich Robert (geb. um 1015, der später den Beinamen Guiscard ›der Schlaue‹ bekam), dann Malger, Wilhelm, Alfred, Humbert, Tankred der Jüngere und Roger als der Jüngste. Die drei ältesten Söhne Tankreds mit Muriella zogen um 1035 nach Italien und wurden sofort in die komplizierte Politik Süditaliens involviert, aber damit war die Initiative der Hauteville-Brüder noch lange nicht erschöpft.

Im Jahre 1046 folgten ihnen nämlich zwei weitere Normannen, die in der Geschichte Süditaliens eine prominente Rolle spielen sollten. Allerdings kamen sie unabhängig voneinander, und ihre Reisen gestalteten sich wohl auch sehr unterschiedlich: Richard, Sohn des Ascletin, reiste mit vierzig Rittern und weiterem Gefolge. Seine Zukunft schien bereits vorgezeichnet, denn er war der Neffe eines schon früher angekommenen Normannen, des nunmehr regierenden Grafen von Aversa, Rainulfs II. Etwa zur selben Zeit kam auch Robert an, sechster Sohn des Tankred von Hauteville und ältester der Söhne aus der Ehe mit Fressenda (geb. um 1015). Trotz seiner ritterlichen Erziehung gehörte er immer noch – wie seine älteren Halbbrüder zehn Jahre zuvor – zu den armen Glücksrittern. Allerdings stellte sich Robert von Hauteville, der später aufgrund seiner Schlauheit (*calliditas*) den Beinamen Guiscard bekam, als einer der erfolgreichsten Normannen in Italien heraus – neben seinem jüngsten Bruder Roger, dem späteren Grafen von Sizilien.

Aber auch Robert reiste nicht völlig ins Blaue, denn wenige Jahre zuvor hatte sich sein ältester Halbbruder Wilhelm Eisenarm zum Führer aller Normannen in Süditalien aufgeschwungen, war also gewissermaßen amtierender

Oberbefehlshaber dieser Söldnerbanden. Auf dem sogenannten Großen Rat von Melfi 1042 war er durch seinen Lehenseid an den Langobarden Gaimar von Salerno plötzlich zum Grafen von Apulien avanciert, obwohl er eigentlich nur Troia und Melfi als Lehen hielt, während der erwähnte Rainulf weiterhin über Aversa herrschte, das ihm Sergius von Neapel als Dank für seine Dienste bei der Rückeroberung Neapels 1029 als Lehen gegeben hatte. Trotz der unterschiedlichen Voraussetzungen der beiden Neuankömmlinge von 1046 gehörten sie also plötzlich beide zu den engsten Verwandten und Vertrauten der sich gerade erst herauskristallisierenden neuen Herrscher in Süditalien.

Am ausführlichsten äußert sich Ordericus Vitalis über die Söhne Tankreds:

> […] er hatte 12 Söhne und etliche Töchter von seinen zwei legitimen Ehefrauen. Er übergab seine ganze Erbschaft seinem Sohn Gottfried (Goisfredus), und ermahnte die anderen, sich ihren Lebensunterhalt durch ihre Männlichkeit und ihren Verstand außerhalb ihres Herkunftslandes zu suchen. Sie reisten nicht gleichzeitig, sondern zu verschiedenen Zeiten und unter dem Mantel der Pilger mit Tasche und Stab nach Apulien, damit sie nicht von den Römern gefangen würden, und alle von ihnen setzten sich auf die eine oder andere Art durch und wurden Herzöge oder Grafen in Apulien oder Kalabrien oder Sizilien, und von ihren hervorragenden Taten und Errungenschaften hat erst jüngst der Mönch Gottfried, genannt Malaterra, im Auftrag von Graf Roger von Sizilien ein elegantes Büchlein geschrieben.[89]

Obwohl die bislang erwähnten Normannen in Italien nur beispielhaft für Dutzende andere stehen, zeigen sie die recht unterschiedlichen Gründe für den Auszug aus der Normandie: Wir hören von der Flucht wegen einer Mordsache (wie bei Rainulf) oder von verarmten Söhnen wie bei den Hauteville-Brüdern – obwohl unklar bleibt, warum ausgerechnet die drei ältesten Söhne aus erster Ehe auszogen, wo doch das normannische Erbrecht die ältesten Söhne als Landerben begünstigte (war der Vater 1015 noch immer zu jung, um auf lange Sicht seinen Besitz zu übergeben?). Richard wiederum war offenbar gut ausgestattet und konnte wegen seines Onkels Rainulf mit bester Aussicht auf eine militärische oder politische Karriere anreisen.

Man wird also im Gegensatz zur späteren Eroberung Englands durch die Normannen ein ganzes Bündel von Ursachen für den Auszug aus der Normandie annehmen dürfen, auch wenn Wilhelm von Apulien die Besitzgier als Haupttriebkraft *aller* Normannen hinstellt: »ihnen allen ist gleich die Gier nach Besitz.«[90] Nicht vergessen jedoch sollten wir diejenigen, die nicht als Kämpfer, sondern im Gefolge der adeligen Söhne nach Süden gekommen waren. Stellvertreter für sie mag der der Mönch und Historiker Gottfried Malaterra sein, der den Hauteville-Brüdern als bewundernder Chronist immer weiter nach Süden folgte.

Ein anderes Fallbeispiel für die unterschiedlichen Motivationen der Emigration der Normannen nach Italien bietet die Familie der Grantmesnil, über die Ordericus Vitalis außergewöhnlich detailliert informiert, weil ihre Mitglieder seine Abtei St. Évroul gegründet hatten: Der jüngste Sohn des Robert von Grantmesnil, Arnold, ging in den 1050er Jahren als Söldner nach Italien, während seine beiden älteren Brüder Hugo und Robert in der Normandie blieben. Dort gründeten sie unter anderem St. Évroul, wo Robert später Mönch bzw. schließlich Abt wurde. Als die Familie 1061 fälschlich einer Verschwörung beschuldigt wurde, gingen auch diese beiden Brüder nach Italien, zuerst nach Rom, dann nach Kalabrien, wo Robert von Robert Guiscard zum Abt von St. Eufemia bestellt wurde. Ihre Halbschwester Judith heiratete 1062 Roger I. von Sizilien, und nur Hugo kehrte aus dem Süden wieder in die Normandie zurück, als er von Wilhelm 1063 rehabilitiert wurde.[91]

In seiner *Historia Ecclesiastica* schildert Ordericus Vitalis nach 1120 oder 1130 die Unternehmungen der Normannen in Süditalien fast wie einen Rachefeldzug gegen die Araber, die in Sizilien eingefallen waren:

> Damals brachen auf der Welt viele Unruhen aus. Die Sarazenen fielen in Sizilien und Italien und anderen Gegenden der Christenheit ein. Manichetus [Georgios Maniakes], Kaiser von Konstantinopel, führte einen Aufstand der Unzufriedenen an und befreite nach vielen Schwierigkeiten die Grenzen des Christentums von den Heiden. […] Als ihm Diogenes nachfolgte, begannen sich Osmund, Drengot und Drogo und andere Normannen in Apulien niederzulassen und führten tapfer Krieg gegen die Heiden und die Pseudo-Christen [d.h. die orthodoxen Byzantiner].[92]

So konnte er allerdings nur in der Rückschau und in dem Wissen argumentieren, dass die Normannen sowohl in England durch die Krönung Wilhelms des Bastards zum englischen König als auch mit der Erhebung Siziliens zum

Königtum unter Roger II. bald zum politischen Establishment Europas gehören würden,[93] weshalb er ihre Taten im Süden bereits in eine Heilsgeschichte einbetten konnte. Aus Sicht der Neuankömmlinge in den 1030er Jahren standen jedoch wesentlich pragmatischere Gesichtspunkte im Vordergrund.

Die zahlreichen im Zusammenhang mit der Eroberung Italiens durch die Historiker überlieferten Namen der normannischen Adelssöhne geben uns zudem Aufschluss darüber, wie sehr sich die Normannen ein gutes Jahrhundert nach Rollos Lehenseid bereits assimiliert hatten: Unter den Namen sind noch viele als skandinavisch zu erkennende wie Rodulf (altnord. Hroðulfr), Stigandus (altnord. Stigandi), Osmund (altnord. Ásmund), Ascletin (altnord. Áskeitill). Daneben stehen romanisierte skandinavische Namen wie Raoul (aus Hrólfr), Guillelmus/Wilhelm (aus Vilhjálmr), Robert (aus Hróðbjartr), Gosmann (aus Goðmann), die aber erst nach der Niederlassung in der Normandie in diesen Formen aufzutauchen beginnen. Es gab aber auch eine ganze Reihe von christlichen, germanischen wie französischen Namen, die nicht mehr auf skandinavische Wurzeln verwiesen, wie Gottfried, Gilbert, Drogo und Serlo.[94]

Nur nebenbei sei erwähnt, dass in der Praxis alle diese normannischen Namen in Süditalien zur Unterscheidung der Normannen von den Langobarden dienen konnten, obwohl es sich in beiden Fällen um germanische Völker handelte. Trotz sehr ähnlicher germanischer Wortbildungselemente unterscheidet sich nämlich der langobardische Namensschatz deutlich vom normannisch-skandinavischen. In wenigen Fällen sind Namen in beiden Kulturen gängig, wie der weitverbreitete Name Wilhelm (Guilellmus) oder auch Drogo und Serlo (langob. Sarilo),[95] aber in der Praxis erlaubten die normannischen Personennamen eine recht eindeutige Zuordnung des Namenträgers zur jeweiligen germanischen Gruppe und prägten damit deren Identität durchaus. Vor diesem Hintergrund wird es verständlich, dass die Namen der fernab der Heimat in einem multilingualen Umfeld von Langobardisch, Italienisch und Griechisch operierenden Normannen einen recht geringen Variantenreichtum aufwiesen und Namen wie Richard, Robert, Roger oder Rainulf nicht nur im dynastischen Kontext überaus häufig auftraten.

Wechselnde Allianzen: Die Eroberung Apuliens durch die Normannen

Ganz abgesehen von der offenbar schnell einsetzenden Legendenbildung über die Anfänge und Gründe der normannischen Expansion in Süditalien ist der 1009 beginnende Aufstand der Langobarden gegen die byzantinische Herrschaft (im sogenannten Katepanat) mit Sitz in Bari eine historische Tatsache. Dieses auch Basilikata genannte Herrschaftsgebiet der oströmischen Kaiser in Süditalien (von griech. *Basileos* ›Kaiser, König‹, also eig. ›Kaiserliches Machtgebiet‹) ist das Gebiet zwischen Kalabrien und Apulien an der ›Sohle‹ des italienischen Stiefels. Im Laufe der völkerwanderungszeitlichen Germaneneinfälle war es langobardisches (›lombardisches‹) Siedlungsgebiet gewesen, das aber die byzantinischen Kaiser noch vor 968 als altes griechisches Kolonisationsgebiet wieder dem oströmischen Reich eingegliedert hatten. Damit waren die Konflikte vorgezeichnet, die den Normannen ihren Lebensunterhalt in Süditalien ermöglichten.

Der lombardische Aufstand des Meles endete 1011 mit der byzantinischen Rückeroberung Baris. Aber schon 1016 erhob sich Meles aufs Neue, diesmal mithilfe einer normannischen Söldnertruppe, die Papst Benedikt geschickt hatte. Ob diese Schlacht entscheidungslos blieb (so Wilhelm von Apulien) oder einen Sieg des Meles brachte (laut Amatus und Leo), ist nicht mehr zu verifizieren, aber in der Folge verzeichnete Meles mit normannischer Unterstützung zwei weitere Erfolge. Einem neuen und offenbar effizienteren byzantinischen *Katepan* (etwa ›Statthalter‹), Basil Boioannes, gelang allerdings (mit der byzantinischen Warägergarde an seiner Seite) Ende 1018 bei Cannae der erwähnte entscheidende Sieg, den angeblich von 250 Normannen nur 10 überlebten (so Amatus[96]).

Cannae ist übrigens das erste Beispiel dafür, dass skandinavischstämmige Söldner auf beiden Seiten eines mediterranen Konflikts eingesetzt wurden: Die sogenannte Warägergarde der oströmischen Kaiser bestand zwar im 11. Jahrhundert nicht mehr nur aus Skandinaviern, war aber ursprünglich eine aus Nordeuropäern zusammengestellte kaiserliche Palastwache, deren Prestige immer noch beträchtlich war. Von 1034 bis 1042 hatte selbst der norwegische König Harald der Harte (*Haraldr inn harðráði*) in dieser Elitetruppe als Feldherr gedient. Es ist sicherlich kein Zufall, dass Boioannes die Waräger gegen die ja ebenfalls extrem kampfgeschulten normannischen Ritter einsetzte, wie es 1081 Kaiser Alexios I. gegen die Normannen Robert Guiscards vor Durazzo wiederholen sollte. Ordericus Vitalis berichtet für die 1070er und 1080er Jahre von einem Exodus der mit der normannischen Herrschaft unzufriedenen Angelsachsen, die von Kaiser Alexios bereitwillig aufgenommen wurden, um die Warägergarde aufzustocken.[97]

Die langobardische Revolte löste eine weitere Expansion der Byzantiner bis Gaeta aus. Erst eine Armee, die Kaiser Heinrich II. 1022 über die Alpen bis Troia führte, stoppte diesen Vormarsch. Die Kämpfe in Süditalien waren damit aber keineswegs zu Ende, weil die drei großen langobardischen Fürstentümer Capua, Salerno und Benevento einander ebenfalls fast ständig bekriegten. Ganz abgesehen davon versuchten sich die kleinen Herzogtümer Neapel, Amalfi, Sorrent und Gaeta zwischen den langobardischen, byzantinischen und päpstlichen Machtblöcken zu behaupten, wobei sie eindeutig Sympathien für das byzantinische Katepanat zeigten. Hinzu kam die islamische Expansionspolitik, die sich aber auf dem Festland (im Gegensatz zu Sizilien) nur durch räuberische Überfälle, nicht aber durch permanente Eroberungen manifestierte.

Kurzum, die normannischen Söldner waren begehrt. Als ihr Führer konnte sich Rainulf Drengot nach der verheerenden Niederlage bei Cannae und dem Tod seines älteren Bruders Gilbert auf dem dortigen Schlachtfeld etablieren. Die Zahl von nur zehn Überlebenden Normannen bei Amatus sollte man aber wohl nicht allzu wörtlich nehmen. Nur ein Jahr später besetzte der siegreiche Byzantiner Boioannes nach dem Abzug der Warägergarde seine Grenzfestung im Norden, die kleine Stadt Troia in Apulien, ausgerechnet mit einer Truppe Normannen. Die normannischen Söldner erhielten in den frühen 1020er Jahren offenbar wieder reichlich Zustrom aus der Heimat und stellten sich auch weiterhin nicht nur in den Dienst der Byzantiner, sondern noch lieber in den des langobardischen Prinzen Pandulf von Capua, des Herrschers von Salerno und Neapel und nicht zuletzt der Äbte von Montecassino. Pandulf wurde aber den Normannen spätestens 1027 zu mächtig, als die byzantinischen Truppen und der Kapetan Boioannes selbst nach dem Tod des Kaisers Basileios II. 1025 durch dessen unfähigen Nachfolger Konstantin VIII. abberufen worden waren.

Rainulf bewies nun Weitsicht – oder normannische ›Schläue‹ –, indem er sich von Pandulf ab- und dem Herzog Sergius von Neapel zuwandte. Dieser Schritt sollte sich für ihn erstaunlich schnell auszahlen, denn schon 1030 bekam er für seine Dienste Stadt und Umland von Aversa zugesprochen und dazu die Hand von Sergius' Schwester, der Witwe des Herzogs von Gaeta. Die offizielle Bestätigung als Graf von Aversa erfolgte zwar erst 1038, als Kaiser Konrad II. nach Italien kam und Pandulf endgültig vertrieb, um den alten Normannenfreund Gaimar als Fürsten von Capua und Salerno wiedereinzusetzen. Das tat er zweifellos mit dem Ziel, Gaimar durch Rainulf eine dauernde militärische Rückendeckung zu geben. Aber wie bei Rollo 120 Jahre zuvor sollte sich Rainulfs Strategie, Land gegen Dienste einzutauschen, verbunden mit einer politischen Ehe aufs Beste bewähren.

Mit Aversa hatten die Normannen 1030 erstmals einen Brückenkopf in Süditalien erlangt, der sich rasch erweiterte, denn durch Erbfolge wurde Rainulf schließlich auch Herzog von Gaeta. Nachdem seine Frau schon 1034 gestorben war, akzeptierte er die Hand von Pandulfs Nichte, die ganz nebenbei die Tochter des neuen Herrschers von Amalfi war: Ob man dies nun als Verrat bezeichnen will (wie es Rainulfs Ex-Schwager Sergius sicher tat) oder als ein weiteres Beispiel normannischer Schlauheit, sei dahingestellt. Jedenfalls vergrößerte Rainulf (der 1045 starb) damit das Einflussgebiet der Normannen ganz beträchtlich, und sein Nachfolger Richard war 1058 bereits Herrscher über das ganze Fürstentum Capua.

Im Jahre 1035 waren die ersten der Hauteville-Brüder in Aversa eingetroffen und hatten bald Gelegenheit, sich militärisch zu bewähren, da Gaimar eine normannische Streitmacht zur Unterstützung des neuen byzantinischen Kaisers Michael IV. abstellte, der 1038 den Versuch unternahm, Sizilien aus der Hand des Islam zu befreien. Zwar scheiterte die Operation am Unvermögen byzantinischer Befehlshaber, aber die 300 normannischen Ritter bewährten sich selbst in den Augen der Byzantiner, besonders als es Wilhelm von Hauteville gelang, den Emir von Syrakus im Zweikampf zu töten. Diese Großtat brachte ihm den Beinamen ›Eisenarm‹ (*Guillaume Bras-de-Fer*) ein, und was wohl auf Dauer wichtiger war: Die Hautevilles hatten in Sizilien offenbar Blut geleckt.

Ebenfalls 300 normannische Ritter, darunter wiederum die Hauteville-Brüder, kamen 1041 nach Melfi, um es für die Langobarden gegen die Byzantiner zu schützen. Die Normannen räumten dort im Zentrum Apuliens schnell mit den Resten der byzantinischen Besatzungsmacht auf: Noch im selben Jahr fielen Venosa sowie Ascoli, und in drei großen Feldschlachten rächten sie sich für die Niederlage in Cannae, in nächster Nähe dieses Schauplatzes. Melfi blieb nun für einige Zeit das Zentrum der normannischen Einflusssphäre. Dort trafen sich die wesentlichsten Akteure 1042 zum sogenannten ›Großen Rat von Melfi‹, um die Weichen für die zukünftige Expansion zu stellen.

Neben Wilhelm von Hauteville (wir dürfen vermuten: auch seinen Brüdern) und Rainulf Drengot von Aversa (sowie auch dessen Brüdern) war Gaimar von Capua und Salerno anwesend. Sie teilten ohne Rücksicht auf etwaige byzantinische Interessen Apulien unter sich auf: Gaimar titulierte sich nun Herzog von Apulien, Rainulf und Wilhelm wurden seine Lehensmänner, und Letzterer durfte sich ab jetzt Graf von Apulien nennen. Seine Brüder bekamen jeweils eine der zuletzt eroberten Städte: Drogo erhielt Venosa und Humfred Lavello, Rainulfs Bruder Ascletin bekam Acerenza.

Rainulf von Aversa starb 1045, aber sein Neffe Rainulf II. konnte ihm nachfolgen. Als Wilhelm Eisenarm 1047 relativ jung starb, übernahm sein jüngerer Bruder Drogo seine Nachfolge. Bei einem Treffen in Capua im selben Jahr wurde Drogo auch tatsächlich von Kaiser Heinrich II. als ›Herzog und Herr von Italien und Graf der Normannen in ganz Apulien und Kalabrien‹ bestätigt. Letzteres war ein optimistischer Vorgriff auf künftige Eroberungen im Südwesten des italienischen Stiefels, auch wenn der Kaiser andere Entschlüsse von Melfi nicht bestätigte und zu allem Überfluss auch noch Pandulf wieder in Capua installierte.

Als 1046 Robert, der älteste der zweiten Gruppe von Hauteville-Söhnen, in Italien eintraf, hatte man dort zwar immer noch jede Menge Bedarf an kräftigen Armen mit Schwertern, aber die Gebiete waren längst verteilt, so dass Robert von seinem Halbbruder Drogo wohl weniger begeistert empfangen wurde, als er sich das vorgestellt hatte. Er verließ daher Melfi bald wieder und verdingte sich bei Pandulf von Capua, doch offenbar verstanden die beiden sich nicht recht. Als 1049 außerdem der von dessen Zeitgenossen langersehnte Tod Pandulfs eintrat, kehrte Robert zu Drogo zurück. Letzterer hatte gerade einen Kriegszug nach Kalabrien hinter sich, das noch immer nominell byzantinisch war, aber wegen seiner Unwirtlichkeit und Abgelegenheit weder die Normannen noch die Langobarden lockte.

Dort bot Drogo Robert die Verteidigung eines der kargen Forts an, welches die Normannen dort hielten, Scribla. Der verließ es aber bald, um sich in San Marco Argentano niederzulassen, obwohl auch das laut Amatus kein erstrebenswerter Posten war. Sukzessive baute Robert nun die alten byzantinischen Festungen in Scribla, Scalea und Rossano zu normannischen Burgen aus. In Kalabrien bekam Robert seinen Beinamen Gusicard (›der Schlaue‹), denn mit allen möglichen Kriegslisten schaffte er es, sich nach und nach griechisch-orthodoxe Klöster und Küstenstädte anzueignen, wobei ihm auch eine strategische Heirat zupass kam: Er ehelichte Alberada, die Tochter eines in Kalabrien bereits etablierten normannischen Ritters namens Girard von Buonalbergo, deren Mitgift aus 200 Rittern bestand. Diese Zahl scheint für das abgelegene und von den Normannen noch kaum erschlossene Kalabrien ziemlich hoch gegriffen,[98] doch es waren dieser Bund mit Girard und diese Ritter, die Roberts sukzessive Eroberung Kalabriens überhaupt ermöglichten. Darüber hinaus gebar ihm Alberada einen Sohn, der einen der berühmtesten Namen der normannischen Geschichte tragen sollte: Bohemund, den späteren Kreuzfahrer und Fürsten von Antiochien.

Währenddessen hatten sich die Normannen in Apulien als zwar ehrgeizige, aber nicht nur von den Griechen verhasste Herrscher etabliert. Sowohl in Byzanz und beim

Papst als auch bei den Mönchen von Montecassino, ganz zu schweigen von der ausgeplünderten italienischen Landbevölkerung, hatten sie sich durch und durch unbeliebt gemacht, so dass sie selbst Opfer von Überfällen und Mordanschlägen wurden. Einem solchen dürfte 1051 Drogo in seiner eigenen Burgkapelle zum Opfer gefallen sein, aber da sein nächstjüngerer Bruder Humfred das Kommando übernahm, änderte sich an den Herrschaftsverhältnissen erst einmal wenig.

Auch die kirchlichen Chroniken sind voller Klagen über die Übergriffe der Normannen; gleichwohl gab es andere Institutionen, die von den Normannen reich beschenkt wurden. Jedenfalls kann bis um 1100 keinesfalls von einer massiven Infiltration der gesamten süditalienischen Kirche gesprochen werden, da 1071 auf einer Versammlung der Bischöfe in Montecassino von den 36 Anwesenden nur 11 normannischer Herkunft waren.[99]

Dennoch verbündete sich nun Papst Leo IX. mit den Byzantinern und der unterdrückten Bevölkerung, um die Normannen aus Italien zu vertreiben. Das sollte ihnen aber nicht gelingen, denn Richard von Aversa, Humfred von Melfi und sein Bruder Robert Guiscard aus Kalabrien boten alle verfügbaren Kräfte auf und marschierten rasch nach Norden über Troia hinaus, um die feindlichen Armeen an der Vereinigung zu hindern. Dort konnten sie tatsächlich zunächst die päpstliche Armee allein in der Entscheidungsschlacht bei Civitate am 17. Juni 1053 vernichtend schlagen, obwohl sich die hoch gewachsenen deutschen Infantristen der päpstlichen Elitetruppen, die man in Schwaben angeworben hatte, zuvor über die gedrungenen Normannen lustig gemacht hatten.[100] Aber dem Ansturm der normannischen Reiterei waren auch sie nicht gewachsen.

Die byzantinische Armee machte sich daraufhin offenbar diskret aus dem Staub, denn nach dieser letzten entscheidenden Schlacht der Normannen auf italienischem Festland waren die Würfel zu deren Gunsten gefallen. Dem unterlegenen und in Gefangenschaft geratenen Papst bezeugten die Sieger zwar ihren Respekt, doch es blieb ihm nichts anderes übrig, als alle normannischen Gebietsansprüche formell anzuerkennen. Neun lange Monate hatte er sich freilich dagegen gewehrt, während derer ihn die Normannen in Benevento festhielten. Erst im März 1054 entließen sie den Papst nach Rom.

Normannische Kriegskunst

Die Schlacht von Civitate gibt Anlass, über die Gründe der wiederholten normannischen Erfolge in Schlachten nachzudenken, die ihnen immer wieder selbst aus zahlenmäßiger Unterlegenheit heraus gelangen. Vor der Schlacht von Civitate hatte der Papst in Deutschland 300 Söldner angeworben, groß gewachsene und kampftrainierte Männer, die mit langen Beidhänderschwertern bewaffnet waren und damit sicherlich auch gut im Zweikampf umzugehen wussten. Der Rest seiner Armee setzte sich aus Apuliern zusammen, die von diversen antinormannischen lokalen Herrschern aufgeboten wurden, etwa dem Herzog von Gaeta oder dem Erzbischof von Amalfi. Diese kleineren Kontingente hatten keine gemeinsame Kampferfahrung, und sicherlich mangelte es auch an einem effizienten Oberkommando, so dass Wilhelm von Apulien[101] von einem recht chaotischen Aufgebot spricht, das Richard von Aversa mit seinen Rittern offenbar leicht aufreiben konnte.

Das zeigt auch, dass die reinen Zahlenangaben bei mittelalterlichen Schlachten wenig aussagekräftig sind: Eine zahlenmäßige Überlegenheit bedeutete kaum einen großen Vorteil, wenn sie sich aus unerfahrenen Kriegsknechten zusammensetzte, und überhaupt darf man sich keinen Illusionen über die Größe mittelalterlicher Heere hingeben. In englischen Gesetzen des 10. Jahrhundert wird jede Einheit über 35 Mann als Heer (*here*) bezeichnet, und selbst das legendäre ›Große Heer‹ (*micil here*) der Wikinger, das etwa zwischen 865 und 892 England weitgehend eroberte, wird heute auf nicht mehr als 2000–3000 Mann geschätzt. Auch die erfolgreiche Invasionsarmee Wilhelms des Eroberers 1066 dürfte nicht viel mehr als 2000 Ritter umfasst haben, dazu kam allerdings eine deutlich größere Zahl von Infantristen.[102]

Dagegen ist die Zahl der 300 schwäbischen Söldner in Civitate recht plausibel, denn sie hielten länger als alle anderen Truppenteile dem normannischen Ansturm stand, so dass die normannischen Ritter gegen sie kaum in massiver Überzahl agiert haben dürften. Offensichtlich konnten die Normannen trotz der Versammlung mehr oder weniger aller waffenfähigen Normannen in Süditalien wohl kaum mehr als 500–600 Ritter ins Feld führen, wozu sicher auch bei ihnen eine Zahl von Fußsoldaten kam, die jedoch ebenfalls von überschaubarer Größe war.

Wie konnten sie dann aber – wie zuletzt in den Schlachten um Melfi 1041 und nun bei Civitate – solche durchschlagenden Erfolge feiern? Jedenfalls nicht wegen der Überlegenheit in der Bewaffnung, sondern sicherlich dank ihres Umgangs mit diesen Waffen. Dafür gibt es eine ganze Reihe von sehr wahrscheinlichen Gründen: Wie schon bei ihren Vorfahren, den Wikingern, die sich eineinhalb Jahrhunderte zuvor in der Normandie niedergelassen hatten, zählte bei den Normannen die Waffenkunst zu den normalen Fertigkeiten und Tugenden, als Teil der Erziehung der Söhne ebenso wie als sportliche Beschäftigung. Es ist bezeichnend, dass noch in den hochmittelalterlichen literarischen Darstellungen des nordischen Kriegerparadieses Walhall das Kämpfen der Männer genauso zu den idealen Beschäftigungen gezählt wird wie das Essen und Trinken am Abend.

Die Normannen in der Normandie hatten diese Fertigkeiten, auf die eine schmale Oberschicht in ursprünglich feindlichem Umland nicht verzichten konnte, gepflegt und weiterentwickelt. So entstand ein Reiterkriegertum, das wir für die skandinavischen Wikinger vorher höchstens in Ansätzen kennen. Im Frankenreich war man auch mit der schweren Reiterei der Karolinger in Berührung gekommen, und aus der höchst organisierten Kriegskunst der Skandinavier sowie deren Weiterentwicklung zur Reiterei entwickelte sich in der Normandie das, was wir heute als die Anfänge des mittelalterlichen Rittertums bezeichnen. Sie bestand aus dem disziplinierten Zusammenspiel von schwer gepanzerten Rittern auf gut abgerichteten Schlachtrössern, deren schiere physische Masse allein eine enorme Durchschlagskraft hatte.

Hinzu kamen deutliche Verbesserungen in der Bewaffnung: Steigbügel und hohe Sattelbögen boten sichereren Halt, Kettenhemden und konische Eisenhelme mit Nasenschutz wurden ebenso entwickelt wie der blattförmige Schild, der dem Kampf aus dem Sattel heraus wesentlich besser angepasst war als der runde Schild der Wikinger. Schon in der Normandie war diese hochentwickelte Kriegskunst überlebensnotwendig gewesen. Jetzt in Italien, dann in Sizilien und später auf den Kreuzzügen sollte diese Kunst die kriegerische Überlegenheit der Normannen immer wieder bestätigen.

Denn weder Griechen noch Langobarden noch die Araber waren auf die Wucht eines massierten Reiterangriffs eingestellt, bei dem eine dichtgedrängte Front von Reitern auf schweren Schlachtrössern mit eingelegten Lanzen die gegnerischen Reihen niederzuwalzen trachtete. Dies wurde im gesamten Hochmittelalter in Westeuropa zur gängigen Praxis ritterlicher Kriegsführung, bis (seit der Schlacht von Agincourt 1415) Fernwaffen wie der Langbogen die Kriegsführung erneut verändern sollten. Dass die Normannen die Kriegsführung zu Pferd für die einzig sinnvolle hielten, bewies Robert Guiscard bei Civitate 1053 (laut Wilhelm von Apulien) ebenso wie Wilhelm dem Eroberer in der Schlacht von Hastings 1066: Beide wurden angeblich dreimal vom Pferd geworfen, stiegen aber immer wieder auf, anstatt zu Fuß weiterzukämpfen.[103]

Die englischen Normannenforscher J. J. Norwich und R. A. Brown haben die Schlacht von Civitate 1053 in mehr als einer Hinsicht mit der viel bekannteren Schlacht von Hastings 1066 verglichen, in der die Normannen England eroberten. In Civitate wie in Hastings habe jeweils die schwere Kavallerie über »die alte Welt der germanischen Infanterietaktik«[104] gesiegt, obwohl die Infanterie in Hastings, bestehend aus der mit schweren Streitäxten bewaffneten Hausgefolgschaft König Harolds, ebenso wie in Civitate die deutschen Langschwertkämpfer, zu den Elitetruppen der Zeit gehörten. Zudem sind die Schlachten auch insofern vergleichbar, als die Normannen jeweils eine militärische Entscheidung zu ihren Gunsten erfolgreich in langdauernden Gebietserwerb umzumünzen verstanden.

Ein weiterer Faktor des normannischen Erfolgs darf ebenfalls nicht unterschätzt werden, und obwohl manche zeitgenössische Historiker auch ihn auf die *calliditas Normannorum* ›normannische Schläue (oder auch Verschlagenheit)‹ zurückzuführen geneigt sind, handelt es sich ebenfalls um ein Resultat vorausschauender und taktisch kluger Kriegsführung. Fränkische Chroniken des 9. und 10. Jahrhunderts deuten an, dass schon die Wikinger eine risikominimierende Einschätzung des Schlachtenglücks mit einem kontrollierten und abwägenden Vorgehen verbanden, das so ganz im Gegensatz zum heutigen Wikingerbild undisziplinierter Horden steht. Bereits die Wikinger vermieden die offene Feldschlacht meist, wenn der Ausgang ungewiss war und ließen sich auf direkte Konfrontationen nur dann ein, wenn ein Ausgang zu ihren Gunsten sehr wahrscheinlich war oder sie trotz Unterzahl es mit ungeschulten Kämpfern zu tun hatten. So vermerkt schon der Chronist Regino von Prüm für das Jahr 882 in der Eifel, die Wikinger hätten in einem Gefecht erst zugeschlagen, als sie die Übermacht der Gegner als ungeordneten Haufen von Bauern erkannten.[105]

Diese Risikominimierung war zweifellos in der Situation der Wikingerzüge unabdingbar, als nur relativ kleine Schiffsladungen der Skandinavier sich in Feindesland und auf sich allein gestellt gegen zahlenmäßig meist weit überlegene örtliche Truppen behaupten mussten. Was manchen Zeitgenossen als Feigheit oder Verschlagenheit vorkommen musste, sicherte also das Überleben der kleinen Einheiten. Da Geschichten vermiedener Feldschlachten wohl wenig zum Ruhm der normannischen Schlauheit beitrugen, beschäftigen sich Heldenerzählungen in erster Linie mit der trickreichen Eroberung von Burgen – davon wird später noch zu reden sein.

Konsolidierung der weltlichen und kirchlichen Macht in Apulien und Kalabrien

Humfred überlebte seinen großen Erfolg bei Civitate nur um knapp vier Jahre. Aber auch 1057 stand schon der nächste Hauteville bereit, um das Erbe anzutreten, nämlich der in Kalabrien inzwischen erfolgreich tätige Robert Guiscard. Im Gegensatz zu seinen älteren Brüdern – von denen keiner sein 5. Jahrzehnt überlebt zu haben scheint – war ihm ein deutlich längeres Leben beschieden (etwa 1015 bis 1085). Zudem war nun der Papst Nikolaus zu weiteren Zugeständnissen bereit, so dass er ihn 1059 als ›Herzog von Apulien und Kalabrien und zukünftigen Herzog von Sizilien‹ belehnte – auch darin verbarg sich der Vorgriff auf noch zu erobernde Gebiete, der in diesem Fall aber nicht nur ein Anliegen des Papsttums, sondern sowohl der ganzen lateinischen Christenheit als auch Ostroms war, weil das im 9. Jahrhundert von Nordafrika aus durch die Araber eroberte Sizilien zusehends islamisiert wurde. Mitte des 10. Jahrhunderts waren durch Konversion und Zuwanderung bereits zwei Drittel der sizilianischen Bevölkerung muslimisch. Nur im Nordosten der Insel hielt sich noch orthodoxes Christentum in engem Kontakt mit den byzantinischen Mönchen in Kalabrien.

Diese Belehnung Robert Guiscards durch den Papst (nicht mehr durch den Kaiser) bedeutete aber auch eine politische Wende für die Normannen in Süditalien. Zwar besteht keine direkte Parallele mit der Taufe Rollos als Voraussetzung der Ansiedlung in der Normandie 911, aber auch jetzt bildete dieser Lehensvertrag mit dem Papsttum von 1059 nach den stetig wechselnden Bündnissen mit den Byzantinern, den Langobarden, den Stadtstaaten und nicht zuletzt dem deutschen Kaiser eine bleibende Grundlage für die normannische Herrschaft in Süditalien. Spannungen zwischen den neuen Partnern gehörten offenbar zur Tagesordnung, denn Robert Guiscard wurde von Gregor VII. im Laufe der 1070er Jahre nicht weniger als dreimal exkommuniziert. Gleichwohl stand der heilsgeschichtlichen Einbettung der Normannen durch die Chronisten nun ebenso wenig im Weg wie der realpolitischen Akzeptanz der normannischen Politik durch das Papsttum.

Zwar war die militärische Eroberung Apuliens und Kalabriens durch den Bund mit dem Papsttum noch keineswegs abgeschlossen, aber die Herzogswürde für Robert sowie die gleichzeitige Belehnung Richards als Graf von Aversa und Capua hatten politische Fakten geschaffen. Die militärische Durchsetzung kostete die Normannen in Capua allerdings noch einige Zeit, denn Richards Nachfolger Jordan starb 1090 und sein unmündiger Sohn Richard II. konnte den Langobarden nicht standhalten. Erst die Hautevilles konnten durch die Belagerung und Einnahme Capuas im Jahre 1098 der langobardischen Herrschaft in Süditalien endgültig ein Ende bereiten.

Der Bund der Normannen mit dem Papsttum hatte auch Folgen für die Äbte von Montecassino. Schon 1058 hatte man Richard als Fürst von Capua dort feierlich empfangen (müssen), wofür sich der auch fürstlich revanchierte, indem er im darauf folgenden Jahr auf Bitten des Abtes Hildebrand (des späteren Papstes Gregor VII.) 300 normannische Ritter nach Rom zur Unterstützung von Nikolaus II. gegen den Gegenpapst Benedikt X. sandte. Aus den Raubrittern und Geißeln der benediktinischen Ländereien waren mit einem Mal Stützen des Papsttums und Mönchstums geworden.

Die erste Klostergründung – ganz in der Tradition der Normannen in der Normandie – geht bereits auf Drogo von Hauteville zurück, der 1043 (oder schon 1041?)[106] in Venosa, also unweit seines Sitzes Melfi, ein Kloster gründete, dessen Abteikirche Papst Nikolaus II. 1059 einweihen konnte. Das Kloster St. Trinitatis vor den Mauern von Venosa wurde nach bescheidenen Anfängen zur Grablege und dem Hauskloster der Hautevilles in Italien. Robert Guiscard ließ seine verstorbenen Brüder Wilhelm, Drogo und Humfred dorthin überführen und bestimmte Venosa auch zu seiner eigenen Grabstätte (1085).

Das Personal des Klosters dürfte schon von Anfang an zum Großteil nicht aus Montecassino, sondern aus der Normandie berufen worden sein, was mit Sicherheit für die Äbte galt. Zwar trug der erste, Ingelbert, einen fränkischen Namen,[107] aber schon der zweite Abt war der Normanne Berengar von St. Évroul, der 1070 vor Herzog Wilhelm nach Italien floh und von Robert Guiscard offenbar mit offenen Armen aufgenommen wurde.[108] Er war bis etwa 1100 Abt, und während dieser Zeit soll sich die Zahl der Mönche in der Kommunität von 20 auf 100 erhöht haben.

Venosa dürfte sich etwas auf diese engen Kontakte mit der Normandie zugute gehalten haben, denn noch Ordericus Vitalis war in den 1220er Jahren stolz darauf, dass die Liturgie von St. Évroul auch in den normannischen Klöstern von Venosa (sowie auch in St. Eufemia und Mileto in Capua bzw. Kalabrien) gesungen wurde. Allerdings wurde Venosa 1063 der Abtei St. Eufemia unterstellt, die Robert Guiscard gerade ein Jahr zuvor in Kalabrien gegründet hatte, als dessen Eroberung weitgehend abgeschlossen war. St. Eufemia wurde unter dem ersten Abt Robert von Grantmesnil, der 1061 wie andere Mitglieder seiner Familie von Wilhelm dem Eroberer ins Exil getrieben worden war, ebenfalls mit Mönchen aus St. Évroul besetzt.[109] St. Eufemia in Kalabrien (heute in der Stadt Lamezia Terme gelegen und nicht identisch mit S. Eufemia d'Aspromonte) wurde in der Folge die wirkmächtigste der normannischen Klostergründungen, der nun fast alle weiteren Gründungen in Kalabrien und Sizilien untergeordnet wurden.

Nachdem Robert Guiscard 1058 seine erste Frau Alberada verstoßen hatte – weil er angeblich plötzlich bemerkte, dass sie mit ihm gemäß der kirchlichen Konsanguinitätsgesetze zu eng verwandt war –, schloss er eine weitere, für ihn strategisch notwendige Ehe, nämlich mit der Langobardin Sichilgaita, Schwester des Prinzen Gisulf von Salerno. Mit dieser kriegerischen Frau – sie zog wiederholt mit ihm in die Schlacht – stiftete er um 1065 unweit des Wehrturms, den er in der strategisch vorteilhaft gelegenen Bischofsstadt San Marco Argentano im nordwestlichen Zentralkalabrien (nördlich von Cosenza) errichten hatte lassen, eine weitere

Abtei, nämlich Santa Maria della Mattina (heute: Matina). Angeblich geschah das auf Aufforderung des Papstes Nikolaus II. zur Sühne für die normannischen Missetaten in Kalabrien, aber wohl auch zum Dank für diese Heirat, die ihn vor den Langobarden schützte – und vielleicht hatte er zudem ein schlechtes Gewissen gegenüber der verstoßenen Mutter seines noch unmündigen Sohns Bohemund.

Ein weiteres Kloster in Kalabrien wurde 1081 von Roberts jüngstem Bruder Roger in seinem Lieblingssitz Mileto gegründet. Auch ihn unterstützten Mönche aus der Normandie, der erste Abt war bis zu seinem Tod 1097/1098 der Normanne Wilhelm FitzIngram. Alle genannten Klöster unterstanden vorerst St. Eufemia, wurden aber Ende des Jahrhunderts weitgehend unabhängig.

Zwar konnte Robert Guiscard die Eroberung Kalabriens in wenigen Jahren abschließen, doch seiner Herrschaft in Apulien standen nicht nur die immer noch in byzantinischer Hand befindliche Hauptstadt Bari, sondern auch immer neue Aufstände seiner eigenen normannischen Landsleute im Wege, die sich, von Byzanz zum Teil finanziell unterstützt, in bester normannischer Tradition der Zentralgewalt des Herzogs widersetzten. Ungeachtet seiner Belehnung 1059 konnte er Bari erst 1071 nach dreijähriger Belagerung einnehmen und damit seinem Titel als Herrscher von ganz Apulien und Kalabrien entsprechen, nachdem er sich durch die Heirat mit Sichilgaita 1058 mit Salerno verbündet und 1076 mit Richard von Capua versöhnt hatte. Nur das dem Papst zugesprochene Benevento lag noch in seinem Rücken und bedrohte seine Machtposition. Bei der Belagerung und Einnahme von Bari trat nun wiederum sein jüngster Bruder, Roger von Hauteville, in Erscheinung, der Robert schon drei Jahre lang bei der Eroberung des westlichen Kalabrien zur Seite gestanden hatte. Nach einem zeitweiligen Zerwürfnis zwischen den beiden hatte Roger einen Teil von Kalabrien erhalten, vor allem den westlichsten Abschnitt. Damit besaß er nun den Ausgangspunkt für seine Eroberung Siziliens, mit der er alle anderen Hautevilles noch weit übertreffen sollte.

Die Eroberung Siziliens

Die Eroberung Siziliens und die Niederschlagung der Aufstände in Italien

Die politische Lage in Apulien und Kalabrien schien in den 60er Jahren des 11. Jahrhunderts für die Normannen in Süditalien eigentlich günstig: Robert Guiscard war vom Papst anerkannter und offiziell belehnter Herzog von Apulien und Kalabrien. Sein jüngster Bruder Roger unterstützte ihn sowohl bei den letzten ausstehenden Eroberungen im Westen Kalabriens als auch bei der Niederschlagung der immer wieder aufflammenden Aufstände, die wohl die oströmischen Kaiser systematisch schürten, da sie ihre Ansprüche auf der Apenninhalbinsel trotz aller militärischer Rückschläge noch keineswegs aufgegeben hatten. Zudem gehörte zwar das Herzogtum Neapel immer noch offiziell zu Byzanz, aber Sergius V. von Neapel stand trotzdem meist auf Seiten der Normannen, wenn diese im Streit mit Richard von Capua lagen, der 1077 Neapel belagerte. Obwohl er noch im selben Jahr starb, dauerte es noch Jahrzehnte, bis Neapel endgültig in den Normannenstaat integriert werden konnte.

Aus heutiger Sicht wirkt daher der Entschluss gewagt, auch noch Sizilien zu unterwerfen und außerdem einen Balkanfeldzug zu unternehmen, während im neuen Kernland der Normannen, in Italien, immer wieder neue Unruheherde aufflackerten – vor allem, wenn man die noch immer recht überschaubaren Personalressourcen der Normannen betrachtet. Laut Gottfried Malaterra wurde etwa während des kalabrischen Aufstandes 1058 die nur 60 Ritter umfassende Besatzung von Nicastre von den Aufständischen restlos getötet.

Sizilien war als altes griechisches Siedlungsgebiet – in der Antike trug es als Kolonie den Namen *Grecia maior* – schon 535 durch die Byzantiner von den Ostgoten zurückerobert worden. Zwischen 830 und 965 wurde es allerdings vollständig von den aus Nordafrika kommenden Arabern erobert, woraufhin bis zu zwei Dritteln der Bevölkerung muslimisch wurde. Nur im Nordosten der Insel, im Val Demone, hielt sich das orthodoxe griechische Christentum.

Der Zufall gab den Ausschlag für die rasche Verwirklichung der zweifellos schon länger bestehenden Pläne des jetzt etwa 32-jährigen Roger, Sizilien vollständig von der islamischen Herrschaft zu befreien. Eine solche *Reconquista* war im 11. Jahrhundert bereits Stoff von Heldensagen, in denen die Taten Karls des Großen und seiner Helden, allen voran des bretonischen Grafen Roland, gefeiert wurden, die in den Pyrenäen und im Norden der iberischen Halbinsel den islamischen Vormarsch verhindert hatten. Im 10. Jahrhundert wurde in Nordspanien im Rahmen der dortigen Reconquista der Heilige Jacob besonders als *matamauros* (›Maurentöter‹) verehrt. Noch deutlich später, Anfang des 12. Jahrhunderts, sollten sich Normannen an dieser Reconquista auf der iberischen Halbinsel beteiligen.[110]

In diese Tradition wollte sich Roger nun zweifellos einreihen, als sich ihm eine günstige Gelegenheit bot: Ibn al-Tumna, maurischer Herrscher über die fruchtbaren Ebenen entlang der sizilianischen Ostküste um Syrakus und Catania, lag im Streit mit seinem Schwager Ibn al-Hawwas, der das sizilianische Zentrum von Agrigent bis um Enna hinauf unterworfen hatte und nun auch den Osten der Inseln zu erobern drohte. Ibn al-Tumna reiste selbst nach Mileto in Kalabrien, um Roger um normannische Waffenhilfe zu bitten, wohl in der Hoffnung auf das übliche Söldnerkontingent. Allerdings berichtet nur der arabische Historiker Ibn al-Athir,[111] dass er ihm dafür die Herrschaft über Sizilien versprochen habe, während Gottfried Malaterra realistischer schreibt, Ibn al-Tumna (»Betumen«) habe ihm »viele Versprechungen« gemacht.[112]

Roger ließ sich offenbar nicht lange bitten: Innerhalb einer Woche war er im Februar 1060 mit 160 Rittern und einigen hundert Fußsoldaten auf dem Weg nach Sizilien. Er eroberte Milazzo und Rometta, aber ein Versuch, Messina anzugreifen, scheiterte kläglich. Der Gegenangriff der Messiner und ein Sturm in der Straße von Messina hätten den normannischen Landungsversuch beinahe zu einem völligen Desaster gemacht. Es ist übrigens recht wahrscheinlich, dass die Normannen das Einschiffen von Pferden, das in der Wikingerzeit noch relativ unüblich war, von den Byzantinern gelernt hatten. Jedenfalls wurden nun sowohl bei der Eroberung Siziliens als auch beim Balkanfeldzug Robert Guiscards 1081 und am erfolgreichsten bei der Eroberung Englands 1066 Streitrösser per Schiff transportiert.[113]

Erst im Mai des folgenden Jahres (1061), als Robert Guiscard nach einem erfolgreichen Feldzug durch Apulien mit dem Gros seiner Armee in Reggio di Calabria ankam, wurde der nächste Versuch unternommen. Diesmal begann der Feldzug mit einer größeren Streitmacht, besserer Vorbereitung und vor allem einem Plan, der dem listigen »Wiesel« wieder alle Ehre machte: Statt die kürzeste Überfahrt nach

Sizilien nördlich von Messina zu wählen, auf der aber die Schiffe der Sarazenen patroullierten, landete man des Nachts in zwei Staffeln an einem einsamen Küstenstrich deutlich südlich von Messina. Bevor die Hauptstreitmacht von 1500 Mann unter Roberts Führung bei Tageslicht die Straße von Messina überquerte, hatte Roger mit ein paar hundert Mann dank einiger glücklicher Zufälle und der gefinkelten Strategie Roberts Messina bereits im Morgengrauen eingenommen.

Messina wurde schnellstmöglich zu einem uneinnehmbaren Brückenkopf ausgebaut, und nachdem auch Rometta in normannischer Hand war, rückte Robert zur feindlichen, aber so gut wie uneinnehmbaren Festung Enna des Ibn al-Hawwas vor. Da er die unterwegs eingenommenen Städte mit Garnisonen versehen musste, bestand seine Streitmacht wohl nur mehr aus 1500 Normannen und einigen Sarazenen des Ibn al-Tumna, gegen die sein Kontrahent angeblich 15 000 Mann ins Feld führte (das berichtet, sicher mit deutlicher Übertreibung, Gottfried Malaterra[114]). Zwar siegten die Normannen, doch konnten sie Enna nicht einnehmen, also musste er viel verbrannte Erde hinterlassen und Ende des Sommers nach Apulien zurückkehren.

Von nun an zeigte sich Robert Guiscard selbst nur mehr gelegentlich in Sizilien, während Roger über Jahre weitere Kampagnen im Nordosten und Zentrum Siziliens unternahm. Dazwischen fand Roger Zeit, seine Jugendliebe zu heiraten, Judith von Évreux, die mit ihrem Halbbruder, Robert von Grantmesnil und Abt von St. Évroul, vor dem Zorn Wilhelms des Eroberers aus der Normandie nach Kalabrien geflohen war (die Familie wurde erst 1063 wieder von Wilhelm dem Eroberer rehabilitiert). Robert von

Grantmesnil wurde nun Abt des neu gegründeten Klosters St. Eufemia und Judith die Frau des zukünftigen Königs von Sizilien. Sie begleitete Roger sogar nach Sizilien, dessen Osthälfte er mit nur 250 Rittern sukzessive verheerte. Dabei musste er allerdings auch Rückschläge hinnehmen, vor allem nachdem der verbündete Emir Ibn al-Timnah 1062 ermordet worden war, der in Rogers Abwesenheit die Kriegszüge weitergeführt hatte.

Inzwischen war aber noch ein weiterer Hauteville auf der Bildfläche erschienen, nämlich Serlo – der Sohn von Rogers älterem Halbbruder Serlo dem Älteren, der nie nach Italien ausgewandert war. Er profilierte sich rasch als effizienter Heerführer unter seinem Onkel Roger. Seine Feuerprobe bestand er 1063 bei Cerami, als er mit 30 sowie Roger mit 100 Rittern und vielleicht 400 Fußsoldaten ein sarazenisches Heer »aus Afrikanern, mit Arabern und Sizilianern« in die Flucht schlug. Besagte Truppen waren von Palermo her auf das jetzt endlich fest in normannischer Hand befindliche Troina vorgerückt und umfassten laut Gottfried Malaterra 3000 Mann, »ungezählt der Fußsoldaten, deren Zahl unendlich war«.[115]

Gottfried schreibt den Sieg der Normannen dem wunderbaren Eingreifen des Heiligen Georg, ganz in weißer Rüstung, zu, und Serlo war noch tagelang damit beschäftigt, die Beute des riesigen Heeres nach Troina zu schaffen. Papst Alexander II. in Rom schenkte er vier Kamele, als Zeichen dafür, dass der islamische Stern in Sizilien im Sinken war. Der Pontifex revanchierte sich äußerst großzügig mit einem päpstlichen Banner für Roger und, noch wesentlich wichtiger, mit einem Generalablass für alle christlichen Teilnehmer an der Eroberung Siziliens. Damit war aus dem

Eroberungsfeldzug Rogers ein Kreuzzug gegen den Islam auf der Insel geworden.

In der Schlacht von Cerami fiel auch Kaid, der Emir von Palermo, und diese Tatsache mag Roger dazu verleitet haben, ein Angebot der Pisaner abzulehnen, die mit ihrer Flotte seinen Angriff auf Palermo unterstützen wollten. Ob er nun dachte, das nun führerlose Palermo auch allein erobern zu können, oder ob er an der Unterstützung von Robert zweifelte, der in Apulien mit den Aufständischen beschäftigt war, oder ob er einfach Sieg und Beute nicht mit den Pisanern teilen wollte, wissen wir nicht. Jedenfalls lehnte er ab und vergab damit wohl die Chance, Palermo frühzeitig einzunehmen.

Der inzwischen wieder in Apulien kriegführende Robert Guiscard kehrte erst 1064 mit einer Streitmacht von 500 Rittern und 1000 Fußsoldaten nach Sizilien zurück, um mit Roger endlich die Hauptstadt Palermo einzunehmen. Ihr Vorhaben scheiterte aber. Zwar gelang es Roger, einer weiteren zahlenmäßig überlegenen sarazenischen Armee bei Misilmeri 1068 eine vernichtende Niederlage beizubringen, doch er musste 1071 Robert mit Männern und Schiffen bei der Belagerung von Bari zu Hilfe eilen, bevor noch die Griechen eine Entsatzflotte von der östlichen Adriaküste auf den Weg bringen konnten. Dabei glückte ihm gegen diese Flotte der erste normannische Sieg in einer Seeschlacht gegen die Byzantiner auf dem Meer vor Bari, die sich daraufhin ergaben und damit das Ende der byzantinischen Herrschaft in der Basilikata besiegelten.

Während Roger sofort nach Sizilien zurückkehrte, versammelte Robert erst eine Flotte von 58 Schiffen, bemannt mit griechischen Seeleuten,[116] und marschierte dann selbst mit einer Armee nach Reggio, wo sich die Brüder trafen und zunächst (durch eine neuerliche Kriegslist) Catania eroberten. Anschließend zogen sie erneut gegen Palermo, das allerdings erst nach langer Belagerung und schweren Kämpfen im Januar 1072 fiel. Wiederum nutzten sie eine Kriegslist, indem Roger einen Scheinangriff gegen die schwer befestigte Altstadt führte, während Robert weitgehend unbemerkt durch die neuen Viertel im Osten eindringen konnte. Als Robert Guiscard in die besiegte Stadt einzog, konnte er endlich mit Recht den 13 Jahre zuvor vom Papst verliehenen Titel eines Herzogs von Sizilien tragen.

Er überließ die Herrschaft in der Praxis jedoch seinem Bruder Roger, der inzwischen den Titel eines Grafen von Sizilien trug, und behielt nur die Hälfte Palermos, Messinas und des Val Demone. Schon bei der Hochzeit Rogers hatte er diesem die Hälfte der meisten kalabrischen Städte für seine Morgengabe überlassen. De facto ging es dabei wohl nicht um die Kontrolle über diese Städte, sondern um jeweils die Hälfte der daraus durch Steuern gezogenen Einkünfte.

Mit der Eroberung der Hauptstadt Palermo war zwar das Ende der islamischen Herrschaft in Sizilien besiegelt, aber Roger brauchte noch bis 1085, um Syrakus zu erobern. Erst 1087 ergab sich die Festungsstadt Enna im Herzen der Insel, Butera ergab sich 1088, und Noto im Südosten fiel gar erst 1091. Im selben Jahr führte Roger eine Flotte nach Malta, um auch dort mögliche Stützpunkte der Muslime zu verhindern; die Inselgruppe fiel kampflos in seine Hände. Roger war Ende der 80er Jahre des 11. Jahrhunderts endlich Herr über ganz Sizilien. Jedoch war im Jahr 1085 sein Bruder Robert gestorben, sein Neffe Serlo war 1072 einem sarazenischen Hinterhalt zum Opfer gefallen, und obwohl er selbst schon 60 Jahre alt war, fehlte ihm noch immer ein Nachfolger.

Der Balkanfeldzug Robert Guiscards

Während der Ereignisse in Apulien, Kalabrien und Sizilien hatte sich Robert Guiscard aber auf ein weiteres militärisches Abenteuer eingelassen. Zwar hatte er den letzten massiven Versuch der Byzantiner im Jahre 1060 zur Rückgewinnung der Basilikata – kurzzeitig hatten die Griechen sogar Otranto, Oria, Brindisi und Taranto erobert – erfolgreich zurückgeschlagen, aber dass die oströmischen Kaiser fortwährend die Aufstände in Apulien schürten, um die Normannen zu schwächen, blieb ein Stachel in seinem Fleisch. Schon 1066 versuchte sein Vasall Gottfried, Sohn des Petrus von Trani, eine Landungsarmee über die Adria zu führen, wurde aber noch auf italienischem Boden von einer Abteilung der Warägergarde aufgehalten. Petrus selbst unternahm 1073–1075 eine Expedition nach Dalmatien, die sich aber mehr gegen den kroatischen König richtete als gegen die Byzantiner.

Als Robert Guiscard selbst im Frühling 1081 zum oströmischen Balkan aufbrach, war das eine groß angelegte Aktion, nicht vergleichbar mit den Scharmützeln früherer Jahre in Sizilien. Er schiffte in Brindisi eine Armee von 16 000 Mann ein, darunter etwa 1300 normannische Ritter, schlug im Herbst Kaiser Alexios I. mit dessen Warägergarde in der Schlacht von Dyrrhachium (Durazzo) und hatte im folgenden Februar bereits Korfu eingenommen. Als Robert nach Apulien zurückkehren musste, ließ er die Eroberungen in der Hand seines mittlerweile erwachsenen Sohns Bohemund (geb. 1054) aus erster Ehe. Dieser konnte sich aber nicht halten, und erst Robert selbst eroberte bei seiner Rückkehr auf den Balkan 1084 die Inseln Korfu und Kefalonia, starb aber auf dieser unglücklichen griechischen Expedition am 15. Juli 1085 auf Kefalonia an einem Fieber. Bohemund brach nun den Feldzug ab und kehrte mit den Truppen nach Apulien zurück, um dort seine Erbansprüche gegen seinen Halbbruder Roger Borsa durchzusetzen.

Mit dem Tod Robert Guiscards ging eine Epoche normannischer Expansion zu Ende, die gleichberechtigt neben der Zeit der Eroberung Englands durch Wilhelm den Bastard und Rogers Unterwerfung Siziliens steht, Letztere sogar selbst erst ermöglicht hatte. Ungeachtet seines Rufs als eher unzuverlässiger Bündnispartner war das schlaue »Wiesel« aber offenbar ein von ungeheurer Energie getriebener, dazu durch strategische Weitsicht gekennzeichneter Feldherr und Organisator, der es trotz seiner dreimaligen Exkommunikation durch Gregor VII. zwischen 1074 und 1078 im Streit um Benevento schließlich ab 1080 sogar verstand, sich mit Kirche und Papsttum zu arrangieren.

Ordericus Vitalis beschrieb ihn zwei oder drei Jahrzehnte nach seinem Tod bewundernd:

> Der größte und mächtigste von ihnen [den Söhnen Tankreds] war Robert Guiscard, der viele Jahre lang die Herrschaft über Apulien hielt, nachdem seine Brüder Drogo und Humfred (*Unfridus*) gestorben waren, und danach machte er sich, die Langobarden und Griechen unterwerfend, die ihre alten Rechte in ihren Städten und Burgen zu verteidigen suchten, auch noch Kalabrien un-

> tertan. Das Ionische Meer mit einer kleinen, aber tapferen Schar von Normannen und anderen von nördlich der Alpen überquerend, besetzte er Mazedonien, trat dem Kaiser Alexius von Konstantinopel zweimal gegenüber und zwang ihn zur Flucht, nachdem er ihn zu Land und zur See besiegt hatte.[117]

Zudem legte Ordericus ihm als Rede, die Robert auf dem Totenbett an seinen Sohn Bohemund gerichtet haben soll, eine Zusammenfassung der normannischen Großtaten in den Mund, um so noch einmal die Errungenschaften Roberts hervorzuheben und seine Leserschaft auf die zukünftigen Taten Bohemunds vorzubereiten:

> Bedenke, was die Normannen Großes getan haben … Rufe Dir in Erinnerung, was Du unter meiner Führung Großes in Italien und Sizilien getan hast, als du Salerno und Bari, Brindisi und Tarento, Bisignano und Reggio, Syrakus und Palermo, Cosenza und Castro-Giovanni und viele andere Städte und Burgen eingenommen hast. Gisulf, den Herzog von Salerno, den Grafen Wazo von Neapel, und andere mächtige Fürsten hast du unter meiner Führung und mit Gottes Hilfe überwunden.[118]

Robert Guiscard wurde in der Abtei Venosa beigesetzt, und obwohl die dortigen Grabinschriften in der Neuzeit zerstört wurden, hat Wilhelm von Malmesbury die Inschrift dokumentiert, deren Anfang lautete:

> *Hic terror mundi Guiscardus*
> ›Hier (liegt) Guiscard, der Schrecken der Welt.‹[119]

Roger Borsa

Als Robert Guiscard 1085 auf Kefalonia vor der griechischen Küste starb, hinterließ er nicht nur seinen nicht erbberechtigten Sohn aus erster, aufgelöster Ehe mit Alberada, Bohemund von Tarent (gest. 1111), sondern auch einen Sohn aus der Ehe mit Sichilgaita, Roger Borsa (gest. 1111). Letzterer trug seinen Spitznamen Borsa, ›Geldbörse‹, angeblich wegen seiner Gewohnheit, immerfort sein Geld zu zählen, vielleicht aber auch nur, weil er die Münze in Salerno (seit 1078) förderte. Auch anderen Baronen erlaubte er die Münzprägung, allerdings erst, nachdem Roger in Sizilien bereits jahrelang Münzen hergestellt hatte.

Er konnte sich nach seinem Verzicht auf Tarent, das Robert seinem ältesten Sohn 1180 verliehen hatte, gegen seinen offenbar wesentlich begabteren älteren Halbbruder Bohemund als Nachfolger Robert Guiscards durchsetzen. Diesen Status behielt er immerhin fast ein Vierteljahrhundert lang, was vor allem daran lag, dass er, dessen ehrgeizige Mutter Sichilgaita Langobardin gewesen war, für die meisten Machthaber in den alten langobardischen Herrschaftsgebieten Süditaliens akzeptabler war als sein rein normannischer Halbbruder Bohemund.

Schon Wilhelm von Malmesbury zitiert die sicherlich damals schon gängige Meinung über die unterschiedlichen Begabungen der beiden Halbbrüder: »denn während dem einen Bruder offensichtlich das Herzogtum zufiel, folgten dem anderen die im Kriege Tüchtigen«.[120]

Allerdings hatte Roger Borsa alle Hände voll damit zu tun, die Normannen von Capua sowie die Städte Salerno und Neapel in Schach zu halten. Obwohl er als Nachfolger

Robert Guiscards Herzog von Apulien und Kalabrien und somit Lehnsherr des Grafen Roger I. von Sizilien war, sahen die wahren Machtverhältnisse eher umgekehrt aus. Immerhin machte er 1092 mit Adela, der Tochter von Herzog Robert I. von Flandern und Witwe von Knut IV. von Dänemark, eine glänzende Partie. Von ihren drei Söhnen starben allerdings zwei schon im Kindesalter, und Roger Borsas verbleibender Sohn und Nachfolger, der kinderlose Wilhelm, konnte sich überhaupt nur mithilfe von Roger II., seinem Großcousin, als Herzog halten. Mit Wilhelms Tod erlosch 1127 dann auch die Linie Robert Guiscards und damit die der Hautevilles als Herzöge von Apulien und Kalabrien.

Roger II., Graf von Sizilien, beanspruchte nach dem Tod seines Großcousins Apulien und Kalabrien für sich. Papst Honorius II. (1124–1130) war aber der Meinung, durch das Verlöschen der Linie Robert Guiscards falle dieses Lehen an den Heiligen Stuhl zurück. Mithilfe massiven militärischen Drucks setzte sich der König von Sizilien durch, und so wurde Roger II. 1128 Herzog von Apulien, Kalabrien und Sizilien als Lehnsmann des Papstes. Im Gegensatz zu den Nachkommen Robert Guiscards war er nicht weniger durchsetzungsfähig als sein Vater Roger I., der Eroberer Siziliens.[121]

Roger I., Graf von Sizilien

Für die Bevölkerung Siziliens hatte sich auch nach dem Fall von Palermo 1072, der letzten konzertierten Aktion Robert Guiscards und seines jüngsten Bruders Roger I., noch nicht viel geändert. Sogar die Selbstverwaltung der muslimischen Mehrheit der Bevölkerung, der Roger die Religionsfreiheit zugestanden hatte, blieb in den meisten Städten gewahrt, nur die Kopfsteuer, die früher von Christen und Juden erhoben worden war, betraf nunmehr stattdessen die Muslime. Roger rekrutierte sogar eine sarazenische Elitetruppe, der Übertritte zum Christentum nicht gestattet waren, sicherlich aus einem ähnlichen Grund, aus dem sich die byzantinischen Kaiser eine skandinavische Garde hielten: Sie versprachen sich von ihnen direkte Loyalität gegenüber dem Herrscher, von dem sie aufgrund der anderen Religion auch abhängig waren. Besiegte sarazenische Lokalherrscher behandelte Roger offenbar mit Respekt und relativer Milde. Obwohl im Prinzip die Christianisierung der Bevölkerung ein – wenn auch nur nebensächliches – Ziel der normannischen Herrschaft war, wurden schon unter Roger auch Muslime als Beamte eingesetzt. Diese ›Emire‹ wurden mit dem lateinischen Begriff *ammiratus* bezeichnet, woraus das deutsche Wort Admiral entstand, das sich in Sizilien jedoch keineswegs auf Befehlshaber zur See beschränkte.

Neben Latein und Griechisch blieb auch das Arabische offizielle Umgangssprache Siziliens. Roger scheute sich offenbar überhaupt nicht vor dem Umgang mit dem Islam – über den er nach Jahrzehnten der Kriegsführung und Verhandlungen ja gut Bescheid wusste – und bezeichnete sich in arabischen Urkunden als Sultan; auf einer Münzprägung trägt er darüber hinaus die Titel Imam und Malik. Diesen arabischen Titel hatte schon Robert Guiscard verwendet. Die Übernahme der arabischen Münze in Palermo und eine neu gegründete in Messina bedeuteten für ihn auch keine

Abkehr von den Traditionen der arabischen Münzprägungen: Arabische Handwerker stellten die Münzen mit traditionellen arabischen Inschriften her, und sein Name und Titel wurden ebenfalls auf Arabisch wiedergeben, was die kontinuierliche Akzeptanz der Münzen ermöglichte. Langsam wurden Veränderungen in Münzbild und Inschrift sowie den Denominationen fühlbar, als die Normannen auf den goldenen arabischen *taris* erst das muslimische Glaubensbekenntnis durch den griechischen Buchstaben *tau* und dann durch ein christliches Kreuz zu ersetzen begannen; bald schlug man als Kleingeld auch die für Araber ungewohnten Kupfermünzen.[122]

Trotz der guten Beziehungen zum Papsttum, die sich in den Privilegien Gregors VII. (Papst 1073–1085) und Urbans II. (1088–1099) für den Herrscher Siziliens manifestieren, sowie zur lateinischen Kirche, belegt durch Klostergründungen der Benediktiner in Sizilien, war Roger auch der orthodoxen Bevölkerung gegenüber tolerant. Seit dem großen Schisma 1054 war dies ja nicht mehr selbstverständlich, aber die Mönche und Gemeinden, die den Gottesdienst nach dem griechischen Ritus feierten, blieben sowohl in Kalabrien – wo die Mönche seit der Eroberung Siziliens durch die Araber im 9./10. Jahrhundert ein Rückzugsgebiet gefunden hatten – als auch in Sizilien weitgehend unbehelligt. Allerdings wurde auch die Re-Latinisierung der Bevölkerung ebenso wie die Übernahme der sogenannten ›basilianischen‹ (d.h. der Regel des Hl. Basilius von Caesarea, gest. 379, folgenden griechisch-orthodoxen) Klöster durch die normannischen Benediktiner gefördert.

Roger I. hatte schon vor 1080 in seiner Residenz Mileto

in Kalabrien das Kloster S. Trinitatis gegründet, für das ein Abt aus St. Évroul aus der Normandie bestellt wurde, nämlich Wilhelm FitzIngram.[123] Wie das Haus in Mileto wurden auch die ersten Klostergründungen in Sizilien der Abtei St. Eufemia in Kalabrien unterstellt, als erstes das Kloster Lipari (noch vor 1085) und besonders Rogers Gründung St. Agatha in Catania 1091, für die er den Prior von St. Eufemia, den Bretonen Ansger, als Abt gewinnen konnte. Von Catania aus wurden drei weitere benediktinische Häuser gegründet, diese waren also schon die vierte Generation nach St. Évroul.[124]

Dass der Nachschub an Mönchen aus der Normandie zwar weiterging, aber kaum ausreichte, um die zahlreichen Neugründungen zu besetzen, zeigt eine Urkunde Rogers aus dem Jahre 1085, in der er von »Klerikern« spricht, »die gerade von nördlich der Alpen gekommen waren, mit dem Ziel, die Grabeskirche in Jerusalem zu besuchen«, und die er zum Bleiben bewegen konnte. Dass Gottfried Malaterra auch zu dieser Gruppe von Mönchen gehörte, ist unwahrscheinlich, weil besagte Kleriker laut dieser Schenkungsurkunde ein Haus nach den augustinischen Regeln begründeten und nicht nach den benediktinischen. Gemeint ist St. Maria in Bagnara in Kalabrien, von wo aus dann in Sizilien St. Lucia in Noto und die Kathedrale in Cefalu entstanden.

Jedenfalls bestätigt diese Anekdote den andauernden Verkehr zwischen Sizilien, Kalabrien und der heimatlichen Normandie ebenso wie die Reisetätigkeit des normannischen Ritters Arnold, der als Mönch in St. Évroul eingetreten war und dann nicht nur mehrere Male über den Kanal nach England reiste, sondern Anfang der 1090er Jahre auch

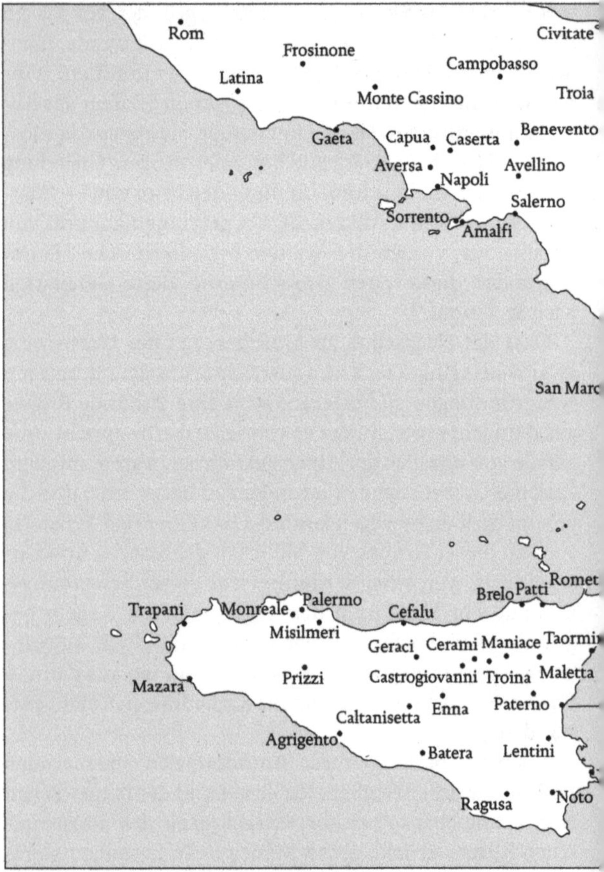

Süditalien und Sizilien im Frühmittelalter

Monte Gargano
oggia
Cannae
Canosa
Bari
Lavello
Venosa
Melfi
Acerenza
Matera
APULIEN
Brindisi
Potenza
Taranto
Lecce
BASILICATA
Ortranto
Scalea
Scribla
Rossano
rgentano
Cosenza
KALABRIEN
Crotone
Catanzaro
Vibo Valentia
Mileto
Bagnaro
Messina
Reggio di Calabria
Castelvecchio
atania
yrakus

nach Süditalien und Sizilien kam, um seinen Bruder Wilhelm, inzwischen Abt von St. Eufemia, und seinen Cousin Wilhelm von Grantmesnil, Schwiegersohn von Robert Guiscard, zu besuchen. Der tiefere Zweck dieser Reise war es aber ausdrücklich, von der reichen mediterranen Verwandtschaft einen Teil der in Sizilien gemachten Beute für sein Kloster in der Normandie abzuschöpfen.[125]

Dass Roger die Klöster förderte, mag auch mit seinem eigenen Geschichtsverständnis zu tun haben. Er sah wohl ein, dass nur die von ihm beschäftigten Kleriker in der Lage waren, ihm einen gebührenden Platz in der Geschichte zu verschaffen. Er beauftragte den nach 1091 von Apulien nach Sizilien (wohl in das Kloster St. Agatha in Catania) gekommenen Gottfried Malaterra mit der Abfassung von *De rebus gestis Rogerii Calabriae et Siciliae Comitis et Roberti Guiscardi*, der darin über Roger schreiben konnte:

> Dieser äußerst berühmte Fürst Roger, der die Werke vieler Verfasser kannte, da er sich die antiken Historiker vortragen ließ, entschied sich auf den Rat seiner Männer, seine mühseligen und gefährlichen Taten für die Nachwelt bewahren zu lassen.[126]

Offenbar stellte Roger sich damit selbst – und nicht nur in den Augen seines ihn bewundernden Historikers – in die Tradition anderer, in der antiken Literatur verewigten Eroberer wie Alexander des Großen und Julius Caesar. Zudem kannte er offensichtlich klassische und wohl auch frühmittelalterliche Literatur, die sich mit diesen Helden beschäftigte, wie *Der Gallische Krieg* Julius Caesars oder den Alexanderroman.[127]

Roger hatte Sizilien mit dem Fall von Enna 1087 und Noto 1091 sowie der Einnahme von Malta im selben Jahr erfolgreich zur Gänze erobert, aber er war nun 60 Jahre alt. Seine junge Frau Adelaida von Savona (oder Adelaisa, auf deutsch mitunter als Adelheid von Savona bezeichnet) aus Ligurien, die er 1089 in dritter legaler Ehe geheiratet hatte, sollte ihm erst 1093 einen Sohn, Simon, schenken. Dass dies nicht an Roger selbst lag, darf man vermuten, denn er hatte bereits einen unehelichen Sohn, Jordan, sowie den legitimen Sohn Gottfried und etwa ein Dutzend Töchter aus seinen vorigen Ehen. Aber Gottfried hatte sich mit Lepra angesteckt und lebte zurückgezogen in einem Kloster, und Jordan starb 1091 in Syrakus an einem Fieber.

Zwei Jahre nach Adelaidas lang ersehntem erstem Sohn Simon kam auch noch Roger II. zur Welt, womit die Nachfolge des 64-jährigen Roger nun halbwegs gesichert erschien. Roger I. starb 1101, knapp 70-jährig. Seiner jungen Witwe mit zwei minderjährigen Söhnen fiel nun die Herrschaft über das ebenfalls noch junge Reich in Sizilien zu. Der ältere der beiden Knaben starb jedoch 1105 mit nur zwölf Jahren, so dass Adelaida die Regentschaft bis zur Volljährigkeit ihres jüngeren Sohnes ausübte. Nun zeigte sich der Erfolg von Rogers Außenpolitik, die ausgesprochen zielstrebig und effizient gewesen war, weshalb er auch seine Töchter für strategisch wichtige und prestigeträchtige dynastische Heiraten einsetzte: Maximilla heiratete 1095 Konrad, Sohn Kaiser Heinrichs IV., eine weitere 1097 König Koloman von Ungarn.

Adelaida bewies in ihrer Regentschaft beträchtliches Geschick. Sie verlegte ihren Regierungssitz aus dem kalabrischen Mileto nach Palermo und stützte sich auf einen Be-

Sarkophag der Adelaida in der Kathedrale von Milazzo
(Foto: Rudolf Simek)

amtenapparat aus Griechen und Muslimen. Im Vergleich zu den anderen Quellen berichtet allein Ordericus,[128] dass sie einen burgundischen Herzog Robert als Vormund eingesetzt hätte. Immerhin schaffte sie es, den Reichtum Siziliens und seiner Handelsbeziehungen zur Levante erfolgreich zum Wohl des Reichs zu nutzen, so dass sie als ausgesprochen gute Partie gelten konnte. Zudem hatte sie von Roger eine schlagkräftige Flotte geerbt. Als im Jahre 1113 das prestigeträchtige Heiratsangebot von Balduin, seit 1100 König von Jerusalem, eintraf, nahm sie es unter einer Bedingung an: Falls die Ehe kinderlos bliebe, solle die Krone Jerusalems an ihren Sohn Roger II. fallen, der 1112 in Palermo zum Ritter geschlagen worden war. Immerhin muss sie zu diesem Zeitpunkt schon über 40 Jahre alt gewesen sein, so dass mit ihrer Kinderlosigkeit zu rechnen war. Ordericus, der sie ebenso verabscheute wie die normannischen Barone, nennt sie zu diesem Zeitpunkt »eine schon wahrlich vom Alter faltige Frau«.

Balduin musste für die Ehe mit Adelaida seine bisherige armenische Frau verstoßen. Das gab ihm 1116 nach nur drei Jahren der Ehe einen Vorwand, um auch Adelaida wieder loszuwerden, weil die vorige Ehe nicht rechtskräftig aufgelöst worden war. Ihren Reichtum jedoch behielt er, und die Krone Jerusalems für Roger II. blieb ein unerfüllter Traum der tüchtigen Adelaida. Sie zog sich 1117 wieder aus Jerusalem nach Sizilien zurück und ging ins Kloster. Als sie 1118 starb, hinterließ sie ihrem jungen Sohn am Beginn des 12. Jahrhunderts ein nicht nur recht wohlgeordnetes, sondern auch finanzkräftiges Reich.

Das Königreich unter südlicher Sonne

Die normannische Befriedung Siziliens

Roger II. war erst 23 Jahre alt, als seine Mutter 1118 starb. Dass deren Exgatte Balduin, König von Jerusalem, der sie verstoßen hatte, selbst noch 1118 an einer Fischvergiftung sterben sollte, wäre für sie wohl nur ein schwacher Trost für den Gesichtsverlust durch die misslungene Ehe gewesen. Schon während der beschriebenen Rückschläge und der Abwesenheit seiner Mutter bzw. Regentin konnte der junge Roger II. seine Position halten, was zum einen an seinen unzweifelhaften persönlichen Fähigkeiten, zum anderen aber auch an der Eroberung Siziliens selbst gelegen haben dürfte. Dort war die Autorität seines Vaters und Onkels nie durch andere Normannen herausgefordert worden, während in Apulien das ganze 11. Jahrhundert hindurch der Kampf um die Vorherrschaft zwischen den einzelnen Normannenhochburgen die weitere Expansion dauerhaft verhindert hatte.

Roger I. war auch klug genug gewesen, nach seinen Eroberungen mit den zahlreichen lokalen muslimischen Machthabern Verträge zu schließen, in denen ihnen die freie Religionsausübung, ihre eigene Wirtschaft und selbst ihre Rechtsprechung mit eigenen Kadis zugesichert wurde, meist im Tausch gegen Land und auf jeden Fall Sicherheit für die noch dünne normannische Oberschicht. Aus den Kriegern der Emire stellte er eine eigene sarazenische Infanterie auf, die er mehrfach auf das Festland führte, um seine Verwandten zu unterstützen.

Roger II. war offenbar ein sehr talentierter Staatsmann,

und zu deren Fähigkeiten gehört die Kunst des Delegierens. Er legte die Verwaltung seines Reiches in die Hände von fähigen Männern, unabhängig von deren Religion oder Herkunft. Für die sizilianische Flotte, die schon sein Vater und sein Onkel vor Bari und vor Palermo zu nutzen gelernt hatten, gewann er zwei Befehlshaber, die ihm die langfristige Seehoheit im zentralen Mittelmeerraum sichern sollten: Christodolus und Georg von Antiochen, beides Griechen, der erste aus Sizilien, Letzterer zuvor in den Diensten eines ziridischen Prinzen der Berber von Mahdia (im heutigen Tunesien). Mit der Flotte, die diese beiden in den sizilianischen Küstenstädten aushoben, konnte Roger sowohl die sarazenischen Korsaren erfolgreich in Schach halten, die von der afrikanischen Küste seinen Mittelmeerhandel bedrohten, als auch die wiederholten Überfälle der Ziriden von Mahdia abwehren. Seine eigenen Versuche, seine Macht auf die nordafrikanische Küste in der Syrte auszudehnen, standen aber vorerst unter keinem glücklichen Stern. Ein versuchter Afrikafeldzug geriet im Jahre 1123 zum Desaster, denn dabei gingen zwei Drittel des sizilianischen Expeditionskorps von 300 Schiffen verloren.

Daneben blieb er für seinen Cousin Wilhelm in Apulien und Kalabrien die einzige Stütze: Denn obwohl Graf Roger II. offiziell eigentlich Wilhelms Lehensmann war, gelang es diesem nur mithilfe von Rogers Rittern und Gold, seine Landsleute in Apulien unter Kontrolle zu halten. Als etwa der normannische Graf Jordan von Ariano 1122 die Stadt Nusco im Norden seines Einflussbereichs plünderte, musste Wilhelm Roger um Waffenhilfe bitten. Dieser gewährte sie reichlich: Er schickte 600 Ritter und noch dazu

Gold, bekam aber eine Gegenleistung in Form der früher von Robert Guiscard beanspruchten Hälfte von Palermo, Messina und Kalabrien. Wilhelm und Roger profitierten gleichermaßen: Zum einen konnte Letzterer endlich seine Herrschaft auf ganz Sizilien ausdehnen, ohne die Anteile der apulischen Herzöge berücksichtigen zu müssen, zum anderen sollte die massive Demonstration militärischer Stärke auch den normannischen Rebellen in Apulien zeigen, wer in Zukunft dort das Sagen haben würde.
Als Wilhelm im Alter von erst 30 Jahren starb und in Salerno beigesetzt wurde, hinterließen er und seine langobardische Frau Gaitelgrima keine Nachkommen, was für die normannischen Besitzungen in Süditalien ein verhängnisvolles Machtvakuum schuf. Die meisten der Hauteville-Cousins und Großcousins waren ins Heilige Land gezogen und somit weder über den Tod des Herzogs informiert noch verfügbar. Nur Roger II., der nach seinem Vater und der Abmachung mit Wilhelm nun Herr von Kalabrien war, konnte überhaupt Erbansprüche anmelden. Papst Honorius II. war allerdings schnell bei der Hand, um das Herzogtum Apulien und Kalabrien als Lehnsherr der Herzöge für sich selbst zu fordern. Er vertrat diese Meinung vor den normannischen und anderen Fürsten noch im selben Sommer in Benevento, die daraufhin mit seinem Segen eine Allianz gegen Roger schmiedeten, der vom Papst wegen seiner kriegerischen Einfälle obendrein exkommuniziert wurde.

Papst Honorius scheute sich auch nicht, die Fürsten geradezu zu einem Kreuzzug gegen Roger aufzurufen.[129] Robert II. von Capua wurde zum Fürsten über Apulien eingesetzt. Roger aber brauchte nur ein Jahr und eine wohlorganisierte Armee aus Sizilien, bestehend aus 2000 Rittern, 30 000 arabischen Fußsoldaten und 1500 Bogenschützen, um den Süden Apuliens zurückzuerobern und mittels massiven militärischen Drucks den Papst zu allen notwendigen Zugeständnissen zu zwingen, wobei er ihm als Gegenleistung lediglich den Schutz von Benevento und die Eigenständigkeit von Capua versprach. Nach Geheimverhandlungen wurde Roger II. 1128 in einer nächtlichen Zeremonie auf der Brücke über den Sabato vor den Mauern von Benevento vor angeblich 20 000 Zuschauern mit dem Herzogtum Apulien belehnt. Damit war Roger II. nicht nur in militärischer Hinsicht, sondern auch ganz offiziell und mit päpstlicher Investitur Herrscher von ganz Süditalien. Der nächste Schritt erfolgte dann schon zwei Jahre später: die Königswürde.

Roger, der König

Schon ein Jahr, nachdem Honorius II. Roger II. unter Druck zum Herzog Apuliens gemacht hatte, starb der Papst, und es begann eine Zeit des Schismas, in der zwei konkurrierende Parteien in Rom je einen Papst wählten: Innozenz II. und Anakletus II. Dabei unterstützte Roger Letzteren, weil dieser Gegenpapst aus der jüdisch-römischen Familie der Pierleoni mehr als Innozenz auf die militärische Unterstützung durch die Normannen angewiesen und daher zu Zugeständnissen bereit war, während sich Innozenz auf einer Reise durch Frankreich und Deutschland der Unterstützung des Reichs versicherte. Rogers Kalkül ging zunächst auf: Zur Belohnung für diese Militärhilfe ernannte Anakle-

Normannische Ritter mit blattförmigen Langschilden als Wächter des Heiligen Grabs (Bronzeplakette, vermutlich von einem Reliquar, frühes 12. Jahrhundert (Foto: Glasgow Museum)

tus ihn am 27. September 1130 zum König von Sizilien, Kalabrien und Apulien. Am Weihnachtstag desselben Jahres wurde Roger durch einen Gesandten von Anakletus, den Kardinal von St. Sabina, in Palermo zum König gesalbt und gekrönt. Der Jubel Palermos und Siziliens war ihm sicher, war doch Sizilien erstmals in seiner Geschichte ein eigenes Reich geworden.

Die Anerkennung sowohl des oströmischen Kaisers als auch von Rogers apulischen Gegenspielern blieb allerdings vorerst ebenso aus wie die des deutschen Kaisers. Innozenz und seinem mächtigen Parteigänger, Bernhard von Clairvaux, war es gelungen, im Herzen Europas Stimmung gegen den ›jüdischen Gegenpapst‹ zu machen. Lothar III. zog sogar mit Heeresmacht bis nach Bari, aber Roger vermied einfach eine offene Konfrontation, so dass dieser Stoß größtenteils ins Leere ging. Obwohl Lothars Feldzug von 1137 militärisch durchaus als Erfolg gewertet werden konnte, glückte es ihm weder, Innozenz in Rom zu installieren noch Roger zu unterwerfen.

Anakletus starb allerdings 1138, und somit war Innozenz als alleiniger Papst endlich in der Lage, in Rom einzuziehen. Aus dieser neuen Position der Stärke heraus gedachte er keineswegs, Roger in seiner Würde zu bestätigen, und lehnte folglich Verhandlungen mit ihm ab. Als er aber den Fehler machte, gemeinsam mit Robert von Capua dem König von Sizilien militärisch gegenüberzutreten, wurde die päpstliche Armee im Juli 1139 völlig aufgerieben; der Papst und seine Kardinäle gerieten in Gefangenschaft. Erst nach dieser Schlacht von Gallucio am Fluss Garigliano, unweit von Capua, stimmte Innozenz im Friedensschluss von Mignano 1139 der Belehnung Rogers zu. Freilich stellte er die

Bedingung, Roger dürfe sich nur König von Sizilien nennen, während er zwar Fürst von Apulien und Capua blieb (Kalabrien war stillschweigend eingeschlossen), aber diese Gebiete nicht direkt verwalten sollte; vielmehr sollte er seine Söhne damit belehnen. Nun erst, nach Jahrzehnten des Kriegs, war Roger II. endgültig und in den Augen der Welt auch legal *Rex Siciliae, dux Apuliae et principatus Capuae.*

Roger II. zog sich nach Palermo zurück und widmete sich der Regierung seines Königreiches, während seine Söhne die Verwaltung des Festlands übernahmen. Der älteste Sohn, Roger, wurde Herzog von Apulien, der Zweitgeborene, Tankred, Prinz von Bari, und der Dritte, Alfonso, Prinz von Capua. Allerdings war diese Aufteilung allzu kurzlebig, denn der offenbar extrem fähige Sohn Roger starb bereits 1148, kaum 30 Jahre alt. Tankred verschied schon bald nach seiner Einsetzung, und Alfonso 1144, als er nicht viel älter als 20 war, ebenso, wohingegen der Allerjüngste, Heinrich, schon als Kind starb. Von den sechs Kindern Rogers und seiner Frau Elvira überlebte ihn nur ein Einziger, der vierte Sohn Wilhelm. Letzteren ließ Roger, inzwischen selbst schon 55 Jahre alt, nach dem Tod des jüngeren Roger zu Ostern 1151 als Herzog von Apulien und Mitregent von Sizilien krönen.

Die Reaktionen seiner Zeitgenossen auf die Erhebung Rogers zum König, der Sohn eines Söldners und Enkel eines kleinen adeligen normannischen Wikingerabkömmlings war, fielen recht unterschiedlich aus. Der Historiker Ordericus beurteilt ihn trotz der ihm unterstellten Grausamkeit und Blutdürstigkeit selbst gegen Ende von Rogers Leben kühl und nüchtern: »Er war der erste von Tankreds Nachkommen, der einen königlichen Thron bestieg, und sich das Szepter, die Krone und die anderen Insignien eines Königs sicherte.«[130] Freilich hatten Roger in Sizilien 1063 und Wilhelm der Eroberer in England 1066 längst historische Fakten geschaffen, welche die Königswürde für die Normannen aus sich selbst heraus legitimierten.[131] Auf der anderen Seite stand die kirchlich geprägte Geschichtsschreibung, die auf Seiten von Innozenz II. der Argumentation des zunächst erbitterten Feindes Rogers und »seines« Gegenpapstes, nämlich Bernhard von Clairvaux, folgten. Dazu zählen vor allem der babenbergische Chronist und Bischof Otto von Freising (etwa 1114–1158) sowie der englische Staatstheoretiker Johannes von Salisbury (etwa 1120–1180), der seinen Fürstenspiegel *Polycraticus* (1159) nur etwa fünf Jahre nach dem Tod Rogers II. fertigstellte.

Betrachtet man aber die negativen Kommentare zur Königskrönung nicht nur dieser beiden Chronisten, sondern quer durch Europa, so sollte man nicht vergessen, dass ein völlig *neues* Königreich nicht ins politische Konzept der europäischen Mächte passte: Weder das römisch-deutsche Kaiserreich noch der byzantinische Kaiser und schon gar nicht das Papsttum hatten ein Interesse am Entstehen eines neuen Machtzentrums. Übrigens schien bis auf die Byzantiner niemand anzuzweifeln, dass das Königreich Sizilien ein Teil des westlichen römischen Imperiums war.

Da das Königreich Sizilien sich auf keine antiken oder frühmittelalterlichen Vorgängerreiche, welche durch die Reconquista nun wieder neu errichtet worden wären, berufen konnte, taten sich auch Theoretiker der Politik wie Johannes von Salisbury schwer mit der Akzeptanz des neuen Königs, den man demzufolge als Tyrannen, also illegitimen Herrscher, einordnete. Dabei mussten auch seine schlimmsten Kritiker zugeben, dass Rogers neues Reich nicht nur extrem begütert, sondern auch äußerst wohlgeordnet war und diesbezüglich in Europa sowohl in Finanzkraft als auch in staatlicher Organisation seinesgleichen suchte.[132]

Auch wenn mittelalterliche Autoren gerne den Tyrannen als Metapher für Rogers Regierungsstil heranzogen, konnte von einer absolutistischen Herrschaft in Sizilien kaum die Rede sein. Zwar hatte Roger Herrschaftssymbole und Zeremonien von den Byzantinern übernommen, er blieb aber zum einen dem in der Normandie weiterentwickelten Feudalsystem treu, zum anderen befand sich sein Staat durch die Vergabe von Ämtern an fähige Männer unterschiedlicher Herkunft und Religionszugehörigkeit auf dem Wege zum modernen Beamtenstaat. Ein Grieche wurde als Emir von Palermo eingesetzt, zwei weitere Griechen befehligten dort die effiziente Flotte, und Sarazenen hatten die Aufsicht über die Finanzen und die Münzen. Hinzu kamen die sogenannten Palastsarazenen (laut Hugo Falcandus *saraceni palati*), meist offiziell Konvertiten, aber allesamt Eunuchen, welche den Grundstock des Beamtenapparats und somit der schon damals als vorbildlich angesehenen Verwaltung bildeten. Dass dieses Zusammenleben von Normannen, Griechen und Sarazenen nicht ganz so friedlich verlief wie meist dargestellt, belegt das Massaker an Palastsarazenen und anderen Muslimen 1161 in Palermo.[133] Doch die Befriedung des zentralen Mittelmeers und die weitgehende Ausschaltung der von Afrika aus operierenden sarazenischen Piraten bescherten Sizilien durch den Handel am Kreuzweg im Zentrum des Mittelmeers reiche Einkünfte, von denen die Hafenstädte Palermo, Messina, Catania und Syrakus besonders profitierten.

Dass Roger II. auch wirtschaftlich auf Nachhaltigkeit setzte, zeigt eine Episode seiner Kampagne gegen die Byzantiner in den Jahren 1147–1149, als er Korfu besetzt hielt, 1149 sogar Byzanz selbst angriff und aus Theben (in Böotien) und Korinth (auf dem Peloponnes) Facharbeiter nach Sizilien verschleppen ließ, vor allem Seidenweberinnen, um dort die Seidenproduktion zu forcieren.[134] Zu diesen ausländischen Arbeitskräften zählten aber auch zahlreiche jüdische Emigranten aus Griechenland, die 1147 nach Sizilien kamen und vom König mit zahlreichen Privilegien ausgestattet wurden.[135]

Auch byzantinische Mosaikarbeiter wurden auf diesem Weg ›akquiriert‹, was nachhaltige Folgen für die Stilentwicklung der kirchlichen und weltlichen Bauten in Sizilien haben sollte. Im Bereich der Architektur setzte Roger II. recht schnell seine Akzente, der Bau der Cappella Palatina am Palatium Novum in Palermo (heute Palazzo die Normanni) dürfte schon um 1130 abgeschlossen gewesen sein. Darin wurden beispielsweise die Elemente einer lateinischen Basilika mit der Kuppelkonstruktion byzantinischen Typs verbunden.[136]

Normannische Paläste in Sizilien

Obwohl Palermo schon seit 1072 die Hauptstadt war, hatte seine Witwe Adelaida (Adelaisa) erst nach dem Tod Rogers I. 1101 den Herrschaftssitz von Mileto auf dem Festland nach Messina und 1112 nach Palermo verlegt – denn dass diese Entscheidung der minderjährige Roger II. getroffen hätte, ist unwahrscheinlich. Von einem regulären Herrschaftszentrum oder gar einem normannischen Hof in Sizilien kann wohl erst ab den 1120er Jahren gesprochen werden. Damals begann Roger II. in Palermo auch die Paläste auszubauen, die nun nicht mehr vorwiegend der Verteidigung dienten wie die früheren Burgen. Über den normannischen Burgenbau wird noch zu reden sein,[137] da sich im Süden viele Beispiele normannischen Burgenbaus finden, die Elemente des Burgenbaus in der Normandie und in England aufweisen.

In Italien konnte wohl die Mehrzahl der neuen Burgen und Paläste auf byzantinischen, lombardischen und arabischen Vorgängern aufbauen. Letzteres galt auch für die großen Paläste in Palermo. Roger II. ließ bald nach seiner Krönung 1130 den königlichen Palast (Palazzo Reale), den ehemaligen Sommersitz des Emirs von Palermo, der schon nach der Eroberung Palermos von den Normannen zu einer Burg ausgebaut worden war, zu seiner Residenz umfunktionieren. Der auf einer Erhöhung gelegene arabische Palast stand selbst schon auf römischen und punischen Mauerresten, also der alten Akropolis der Stadt. Trotz der dominierenden maurischen Stilelemente macht der Palast durchaus den Eindruck einer normannischen Burg, nur in wesentlich größerem Maßstab. Normannische Stilelemente finden sich besonders in der Palastkapelle und in der (fälschlich) sogenannten *Stanza di Ruggero* (›Zimmer des Roger‹) sowie in der *Sala dei Venti* (›Saal der Winde‹), welche die häufig in normannischen Kapellen und Kirchen zu findende quadratische Form mit vier Säulen, die eine zentrale Kuppel tragen, aufweist. Der muslimische Reisende und Geograf Muhammad al-Idrisi (etwa 1100 – 1166), der ab etwa 1138 am Hofe Rogers in Palermo arbeitete, beschrieb 1154 diese Palastburg in Palermo folgendermaßen:

> Am höchsten Punkt erhebt sich eine kürzlich für den erhabenen König Roger errichtete Zitadelle aus mächtigen Steinquadern und verkleidet mit Mosaiksteinchen. Die Umrisse sind sehr harmonisch, die Türme hoch und die Befestigungen und Wachtürme sehr stark. Wohnräume und Säle sind perfekt konstruiert und dekoriert mit den eigenartigsten kalligraphischen Motiven und mit herrlichen Darstellungen.[138]

Die wohl aufgrund der Vorgängerbauten schon relativ weitläufige Anlage bestand also offenbar gleich aus mehreren Türmen, von denen nur der Torre Pisana im Westen der Anlage einen ursprünglich normannischen Grundriss aufweist.

Rogers Sohn Wilhelm war zwar nicht so talentiert wie sein Vater bezüglich Regierung und Administration, neigte aber dafür umso mehr zur Prachtentfaltung eines byzantinischen Herrschers. Unter seiner Ägide entstanden in Palermo weitere Paläste, zuerst wohl die nur 500 Meter vom Palazzo Reale entfernte Cuba, die schlecht erhalten ist und auch in mittelalterlichen Quellen nicht erwähnt wird. Der vermutlich erst 1180 fertiggestellte Bau war in einem königlichen Park in einem künstlichen See gelegen und hatte einen noch an die normannischen Burgen erinnernden Eingang im ersten Stockwerk, obwohl er kaum noch als Verteidigungsanlage diente.

Die normannische Herrschaft war zu Wilhelms Zeit bereits so gefestigt, dass er ein weiteres Lustschloss außerhalb der Stadtmauern in einem ebenfalls weitläufigen Park anlegen ließ. Mit diesem noch immer herrlichen Palast, der heute leider in traurigem Umfeld versinkt, wollte sich Wilhelm

Orthodoxe Kirche S.s Pietro e Paolo in Casalvecchio im Nordosten Siziliens, unter Roger I. um 1100 in byzantinisch-normannischem Mischstil erbaut (Foto: Rudolf Simek)

ab 1165 vor den Toren Palermos ein »irdisches Paradies« schaffen, auch wenn La Zisa erst 1167 unter Wilhelm II. fertiggestellt wurde. Seinen Anspruch bezeugt die noch immer teilweise erhaltene arabische Inschrift, die er außen anbringen ließ und in deren zweitem Teil zu lesen ist:

> Hier kannst Du, so oft du willst, das Schönste der irdischen Königreiche sehen … Du wirst den König des Jahrhunderts in seinem herrlichen Palast, dem Haus der Freude und des Glanzes sehen […] hier liegt das irdische Paradies, hier sind der Musta'iz und das Aziz.

Musta'iz, ›der Erhabene‹, ist der arabische Titel Wilhelms. *Aziz* – von arab. *aziz*, ›herrlich‹ – bezeichnet den Palast, wovon der Name Zisa stammt. Das über 25 Meter hohe dreistöckige Gebäude erhebt sich über einem fast quadratischen Grundriss und umgibt einen zentralen Hof. Dieser wurde von einem flachen Kanal durchflossen, der aus einem Brunnen innen an der Rückseite des Gebäudes entsprang und in den künstlichen See vor der Hauptfassade mündete. Diese arabische Wasserbaukunst verweist wie die sogenannten Muqarnasgewölbe (›Stalaktitengewölbe‹) und die rein ornamentalen arabischen Inschriften auf Wandfriesen auf den ostmediterranen Geschmack Wilhelms sowie auf die muslimischen Bauarbeiter, die dort zum Einsatz kamen.

Klöster und Mönche in Sizilien

Die normannischen Herzöge förderten wie erwähnt intensiv die Klöster in der Normandie.[139] Aber auch in Sizilien trieb Roger II. die Katholisierung weiter energisch voran, trotz einer prinzipiellen religiösen Toleranz gegenüber den orthodoxen Griechen und den Muslimen. Die 1088 geschlossenen Abkommen Rogers I. mit Papst Urban II., die er sich 1098 bestätigen ließ, sicherten ihm weitgehende Autorität sowohl in der Einberufung von Synoden als auch in der Besetzung der kirchlichen Ämter. Die Schaffung von Bistümern in Syrakus und Agrigent mit Palermo als Erzbistum entsprach mehr seinen eigenen Vorstellungen als den päpstlichen, er nahm aber auch Rücksicht auf die realpolitischen Gegebenheiten.

La Cisa in Palermo (Foto: Michele Amato)

Wie schon bei der Eroberung Siziliens durch Roger I. gezeigt werden konnte, legten die normannischen Grafen auch im Süden hohen Wert auf die Gründung von lateinischen Klöstern. Das geht einerseits auf die Traditionen innerhalb der Normandie selbst zurück, zum anderen konnten sie damit gegenüber dem Papst leicht belegen, dass sie das Christentum in den eroberten Gebieten förderten. Klostergründungen versprachen zudem bessere Bildung und konnten als landwirtschaftliche Musterbetriebe dienen. Die landwirtschaftlichen Erträge derart zu steigern, lag durchaus im Interesse der Herrscher. Im Gegensatz zu den Klöstern ist in den erzählenden Quellen von der Gründung von Bistümern seltener die Rede, was nicht zuletzt an der vorwiegend monastischen Herkunft der Autoren und ihrer Schriften liegt.

Trotz der relativen Quellenarmut lassen sich zur Mitte des 12. Jahrhunderts im normannischen Herrschaftsbereich in Süditalien und Sizilien etwa 145 Diözesen nachweisen.[140] Die Bischofsstühle an den ersten durch Roger I. und Roger II. in Sizilien neu gegründeten (Erz-)Bistümern Troina-Messina, Syrakus, Palermo, Agrigent, Mazara, Catania, Cefalù und Lipari-Patti besetzte man zuerst vorwiegend mit Benediktinern der süditalienischen Klöster. Diese waren in der Regel Normannen, die mit der Südwanderung im 11. Jahrhundert nach Süditalien und Sizilien gekommen waren, auch wenn sich unter ihnen (und somit unter den daraus gewählten Bischöfen) der eine oder andere Lombarde, Norditaliener, Franzose, Burgunder oder sogar Engländer und Bretonen (wie Ansger, 1099 in Catania eingesetzt) findet. Roger I. setzte als ersten von ihnen Bischof Robert für Troina ein, der aus hochadeligem normannischen Geschlecht stammte. Jedenfalls war das Episkopat Süditaliens deutlich vom reformierten benediktinischen Mönchtum normannischer Prägung gekennzeichnet, obwohl Montecassino weiterhin eine wichtige Rolle spielte.

Die wichtigste Gründung von Robert Guiscard war 1063 das Kloster St. Eufemia, dem praktisch alle weiteren Gründungen in Kalabrien und Sizilien unterstellt wurden. In Sizilien hatten aus byzantinischer Zeit 68 ›basilianische‹ (d. h. griechisch-orthodoxe) Klöster überlebt, darunter solche in all den größeren Städten wie Messina, Catania, Syrakus und Palermo. Hinzu traten schon unter Roger I. die benediktinischen Neugründungen des 11. Jahrhunderts: Nur einen Monat nach dem Fall der letzten islamischen Festung entstand St. Agatha in Catania (1091), das mit reichen Stiftungen ausgestattet wurde, und als dessen Leiter Roger den bretonischen Prior von St. Eufemia, Ansger, nach Sizilien berief. Es folgten das Doppelkloster St. Bartolomeo auf Lipari und St. Salvator in Patti (1085/1094) und St. Maria della Scala in Messina (1095).

Insgesamt entstanden während der Regierungszeit Rogers II. 34 Klöster, die meisten davon aber nicht durch den König selbst, sondern aufgrund privater Initiativen. Die benediktinischen Gründungen waren durchwegs Tochterhäuser der vier königlichen Abteien Catania, Monreale, Lipare-Patti und St. Johannes de Heremitis in Palermo (vor 1148).[141] Das letzte der benediktinischen Häuser wurde um 1170 von Margarete gegründet, und zwar an der Stelle, an der schon seit etwa 1040 die orthodoxe Kirche S. Maria di Maniace bei Maletto stand, die ursprünglich zum Dank für den Sieg der Byzantiner unter Maniakes über die Sarazenen errichtet worden war.

Die Kartäuser wiederum hatten sich schon 1091 mit ihrem Gründer Bruno von Köln (1031–1101) auf einer Schenkung Rogers I. in Santa Maria dell'Eremo (nahe dem heutigen Serra San Bruno) im südlichen Kalabrien niedergelassen, woraufhin sie bald ein zweites Haus in St. Stephanus de Bosco etablierten (das allerdings 1150 von den Zisterziensern übernommen wurde). Im Jahre 1160 entstand zudem eine Kartause in Sizilien in St. Christoforus in Prizzi, die jedoch später ebenfalls mit ihrem Mutterhaus St. Stephanus zisterziensisch wurde.

Aber auch die Augustiner traten in Sizilien in Erscheinung, denn von St. Maria in Bagnara in Kalabrien aus gründeten sie St. Lucia in Noto (nach 1085). 1130 wurde ihnen auf persönliche Einladung von Roger II. auch die Kathedrale von Cefalù übertragen, deren Bau Roger als Dank für seine Errettung aus der Seenot versprochen haben soll und sofort begann. Hinzu dürfte an der Wende zum 12. Jahrhundert noch ein Kloster außerhalb von Syrakus gekommen sein, auch dieses der Heiligen Lucia geweiht.

Erst deutlich später, unter König Roger, kamen die Zisterzienser, deren Orden seit 1098/1119 existierte, nach Sizilien. Dass der Ordensvater Bernhard von Clairvaux so lange zögerte, lag an der Unterstützung Rogers für den Gegenpapst Anakletus, den Bernhard erbittert bekämpfte. Als Roger II. 1139 seinen Frieden mit Innozenz schloss, umfasste das auch Bernhard, zu dem der König persönlich einen Boten sandte, um den Mönchen die Gründung eines Klosters in Sizilien anzubieten. Tatsächlich kamen die ersten Mönche direkt aus Clairvaux und gründeten 1140/1141 St. Nicolao in Filocastro (heute Mottafilocastro) in Kalabri-

La Cuba in Palermo (Foto: Michele Amato)

en. Ob es daneben eine weitere frühe Gründung der Zisterzienser in Sizilien selbst gegeben hat, ist ungewiss. Die erste nachgewiesene Zisterze ist jedenfalls die von St. Angelo in Prizzi 1155, der ein halbes Dutzend weiterer Häuser folgten, alle noch im 12. Jahrhundert.

Insgesamt entstanden unter Roger I. und Roger II. über 50 lateinische Ordenshäuser im Süden (daneben etliche basilianische). Die meisten der Mönche waren zwar Normannen, aber unter ihnen waren auch Bretonen, Engländer, Deutsche, Slawen oder Italiener. Praktisch alle kamen über Kalabrien, nicht etwa über den Seeweg direkt aus Frankreich oder Norditalien. Der Grund dafür dürfte darin gelegen haben, dass Sizilien vor der Eroberung der letzten sarazenischen Festungen 1091 kaum als sicheres Reiseland gelten konnte. Später kamen dann im Gefolge des Ersten Kreuzzugs viele Kleriker und Mönche bis Süditalien, die eigentlich ins Heilige Land weiterreisen wollten, wie die erwähnte Gruppe von Augustinereremiten »von nördlich der Alpen«, die Roger I. 1085 zum Bleiben hatte bewegen können.

Wilhelm I. von Sizilien (1122–1166)

Seinen jüngsten und einzig überlebenden Sohn Wilhelm ließ Roger, inzwischen 55 Jahre alt, nach dem Tod des jüngeren Roger zu Ostern 1151 zum Herzog von Apulien und Mitregenten von Sizilien krönen. Allerdings scheint er nach dem Tod der vier älteren Söhne selbst kaum Vertrauen in den Bestand seiner Dynastie gehabt zu haben, denn 14 Jahre nach dem Tod seiner Frau Elvira heiratete er 1149 Sibylle von Burgund. Als diese schon 1151 nach einer Fehlgeburt verstarb, heiratete er ein drittes Mal, nämlich Beatrix (gest. 1185), mit der er die erst nach seinem Tod geborene Tochter Konstanze bekam.

Da Roger Wilhelm ohne Einverständnis des Papstes, seines Lehnsherren, als Mitregenten gekrönt hatte, hatte er ihm abermals einen Grund zum Einschreiten gegen den sizilianischen König gegeben. Der Zisterzienserpapst Eugen III. (reg. 1145–1153) bat den römisch-deutschen König und gewählten Kaiser Konrad III. (1093/ 1094–1152) um Hilfe, da er zu allem Übel vom römischen Senat aus der Stadt vertrieben worden war. Konrad beschloss zwar einen Feldzug nach Italien für 1152, starb jedoch bereits im Februar 1152 mit fast 60 Jahren an der *Malaria tertiana*, an der er seit seinem Kreuzzug litt, noch bevor er in Rom zum Kaiser gekrönt werden konnte. Im Jahr darauf starb auch Papst Eugen, womit Roger und sein Mitregent Wilhelm ihrer

Normannisch-sizilianischer Zackenstil (Muqarna-Stil) in der Cisa in Palermo (Foto: Michele Amato)

wesentlichsten Gegner entledigt waren (wohl ohne beim Tod des Papstes durch von dessen Ärzten verabreichtes Gift nachgeholfen zu haben, wie Otto von Freising insinuiert).

Aber Roger II. starb 1154 ebenfalls, nun fast 60-jährig. Seinem Sohn Wilhelm I. von Sizilien gelang es immerhin, 1156 mit Papst Hadrian IV. das sogenannte Konkordat von Benevento zu schließen. Diese Vereinbarung enthielt nicht nur die Anerkennung der normannischen Gebietsansprüche an der Nordgrenze, sondern auch die Bestätigung der seit Roger I. von den sizilianischen Königen über die Ortskirche ausgeübten Rechte. Dazu gehörte vor allem das Approbationsrecht für den König, der in der Praxis aber häufig die Bischöfe und Äbte selbst einsetzte.

Wilhelms Beiname ›der Böse‹, den er erst viel später erhielt, mag gut und gern auf die Darstellung des zeitgenössischen Historikers Hugo Falcandus zurückgehen (vielleicht ein Pseudonym?), der in seinem *Liber de regno Siciliae* die Ereignisse am Hof von Palermo zwischen 1154 und 1169 höchst detailliert schildert und Wilhelm (wie die meisten anderen Charaktere auch, mit Ausnahme von Roger) in einem möglichst schlechten Licht darstellt.[142]

Wilhelm, der mit Margarete von Navarra verheiratet war, hatte seinen ältesten Sohn Roger 1156 zum Herzog von Apulien gemacht, aber dieser starb jung. Sein mittlerer Sohn wurde als Wilhelm II. (›der Gute‹, als Abgrenzung zum Vater) sein Nachfolger und der dritte Nachkomme Heinrich wurde Fürst von Capua. Aber keiner außer Wilhelm II. erreichte auch nur das volle Mannesalter, denn Heinrich starb bereits 1172. Wilhelm der Gute selbst starb 1189 mit nur 36 Jahren. Bis zu Wilhelms Volljährigkeit 1171 hatte seine Mutter Margarete als Regentin fungiert.

Allerdings hatten die Normannen sich durch das Konkordat von Benevento endgültig als Schutzmacht des Papsttums etabliert, nachdem Friedrich Barbarossa als Nachfolger Konrads kaum Interesse gezeigt hatte, für die Päpste in Süditalien Krieg zu führen. Zugleich hatten sich die normannischen Könige durch die Anerkennung der Päpste als Lehnsherren für die Zukunft bestätigen lassen, dass die Kirche keinen Einfluss auf die Erbfolge im Reich Sizilien nehmen würde. Damit war auch das Gebiet im Norden, das den Kirchenstaat nun fast umschloss und im Nordosten weit über Pescara hinausreichte, arrondiert.

Die letzten normannischen Könige von Sizilien

Wilhelm II. regierte ab 1171 ohne seine Mutter Margarete. Nach dem Frieden von Venedig zwischen den lombardischen Städten, dem Papsttum und König Wilhelm II. mit Friedrich Barbarossa 1177, scheint es zu einer weiteren Entspannung zwischen dem deutschen Kaiser und dem sizilianischen König gekommen zu sein. Dabei dürfte auch ein Feldzug Wilhelms gegen Byzanz eine Rolle gespielt haben, bei dem seine Armee zwar Durazzo und Thessaloniki erobern konnte, aber dann nach einer Niederlage abziehen musste.

Das wesentlichste und folgenreichste Ergebnis der Annäherung zwischen Wilhelm II. und Friedrich Barbarossa (etwa 1122–1190) war eine Heiratsabsprache: Friedrichs Sohn, der spätere Heinrich VI. (Kaiser 1190–1197), heiratete 1186 Wilhelms Tante Konstanze, die nachgeborene Tochter Rogers II. aus dritter Ehe. Wilhelms eigene Ehe (1177) mit Johanna Plantagenet, der Tochter des englischen Königs Heinrich II. und Eleanors von Aquitanien (und somit Schwester von Richard Löwenherz), sollte allerdings kinderlos bleiben. Für diesen Fall hatte Wilhelm II. seine Tante Konstanze als Thronerbin bestimmt.

Als Wilhelm II. 1189 kinderlos starb, trat dieser Fall also ein, aber weder die sizilianischen Großen noch Papst Clemens III., der eine Umklammerung durch Sizilien und deutschem Reich in einer Hand fürchtete, waren mit der Nachfolgeregelung einverstanden. Sie wählten daher einen Cousin Wilhelms II., den illegitimen Nachkommen von Rogers II. ältestem, früh verstorbenem Sohn Roger, nämlich den Grafen Tankred von Lecce (reg. 1190–1194), zum König.

Heinrich VI. dachte jedoch nicht daran, seine Ansprüche auf Sizilien aufzugeben. Allerdings ertrank sein Vater Friedrich Barbarossa im Juni 1190 auf dem Dritten Kreuzzug nahe Seleucia (heute Silifke in der südlichen Türkei), und er musste seinen Italienfeldzug bis in den Winter aufschieben. Im Frühjahr 1191 drang er nach seiner Krönung durch den frisch gewählten Papst Coelestin III. (der 85-jährige Papst war bei der Zeremonie erst einen Tag im Amt!) bis Neapel vor, doch dann scheiterte er an der langwierigen Belagerung und der grassierenden Malaria, so dass er sich nach Deutschland zurückziehen musste. Noch dazu gelang es Tankred durch einen Handstreich mit Unterstützung der Saleritaner Bürger, Konstanze gefangen zu nehmen, wodurch er nun in der Lage war, mit Heinrich auf Augenhöhe zu verhandeln.

Tankred ernannte aus dieser Position der Stärke heraus seinen ältesten Sohn Roger 1192 zum Mitregenten, aber durch eine diplomatische Ungeschicklichkeit des alten Papstes konnte Konstanze befreit werden. Noch dazu starben 1194 hintereinander sowohl der junge Roger als auch Tankred selbst. Damit war es um die Verteidigungsfähigkeit Siziliens geschehen. Als Heinrich 1194 neuerdings ein

Heer nach Süden führte, konnte er Sizilien fast ohne Widerstand erreichen und zog im November im Triumph in Palermo ein.

Offiziell war nach Tankreds Tod sein minderjähriger jüngerer Sohn als Wilhelm III. (1185–1198) König geworden, aber Heinrich ließ keinen Zweifel an der Ernsthaftigkeit seiner Ansprüche und an der Skrupellosigkeit, mit der er sie durchzusetzen gedachte. Zwar bot er Sibylla, Tankreds Witwe und inzwischen Regentin für den neunjährigen Wilhelm, und ihren kleinen Kindern, die sich in die Burg von Caltabelotta geflüchtet hatten, zunächst großzügige Bedingungen im Falle von Wilhelms Abdankung an. Aber nur wenige Tage später beschuldigte er sie eines Komplotts und ließ alle Familienmitglieder deportieren. Den kleinen Wilhelm ließ er blenden und entmannen, worauf dieser schon 1198 in der Haft in Hohenems in Vorarlberg starb.

Sein Chronist und Bewunderer, Petrus de Ebulo, hat die Eroberung Siziliens und die Krönung Heinrichs VI. in seinem umfangreichen *Liber ad honorem Augusti sive de rebus Siculis* (›Buch zu Ehren des Kaisers oder über die Angelegenheiten Siziliens‹) von 1196 ausführlich geschildert und gefeiert, was vor allem wegen der detaillierten Illustrationen in der einzigen erhaltenen Handschrift dieser Bilderchronik heute noch von Interesse ist. Neben dem fast 130 Jahre älteren Teppich von Bayeux ist der Codex 120 II der Bürgerbibliothek Bern die bedeutendste Bildquelle für die Geschichte der Normannen.

Als am Weihnachtstag des Jahres 1194 Heinrich VI. in Palermo zum König von Sizilien gekrönt wurde, ging damit nach knapp eineinviertel Jahrhunderten die Herrschaft der Normannen in Sizilien und Süditalien zu Ende: Das Reich fiel an die deutschen Kaiser, womit in Sizilien die staufische (oder nach italienischer Konvention: die ›schwäbische‹) Epoche begann. Zwar hatte Heinrichs und Konstanzes Sohn Friedrich II. (1194–1250), der als *stupor mundi* (›Staunen der Welt‹) bezeichnet wurde, dank seiner Mutter Konstanze auch Normannenblut in sich, aber die Herrschaft dieses Multitalents prägte Sizilien weniger als Sizilien ihn. Das Reich der Normannen unter südlicher Sonne war untergegangen.

Literatur und Gelehrsamkeit im normannischen Sizilien

Über all den Wirren der letzten Jahrzehnte der normannischen Herrschaft in Sizilien soll nicht vergessen werden, dass die Geschichte der Normannen im Süden auch eine kulturelle Blütezeit darstellte. Süditalien und besonders Sizilien verdankt ihr wesentlich mehr als die noch heute sichtbaren Reste der Paläste in Palermo oder die glanzvollen Kirchen und Klosterbauten in Monreale, die unter Wilhelm II. entstanden.

Schon Roger I., der nicht nur katholische (meist benediktinische) Klöster, sondern auch orthodoxe (basilianische) gründete und anscheinend auch selbst ein wenig Griechisch sprach, förderte mit der Gründung von Klöstern und der Ansiedlung möglichst vieler Zuwanderer aus dem Norden die lateinische, bereits stark normannisch-benediktinisch überprägte Kultur. Selbst sein älterer Bruder Robert Guiscard, der eher wegen seiner militärischen Leistungen in die Geschichte eingegangen ist, hatte 1075

Normannische Ritter aus dem Codex 120 II der Burgerbibliothek Bern (Foto: Codices Electronici AG, www.e-codices.ch)

in Salerno den Arzt und Übersetzer Constantinus Africanus in seine Dienste genommen, der aus dem heutigen Tunesien stammte und als Laienbruder in Montecassino angeblich 76 Werke aus dem Griechischen, Arabischen und Persischen ins Lateinische übersetzte.[143] Roger I. selbst beschäftigte schon 1086 einen Kaplan für lateinische Dokumente, einen gewissen Rainald (wohl selbst ein Normanne), wie eine Urkunde zeigt, die eine Stiftung seines Onkels Roger Borsa an den Dom von Palermo bestätigt.[144]

Von der literarischen Produktion der benediktinischen Klöster wurde äußert wenig bewahrt, obwohl wir von einem Skriptorium in St. Agatha in Catania wissen. So hat man vermutet, dass sowohl die Ausstattung der Bibliotheken in den neuen lateinischen Klöstern als auch die Buchproduktion selbst wenig bemerkenswert gewesen seien.[145] Da aber das von Roger I. gegründete basilianische Kloster St. Salvatore in Lingua Phari (›Zum Heiligen Erlöser auf der Landzunge mit dem Leuchtturm‹) bei Messina schon 1131 die beträchtliche Zahl von 300 griechischen Handschriften besessen haben soll, ist ein solch gravierender Unterschied in der Bibliotheksausstattung unwahrscheinlich, zumal viele Benediktiner aus der Normandie kamen, wo in der zweiten Hälfte des 11. Jahrhunderts schon eine reiche Literatur und Buchproduktion blühte.

Dennoch sind an benediktinischen Werken nur *De rebus gestis Rogerii Calabriae et Siciliae Comitis et Roberti Guiscardi* des Gottfried Malaterra (um 1198 abgeschlossen) sowie ein Bericht über die *Translatio* der Gebeine der Heiligen Agatha von Konstantinopel nach Catania im Jahre 1126 von Abt Mauritius überliefert, so dass beide erhaltenen Texte also aus dem Kloster St. Agatha in Catania stammen.

Gottfried Malaterra schrieb übrigens ursprünglich wohl nicht aus dem Blickwinkel der italienischen Normannen Siziliens, denn er war höchstwahrscheinlich ein aus der Normandie stammender Benediktiner, der sich Tankred de Hauteville auf dem Weg nach Süden angeschlossen hatte und deswegen aus erster Hand über die Taten der Normannen im Süden berichten konnte. Freilich waren selbst zeitlebens in der Normandie sesshafte Mönche wie Ordericus Vitalis (1075 – etwa 1142) in St. Évroul-sur-Ouche durchaus gut informiert, wurden sie doch von den zahlreichen zwischen der Normandie, Apulien, Sizilien und England hin und her reisenden Normannen mit Nachrichten versorgt, die nicht nur aus erster Hand, sondern noch dazu hochaktuell waren. Zu solchen Autoren gehörten im späteren 12. Jahrhundert auch Robert von Torigni (etwa 1110 – 1186), Abt von Mont St. Michel, und der Chronist Heinrichs II., Robert von Hoveden (1174–1201). Sie alle hatten einen weiten Horizont, der sie die Geschichte der Normannen im europäischen Kontext beschreiben ließ.[146]

Mit der Regierung Rogers II. und seinem Königtum beginnt auch die Blüte der sizilianischen Wissenschaft des 12. Jahrhunderts. In ihr ist vielleicht die Wiege (oder wenigstens eine der Wurzeln) der europäischen Renaissance des 12. Jahrhunderts überhaupt zu sehen, da sie über das Griechische und Arabische wesentliche Werke der Antike an das mittelalterliche lateinische Westeuropa vermittelte. Auch wenn man jüngst wieder versucht hat, die Rolle des palermitanischen Hofes unter Roger II. als weniger bedeutsam, oder zumindest als wenig normannisch, einzustufen,[147] war das intellektuelle Niveau in Palermo unter den Normannen kaum zwei Generationen nach der Eroberung durchaus bemerkenswert. Dort arbeiteten Griechen, Sarazenen und lateinische Benediktinermönche gemeinsam an der Übersetzung von griechischen, aber auch arabischen Texten der antiken Philosophie, Naturwissenschaft und Literatur in das Lateinische.

Der lateinisch schreibende Historiker Hugo Falcandus hinterließ eine Beschreibung der Zustände am palermitanischen Hof um die Mitte des 12. Jahrhundert in seinem *Liber de regno Siciliae* (vor 1169).[148] Schon vor Hugo hatte der Benediktinerabt Alexander von Telese (gest. vor 1143) eine chronikartige Biografie Rogers II. verfasst, die aber nur in Fragmenten erhalten ist und die Jahre 1127 bis 1135 abdeckt. Etwas jünger ist das Werk des Hofchronisten und Erzbischofs von Salerno, Romuald von Salerno (auch Romuald Guarna, etwa 1110/1120 – 1181/1182), der vor allem für die Jahre nach Rogers Tod eine wichtige Quelle ist, auch wenn er sich offenbar in seinen späteren Jahren nur selten in Palermo selbst aufhielt.

Seine Weltchronik folgt frühmittelalterlichen Vorbildern und reicht wie diese von der Schöpfung bis zum Jahre 1178. Dabei handelt es sich um die erste in Italien verfasste Weltchronik.[149] Es betätigten sich aber nicht nur Kleriker und Mönche am Hof der Normannen literarisch: So war Maio von Bari[150] (1160 ermordet) unter Roger II. Kanzler und wurde von Wilhelm I. 1151 als Nachfolger Georgs von Antiochien zum *amiratus amiratorum* ernannt, was ihn zu einer Art Premierminister des Königs machte. Für den Abschluss des Vertrags von Benevento 1156 war er zusammen mit Romuald von Salerno federführend. Sein Vaterunser-Kommentar *Expositio orationis Dominicae* ist seinem Sohn Stephanus gewidmet und in diesem Widmungsexemplar erhalten.

Eng mit dem Königshof in Palermo war auch der bretonische Kleriker Petrus von Blois (Petrus Blesensis, 1135–1203) verbunden, der dort (für Wilhelm II.) und in England an den Höfen als Erzieher und Diplomat tätig war. Wie viel von seinen theologischen und hagiografischen Schriften jedoch in Sizilien entstanden sein mag, ist kaum feststellbar. Allerdings sind seine recht weltlichen Dichtungen im Stil der Vagantenlyrik verfasst. Ein Hinweis in seinen Briefen (*Epistola* 34, 51, 93) auf den Glauben an die Wiederkunft des Königs Artus (den man im Süden ja im Ätna vermutete) verrät durchaus südliche literarische Einflüsse. Wenn er in einer Abhandlung über die Beichte (*Liber de confessione sacramentali*, PL 207, 1088) davon spricht, dass die von professionellen Geschichtenerzählern erfundenen Fabeln über Artus, Gawein und Tristan (*Arturo et Gangano et Tristanno*) die Zuhörer zu Tränen rühren konnten, verweisen die sprachlichen Formen der Namen ebenfalls eher auf seine sizilianischen als seine englischen Beziehungen.[151]

Zeitgenossen dieser nur teils klerikalen, aber jedenfalls lateinisch schreibenden Chronisten arbeiteten im Umkreis des Hofes von Palermo auch auf Griechisch, aber das taten nicht nur Kleriker, sondern auch die griechischen Verwaltungsbeamten Rogers II. und seiner Nachfolger. Ein ansonsten nicht näher bekannter Kleriker war Nilos Doxopatres (geb. wohl vor 1120) der um 1142/1143 in Palermo unter Roger eine großangelegte Kirchengeschichte unter dem Titel ›Geschichte der fünf Patriarchate‹ auf Griechisch verfasste. Theophanes Kerameus (1129–1152) in Rossano (in

Kalabrien) schrieb seine *Homilien* – eine Sammlung von 91 Predigten – ebenfalls auf Griechisch.

Noch wichtiger als das griechische scheint das arabische Schrifttum Siziliens im 11. und 12. Jahrhundert gewesen zu sein. Der bekannteste der muslimischen Gelehrten am Hof Rogers II. war wohl Muhamad al-Idrisi (etwa 1100 – 1165)[152], dessen *Tabula Rogeriana* (auch *Geographia)*, die der Gelehrte 1138–1154 für Roger II. anfertigte, auch Karten enthält, darunter die ausführlichste arabische Weltkarte des Mittelalters. Im Gegensatz zu den im Mittelalter geosteten europäischen Karten war diese Karte nach Süden ausgerichtet.

Aber nicht nur wissenschaftliche Literatur wurde auf Arabisch verfasst, sondern auch Lyrik. Der wichtigste arabische Dichter in den frühen Jahren der Normannen in Sizilien war Ibn Hamdis (etwa 1056–1133), der jedoch 1078/1079 Sizilien verließ und zuerst nach Andalusien und später nach Tunesien ging. Er schrieb eine Reihe von Preisgedichten auf Sizilien, die *Siqilliyyat*, zu denen Liebeslieder, Weingedichte und nostalgische Erinnerungen an Syrakus gehören.[153] Ein arabisches Preisgedicht auf einen von Rogers Palästen (die Villa Favara) des Abd al-Rahman von Trapani (daher sein Beiname Al-Atrabanishi, ›der Trapanese‹) beispielsweise lobt zwar nicht Roger II., aber immerhin seine Bauten.[154] Sowohl den Bauherren als auch die Gebäude preist dagegen der Korangelehrte Al-Buthayri, der ebenfalls zu Zeiten Rogers II. tätig war; ein weiteres Preisgedicht auf Roger des Abu Hafs, die *Quasida*, sollte dem Autor die dadurch erhoffte Freilassung aus dem Gefängnis ermöglichen. Von einem anderen Muslim, dem *ammiratus* Rogers II., Abu al-Daw, Dichter und Verwalter, stammt die arabische Totenklage auf den ältesten Sohn Rogers II., der auch Roger hieß, aus dem Jahr 1148.[155]

Aber auch nach der Zeit Roger II. blühten in Palermo Literatur und Wissenschaften. Besonders unter König Wilhelm I. von Sizilien bildete sich an seinem Hof in Palermo in seinen 14 kurzen Regierungsjahren ein Kreis von Gelehrten und literarisch gebildeten Männern heraus, die alle auch hohe Staatsämter innehatten. Der Höhepunkt dieser Entwicklung scheint in den Jahren zwischen 1156 und 1160 erreicht worden zu sein, als in diesem Zirkel auch eine ganze Reihe von Übersetzungen aus dem Arabischen angefertigt wurde, die ihren Beitrag zur Renaissance des 12. Jahrhunderts in Westeuropa leisteten, während andere Übersetzungen eher aufs 13. Jahrhundert zu datieren sind.

Zu diesem Zirkel gehörten nicht nur hochrangige Würdenträger, sondern auch Beamte der sizilianischen Verwaltung, die am Hofe Wilhelms I. Karriere machten. Unter ihnen war der Kleriker Henricus Aristippus, für den man wegen seines Beinamens eine griechische Herkunft vermuten könnte, und der nach der Ermordung von Maio von Bari 1160 *familiaris regis* von Wilhelm wurde, also höchster Hofbeamter.[156] Tatsächlich hatte er sich spät im Leben, nach 1156, mit der lateinischen Übersetzung zweier Dialoge des Plato aus dem Griechischen, nämlich *Menon* (zwischen 1154 und 1160) und *Phaidon* (nach 1156), einen Namen gemacht. In beiden tritt der Philosoph Aristippus von Cyrene auf, so dass sich der Spitzname des Klerikers Heinrich wohl darauf bezog. Später übersetzte er auch noch das vierte Buch von Aristoteles *Meteorologia*, und er soll sich mit Untersuchungen des Ätna auf der Suche nach den natürlichen Ursachen des Vulkanismus beschäftigt haben.

Die älteste Erwähnung seines Namens findet sich im Privileg für Benevento von 1137, welches er als Notar von Roger II. verfasste, so dass er sicher vor 1120 geboren wurde. Bemerkenswert ist, dass dieser gelehrte Erzdiakon von Catania (ab 1156) von einer Gesandtschaft nach Konstantinopel 1158 auch griechische Handschriften mitbrachte, darunter den *Almagest*, und wohl auch eine ›Prophezeiung der Erythräischen Sibylle‹, die bald darauf von Eugenius von Palermo ins Lateinische übertragen wurde. Henricus wurde von 1160 bis 1161 noch Wilhelms Kanzler; 1161 wurde er aber wegen einer angeblichen Verschwörung eingekerkert und starb 1162.

Der Übersetzer Eugenius, ein etwas jüngerer Zeitgenosse des Henricus, wurde wohl um 1130 geboren und war literarisch noch wesentlich aktiver als dieser, obwohl er zwischen 1174 und 1190 der königlich normannischen *Duana baronum*, einer Finanzkammer[157] in Salerno, vorstand. Eugenius wurde 1190 ›Emir‹ König Tankreds und später Wilhelms III. Nach seiner Verhaftung und Auslieferung an Heinrich in Süddeutschland 1196 war er außerdem von 1198–1202 Erzkanzler von Apulien und Liburia (im äußersten Nordwesten des normannischen Herrschaftsgebiets Süditaliens).

Als Übersetzer machte sich dieser wohl aus griechisch-arabischer Familie stammende Admiral einen Namen mit der genannten lateinischen Übertragung der Prophezeiung der Erythräischen Sibylle, die wegen ihrer (christlich gedeuteten) Apokalypseankündigung schon bei Laktanz, Isidor und Augustinus genannt wird und im Mittelalter in ganz Westeuropa bekannt war.[158] Die andere Übertragung hat noch tiefere historische Wurzeln, denn der griechische, in die Geschichte von ›Stephanites und Ichnelates‹ verpackte Fürstenspiegel beruht selbst wiederum auf der arabischen Geschichte von *Kalila wa-Dimna*. Dabei handelt es sich um eine um 550 entstandene Übertragung des *Panchatantra* (oder der ›Fabeln des Bidpai‹) aus dem Sanskrit, die den Weg über das Persische genommen hatte.

Ob Eugenius zudem die erste und einzige Übersetzung der *Optik* des Claudius Ptolemäus aus dem Arabischen ins Lateinische selbst hergestellt oder nur veranlasst hat, ist unklar, aber der Übersetzer des ptolemäischen *Almagest* ins Lateinische (etwa 1159) dankt ihm jedenfalls für seine Unterstützung. Unsicher ist auch, ob Eugenius die in den Handschriften dem Hugo Falcandus zugeschriebenen Werke *Historia de Regno Sicilie* und *Epistola at Petrum* verfasst hat.[159] Mit einer Sammlung von 24 griechischen Gedichten, die in einer einzigen Handschrift des 14. Jahrhunderts bewahrt sind, erwies er sich jedenfalls als begabter Dichter.

Zu dem Zirkel an Gelehrten und Dichtern am Hof Wilhelms I. (reg. 1154–1166) in Palermo gehörte neben anderen Normannen und Griechen, Italienern und Engländern, Juden und Arabern, darunter Adelige, Kleriker und Beamte sowie Astronomen und Reisende, auch der schon erwähnte Bischof Romuald II. von Salerno, der als Hofchronist Rogers ebenfalls eine literarische Hinterlassenschaft vorzuweisen hat. Allerdings betätigte er sich nur als Historiker mit einem umfangreichen *Chronicon sive Annales*, das auch Aufschluss über die Regierungszeit Wilhelms gibt. An arabischem Schrifttum sind vor allem die Reiseberichte des Ibn Jubayr erwähnenswert. Der aus Andalusien stammende Reisende, der auf der Rückreise von Mekka Schiffbruch erlitt und 1184 in Messina landete, hat eine geografisch-ethnografische Beschreibung Siziliens zur Zeit Wilhelms hinterlassen, den er ob seiner Verehrung der islamischen Kultur und Wissenschaft geradezu als Wunder bezeichnet.[160]

Trotz dieser vielfältigen Übersetzungstätigkeit am normannischen Hof in Palermo im letzten Drittel des 12. Jahrhunderts ist dennoch unklar, ob die Normannenherrscher ein systematisches Übersetzungsprogramm verfolgt haben. Nicht nur lässt sich kein durchgehendes Interesse an bestimmten Gattungen in den diversen erhaltenen Werken erkennen, unsere Quellen sind auch einfach zu lückenhaft.[161] Dass aber Roger II. und Wilhelm II. zweifellos das intellektuelle Klima für Übersetzungen wie für Neuschöpfungen geschaffen hatten, beweisen die genannten lateinischen, griechischen und arabischen Autoren, auch wenn viel von ihren Werken verloren sein mag.

Sizilien und die Staufer

Die in Mailand 1186 geschlossene Ehe zwischen Heinrich VI. und der elf Jahre älteren Konstanze, die zu diesem Zeitpunkt schon 32 Jahre alt war, fand vorerst beim sizilianischen Adel kaum Unterstützung. Stattdessen wurde zuerst Graf Tankred und nach seinem frühen Tod 1194 sein minderjähriger Sohn Wilhelm III. zum König gewählt. Aber nach Heinrichs kurzem Feldzug 1194 und seiner Krönung in Palermo zum Weihnachtsfest desselben Jahres sowie der Deportation von Tankreds Witwe samt der Verstümmelung des kleinen Wilhelm gab es keinen nennenswerten Widerstand mehr, auch wenn die Mehrheit des sizilianischen Adels und einflussreiche Palastfunktionäre die deutsche Nachfolge weiterhin ablehnte.

Heinrichs Versuch, die päpstliche Anerkennung der staufischen Herrschaft in Sizilien zu erlangen, scheiterte am Widerstand der Reichsfürsten. Noch immer bestanden, wie schon zu Zeiten König Rogers, in ganz Westeuropa Vorbehalte gegen dieses ›neue‹ Königreich. Gegen die Vereinigung des Königreichs Sizilien mit dem römisch-deutschen Kaiserreich machte sich wiederum das Papsttum in Rom stark, das eine zu enge Umklammerung durch das Kaisertum fürchtete, so dass Heinrich auch diesen Plan nicht durchsetzen konnte.

Schon einen Tag nach Heinrichs Krönung gebar ihm Konstanze – nun schon 40 Jahre alt – im fernen Mittelitalien den Thronfolger Friedrich II., der seine ersten drei Lebensjahre bei seinem Ziehvater in Foligno verbrachte. Heinrich gelobte nun, nachdem er 1195 Konstanze zur Regentin von Sizilien hatte krönen lassen, einen neuen Kreuzzug, sicherlich in der Hoffnung, dadurch Papst Coelestin III. für seine Pläne einer Einverleibung Siziliens – als dessen Lehnsherren sich die Päpste immer noch betrachteten – ins Reich zu gewinnen. Bei der Vorbereitung zu diesem Kreuzzug starb Heinrich VI. jedoch 1197 mit noch nicht einmal 32 Jahren in Messina, vermutlich an Malaria.

Für seinen erst zweijährigen Sohn, den er bereits zu Weihnachten 1196 zum römisch-deutschen König hatte wählen lassen, sollte Konstanze die Regentschaft übernehmen, aber auch sie starb schon im darauf folgenden Jahr. Die Vormundschaft über Friedrich hatte sie testamentarisch an den neuen Papst Innozenz III. als Lehnsherrn über Sizilien übertragen. Ungeachtet des Machtvakuums, das im Reich durch den Tod Heinrichs entstanden war und zum sogenannten Interregnum führen sollte, wurde Friedrich am 17. Mai 1198 im Dom von Palermo zum König von Sizilien gekrönt.

Mit dem Jahre 1208 endete zwar die Vormundschaft des Papstes, aber Innozenz hatte für Friedrich noch rechtzeitig eine Ehe mit Konstanze, Tochter des Königs Alfons II. von Aragon, arrangiert, die im Sommer 1209 vollzogen wurde. Friedrich II. wurde zwar schon 1211 zum Kaiser gewählt, brauchte aber noch zwei weitere Jahre, um sich gegen seinen Rivalen Otto IV. durchzusetzen. Er kehrte erst 1220 aus dem Reich nach Sizilien zurück. Sein damals erst elfjähriger Sohn Heinrich wurde 1222 in Aachen zum deutschen König gekrönt, im Gegenzug musste Friedrich für ihn auf Sizilien verzichten. Schließlich wurden 1220 Friedrich und Konstanze in Rom zu Kaiser und Kaiserin des römisch-deutschen Reichs gekrönt, eine Würde, die er bis zu seiner Absetzung 1245 innehatte.

Trotz seiner Exkommunikation 1227 unternahm Friedrich 1228/1229 einen (den Fünften) Kreuzzug, aber danach war er weiterhin in innerdeutsche und italienische Streitigkeiten verwickelt, bis er 1237 der Region nördlich der Alpen für immer den Rücken kehrte. Nach seiner erneuten Exkommunikation 1239 und fortwährenden kriegerischen Konflikten mit dem Papsttum wurde er 1245 auf Betreiben des Papstes auf dem Konzil von Lyon als Kaiser abgesetzt. Erst im Jahr nach seinem überraschenden Tod 1250 wurde Friedrich II. wie schon seine Eltern Heinrich und Konstanze sowie sein Großvater Roger II. im Dom von Palermo in

Roger I. (etwa 1031/1032 – 1101) Graf von Sizilien seit 1072
Roger II. (1095–1154), König von Sizilien seit 1130
Wilhelm I. (1120/1122–1166) ›der Böse‹, König seit 1154
Wilhelm II. (1153–1189) ›der Gute‹, König seit 1166
Tankred I. von Lecce (1138–1194), König seit 1189
Wilhelm III. (etwa 1186/1190 – 1198) gekrönt 1194
Heinrich VI. (1165–1197) röm.-dt. Kaiser 1191, König von Sizilien 1193
Friedrich II. (1194–1250), König von Sizilien seit 1197

Die Herrscher Siziliens

einem Porphyrsarkophag bestattet, in dem er noch heute ruht.

Trotz seiner politisch sehr gemischten Bilanz galt er den ihm aufgeschlosseneren Zeitgenossen als *stupor mundi et immutator mirabilis* (›Wunder der Welt und ihr wunderbarer Verwandler‹, laut Matthäus Parisiensis). Das verdankte er seinen kulturellen und weniger seinen politischen Leistungen, auch wenn sein eher in Verhandlungen (!) als in Schlachten errungener Erfolg auf dem Kreuzzug tendenziell eher unterschätzt wurde. Er trat als Förderer der salernitanischen Medizinschule, Gründer der Universität Neapel und Förderer der Literatur in seinem Umkreis hervor. Auch betätigte er sich selbst als Autor, Experimentator und Veterinärmediziner (so in seinem Buch zur Falkenjagd *De arte venandi cum avibus*) in einem Kreis von anderen an der Tiermedizin interessierten Laien (wie einem gewissen Meister Albrant, der für ihn sein *Roßarzneibuch* verfasste). Aufgrund seiner lebenslänglichen Auseinandersetzungen mit dem Papsttum und seinem Sohn Heinrich VII., seinen wiederholten Exkommunikationen und nicht zuletzt seiner mehrfachen Ehen und anderen Liebesverhältnissen (angeblich hatte er mit 13 oder mehr Frauen mindestens 20 Kinder) galt er aber dem päpstlichen Lager als tyrannischer Herrscher, Ketzer und Feind der Kirche.

Zwar folgte Konrad II. (1228–1254), Friedrichs Sohn aus seiner zweiten Ehe mit Isabelle von Brienne, Königin von Jerusalem, seinem Vater als König von Sizilien nach, aber dieser Staufer hinterließ in seinen drei kurzen Regierungsjahren in Sizilien keinen bleibenden Eindruck. Weder er noch sein Sohn Konradin konnten in Sizilien an das Erbe ihrer tatkräftigen normannischen Vorfahren anknüpfen.

Die Normannen und der Anspruch auf die englische Krone

Die Krise des normannischen Herzogtums

Als der Vater Wilhelms des Eroberers, Herzog Robert I., sich 1035 auf seine geheimnisvolle Pilgerfahrt ins Heilige Land begab, von der er nicht zurückkehren sollte, hatte er in politischer Hinsicht für seinen minderjährigen Sohn vorgesorgt: Alain von der Bretagne wurde als Regent für den illegitimen Sprössling eingesetzt, und Robert hatte dem normannischen Adel den Lehenseid auf den siebenjährigen Knaben abgenommen. Auch mit dem französischen König, der für die junge Normandie bedrohlichsten außenpolitischen Macht, hatte er sich arrangiert, indem er König Heinrich I. von Frankreich im Konflikt mit dem Grafen Odo II. von Blois im Jahr 1033 beigestanden hatte, so dass von dieser Seite keine Übergriffe zu erwarten waren.

Noch dazu hatte sich Robert I., nachdem er sich im Streit um Kirchengüter mit Erzbischof Robert von Rouen und Bischof Hugo von Bayeux überworfen hatte und dafür zeitweilig exkommuniziert worden war, wieder mit der Kirche versöhnt. Er konnte sich daher nun darauf verlassen, dass Erzbischof Robert, sein Onkel, in seinem Namen die Interessen des kleinen Wilhelm vertreten würde. Diese Konstruktion, zu der auch die Bestellung des angeheirateten Onkels Gilbert von Brionne als zweiten Vormund für den jungen Wilhelm gehörte, hielt aber nur wenige Jahre, denn schon 1037 starb Erzbischof Robert, und 1040 wurde

Wilhelms erster Vormund, Herzog Alain von der Bretagne, vergiftet. Kurz darauf wurde auch Gilbert ermordet, so dass plötzlich nur mehr Heinrich I. von Frankreich als Beschützer Wilhelms überblieb.

Das darauf folgende politische Chaos in der Normandie wollte vor allem sein Cousin Guido (Guy) von Brionne mit Unterstützung breiter Kreise des normannischen Adels nutzen und erhob sich 1047 gegen Wilhelm, der schon 1046 auf dem Contentin nur knapp einem Anschlag entgangen war. Für den inzwischen 19-jährigen Herzog sollte sich aber in dieser Zeit der Krise des normannischen Herzogtums die Nähe zum französischen König bezahlt machen. Mithilfe Heinrichs I. konnte er die Aufständischen in der Schlacht von Val-ès-Dunes bei Conteville unweit von Caen besiegen, wobei ihm zugute kam, dass ein Teil der zahlenmäßig weit überlegenen aufständischen Armee zu ihm überlief. Danach wurde in Caen unter Vermittlung der Kirche ein sogenannter Gottesfriede vereinbart, der alle Kampfhandlungen zwischen Mittwochabend und Montagfrüh verbot.

Nach diesem Aufstand der Barone blieb seine Herrschaft dennoch zunächst auf den Westteil des Herzogtums beschränkt. Schon 1052 erhob sich Guido von Brionne erneut, doch auch diesmal konnte sich Wilhelm militärisch durchsetzen. Von nun an war seine Macht im Inneren weitgehend unangefochten und der junge Wilhelm baute energisch seine Hausmacht aus. Das brachte ihn zwar in Konflikt mit dem Grafen von Anjou und auch seinem früheren Schutzherren Heinrich I., er konnte sie aber in weiteren Schlachten 1054 bei Mortemer und 1057 Varaville besiegen.

Einen klugen Schachzug bildete zudem die um 1050 geschlossene Ehe mit Mathilde, der selbstbewussten Tochter von Graf Balduin von Flandern. Dadurch war auch ein Bündnis mit den alten Antagonisten der Normannen, den Flamen, geschmiedet, das ihm in den nächsten beiden Jahrzehnten an der Nordseite des Herzogtums den Rücken freihielt. Trotz der nach Kirchenrecht allzu engen Verwandtschaft zwischen den beiden hatte Wilhelm die Ehe angestrebt, und da beide auch gemeinsam zahlreiche Kirchen und Klöster zu fördern versprachen, erhielten sie schließlich von Leo IX. den Dispens für diese offenbar äußerst erfolgreiche Ehe.

Mit der Rückendeckung in Flandern und dem Sieg über Anjou sowie den französischen König hatte Wilhelm Ende der 1050er Jahre bereits die Situation in der Normandie stabilisiert. So konnte er sein Herrschaftsgebiet 1063/1064 nach Maine und in die Bretagne hinein ausweiten, ein Beispiel für die zunehmend aggressive Expansion der Normannen auch in ihrem Stammland[162], während die Konsolidierung der normannischen Herrschaft in Süditalien unter Robert Guiscard bereits in vollem Gange war und Roger gerade die Eroberung Siziliens in Angriff nahm.

Den normannischen Adel, der nie leicht zu kontrollieren war, sich aber nun weitgehend mit dem Herzogtum arrangiert hatte und meist durch direkte Verwandtschaft an den Herzog gebunden war, hatte er zu diesem Zeitpunkt schon weitgehend in seine eigenen Aktivitäten eingebunden: Vom Wetteifer bei der Gründung von Klöstern war schon die Rede, aber die Verwaltung ihrer Gebiete, die Herstellung der inneren Sicherheit oder auch die wirtschaftliche Förderung – etwa durch den Einsatz neuer Technologien,

z. B. von Wassermühlen – hatte er auf die Schultern seiner Barone verteilt. Auch beteiligten sie sich an den Schlachten und den aggressiven Gebietsannexionen nach außen, mit denen er seine unruhigen und kriegerischen normannischen Ritter zweifellos bei der Stange hielt.

Die erste Phase des normannischen Burgenbaus an der Südgrenze seines Herzogtums legte er ebenfalls in die Hand einer kleinen Zahl von Getreuen.[163] Dabei handelte es sich wohl durchwegs nur um sogenannte Motten, also künstliche Hügel, die von einer hölzernen Palisade und einem Graben geschützt waren.[164] Noch im 10. Jahrhundert bildeten die Normannen ja eine relativ schmale Oberschicht von ›Ausländern‹, die sich nicht nur im eigenen Herrschaftsbereich absichern mussten, sondern sich auch dauerhaft der Begehrlichkeiten der umliegenden Fürstentümer zu erwehren hatten. Dabei setzten die Normannen auf eine durchaus aggressive Eroberungspolitik, bei der gewonnene Gebiete aber natürlich auch gesichert werden wollten. Damit erfüllten die nun allerorts entstehenden Motten einen doppelten Zweck.

Spätestens Mitte des 11. Jahrhunderts begann sich die normannische Reiterei zu dem herauszubilden, was später als die Grundlagen des mittelalterlichen Rittertums gelten sollte. Die Bewaffnung wurde dem Kampf zu Pferde angepasst, denn schwere Schlachtrösser wurden nun zusehends zur Grundlage der Reiterei:[165] Mit dem normannischen Blattschild und einem verbesserten Sattel, der die Schlagkraft des nunmehr nicht mehr überhand geworfenen, sondern unter dem Arm eingelegten Speers wesentlich verstärkte, mit Helmen samt Nasenschutz und Kettenhemden wurde die normannische Reiterei zu einer formidablen Waffe.

Waffenübergabe an Harold durch Wilhelm auf dem Teppich von Bayeux

Auf diesen Waffendienst hin wurden die Söhne der adeligen Normannen auch gezielt vorbereitet. Eine lange Ausbildung an den Waffen garantierte eine hohe Effizienz im Umgang mit Speer und Schwert sowie einen hohen Grad an Disziplin. In den Urkunden taucht das Wort *miles*, eigentlich ›Soldat‹, schon ab 965 erstmals als Rangbezeichnung auf und bedeutete dann zunehmend ›Ritter‹. Vom jungen Wilhelm hören wir durch Wilhelm von Poitiers, er habe schon eine Art von Ritterschlag erhalten, denn »er erhielt die militärischen Waffen«[166]. Diese Zeremonie der »Übergabe der Waffen« durch Wilhelm an (den späteren englischen König) Harold im Jahre 1064 ist auf dem Teppich von Bayeux festgehalten.
Neben dem Dienst in der Kirche mit der Chance auf höhere Weihen war der Kriegsdienst die einzige Chance für unbegüterte Adelige oder junge Männer niedrigeren Standes,

Karriere zu machen. Wer sich im Kriegsdienst auszeichnete, konnte unter Umständen ein Lehen bekommen oder gar eine reiche Erbin zur Frau. Zwischen den beiden Laufbahnen Kirche und Kriegsdienst bestand keine allzu große Diskrepanz. Der höhere Adel versuchte ohnehin, kirchliche und militärische Funktionen gleichermaßen durch Personen aus der engsten Familie zu besetzen, und auch der keinesfalls seltene Wechsel von einem Stand in den anderen zeigt, dass die Bildungswege einander nicht ausschlossen. Auch alte Krieger konnten etwa später in ein Kloster eintreten, und Bischöfe wie Wilhelms Halbbruder Odo müssen auch eine militärische Ausbildung genossen haben, da sie sich erfolgreich an Schlachten beteiligten. Das Zusammenfallen von politisch-militärischen und kirchlichen Funktionen war im Hochmittelalter keineswegs auf die Normannen beschränkt, sondern in ganz Westeuropa gängige Praxis.

Der Anspruch auf die Krone Englands

Nachdem sich Wilhelms Ansehen und seine Macht in der Normandie derart gefestigt hatte und der bürgerkriegsartige Zustand zur Zeit seiner Kindheit überwunden war, überrascht es wenig, dass er sich nicht mit der Ausdehnung des Machtgebiets in die Bretagne, Boulogne, Flandern und Maine allein zufriedengab. Inzwischen hatte sich so etwas wie ein normannisches Staatsgebilde herauskristallisiert, und ab etwa 1050 war die Normandie das mächtigste der französischen Fürstentümer. Abgesehen von einer effizienten Verwaltung und den außenpolitischen – in erster Linie militärischen – Erfolgen dieses kriegerischen Volkes war es vor allem die Figur des Herzogs selbst, die die Einheit der Normandie bedingte. Die enge Bindung der Barone an seine Person bewirkte einen enorm starken inneren Zusammenhalt.

Zudem hatte der Herzog eine starke Geldwirtschaft so sehr zentralisiert, dass alle Abgaben und Steuern durch seine Hände flossen. Dies war der unbestrittenen Lernfähigkeit der Normannen zu danken, hatten doch noch die Wikinger, als deren Vertreter Rollo seinerzeit ins Land gekommen war, ausschließlich eine auf dem Gewicht von Silber basierende Gewichtswirtschaft gekannt. Dank des nun am Herzogshof konzentrierten Reichtums konnte der Normannenherrscher aber auch jenseits aller politischen Bündnisse Söldnertruppen bezahlen, was sich bei der Eroberung Englands noch als nützlich erweisen sollte. Hinzu kamen übrigens (besonders beim Angriff auf England) Verbände an Freiwilligen, die sich dem militärisch erfolgreichen Herzog in der Hoffnung auf Beute und Belohnung anschlossen.

Mit der Kirche hatte Wilhelm sich nicht nur arrangiert, sondern sie auch so sehr gefördert, dass sie geradezu einen Höhepunkt ihrer Erneuerung im 11. Jahrhundert erlebte. Noch dazu war sie dem Herzog durch verwandtschaftliche und sonstige Bande komplett verpflichtet, insbesondere wegen seiner großzügigen Stiftertätigkeit. An seinem Lebensende konnte er von sich behaupten, dass unter seiner Herrschaft nicht nur die neun normannischen Klöster reformiert, sondern auch 17 Mönchsklöster und sechs Nonnenklöster neu gegründet worden seien. Darauf führt sein klerikaler Chronist gar die wahre Stärke der Normandie zurück: »Durch diese Festungen ist die Normandie beschützt«, was er dem sterbenden Eroberer in den Mund legt.[167]

Die Entfremdung von seinem früheren Schutzherren, dem französischen König Heinrich I., der die zunehmende Bindung des Normannen an den mächtigen Grafen Gottfried Martell von Anjou mit Misstrauen betrachtete, tat dieser Stärkung der normannischen Herrschaft keinen Abbruch. Denn Heinrich I. starb 1060 und hinterließ nur seinen minderjährigen Sohn Philipp I., so dass Wilhelm sowohl gegen Flandern und Anjou als auch gegen das französische Königshaus um die Île de France abgesichert war.

Somit konnte er sich ungestört der Tatsache widmen, dass er seiner Ansicht nach der einzig legitime Thronfolger in England nach dem Tod von Eduard dem Bekenner war. Der Herrschaftsanspruch des Herzogs der Normandie leitete sich daraus ab, dass Emma (etwa 985/7–1052), die Schwester seines Großvaters Richard II., 1002 den englischen König Æthelred II. den Unberatenen geehelicht hatte. Diese Heirat von Emma, der um 987 geborenen Tochter der Dänin Gunnor, der frühen Ahnfrau der Normannenherzöge, hatte Æthelred als Absicherung gegen Wikingerangriffe gedacht, da skandinavische Seeräuber noch Ende des 10. Jahrhunderts Stützpunkte in der Normandie unterhalten konnten; ein früherer Vertrag mit Richard I. aus dem Jahre 991 hatte diesbezüglich kaum Abhilfe geschafft.

Emma hatte mit Æthelred zwei Söhne, nämlich Eduard (den späteren englischen König, noch später als ›der Bekenner‹ bekannt) und Alfred. Aber Æthelred war bei den eigenen Leuten wegen seiner ineffizienten und kostspieligen Abwehr der Wikinger mittels immer höherer Schutzgeldzahlungen so unbeliebt, dass der dänische König Svein Gabelbart 1013 nach einem kurzen Feldzug durch England zu Weihnachten 1013 zum König ausgerufen wurde. Æthelred und Emma mussten ins Exil in die Normandie gehen. Svein starb aber am 3. Februar 1014 ganz unerwartet, so dass Æthelred wieder nach England zurückkehren konnte.

Nach Æthelreds Tod 1016 unterwarf Sveins noch junger Sohn Knut ganz England, der schon im Jahr zuvor von Æthelred die Nordosthälfte Englands, das sogenannte *Danelag* (›Bereich des dänischen Gesetzes‹, also das mehrheitlich von Skandinavern bewohnte Gebiet) erhalten hatte. Knut (später ›der Große‹) beherrschte damit ganz England, und nach dem Tod seines Bruders Harald 1018/1019 wurde er auch König von Dänemark. Von 1028 bis zu seinem Tod am 12. November 1033 war Knut zudem König (eines Teils) von Norwegen. Knut der Große war damit *rex totius Angliae et Dennemarchiae et Norregiae et partis Suavorum* (›König von ganz England und Dänemark und Norwegen und eines Teils der Schweden‹) und wohl der mächtigste skandinavische König der Geschichte. Seine spätere Verehrung als Heiliger stellte ihn für die Zeitgenossen nur noch zusätzlich in das rechte Licht, denn Knut war nicht nur ein kluger Politiker und weiser Gesetzgeber, sondern auch ein Förderer der Kirche.

Strategisches Geschick bewies er ebenfalls, als er sich im Jahre 1017 mit der nun verwitweten Emma vermählte, die sich nach Æthelreds Tod wieder einmal im normannischen Exil befunden hatte. Damit hatte er sich zumindest vorläufig die Unterstützung der Normannen *und* der Angelsachsen gesichert, und Emma, inzwischen wohl knapp über 30 Jahre alt, schenkte ihm sogar einen Thronfolger, nämlich Harthaknut (1018–1042), der von 1040–1042 neben Dänemark kurz auch England regierte. Dadurch war Emma, die normannische Urenkelin Rollos, nicht nur die Gemahlin von zwei englischen Königen, sondern auch die Mutter von drei weiteren.

Knut hatte seine erste Frau Ælfgifu zwar für Emma verstoßen, muss sie aber in politischer Hinsicht geschätzt haben, da er ihr und seinem Sohn Sven die Herrschaft über Norwegen übertrug. Die beiden waren dort jedoch so unbeliebt, dass Magnus, der Sohn Olafs des Heiligen, 1035 mithilfe der norwegischen Kleinfürsten in Norwegen wieder an die Macht kam. Ab 1045 teilte er sich den Thron mit seinem Onkel Harald dem Harten, bis er 1047 nach einem Sturz vom Pferd in Dänemark starb und Harald Alleinherrscher in Norwegen wurde.

Knut hatte somit zwar drei Söhne hinterlassen, Sven und Harald Hasenfuß (so wegen seiner Flinkheit beim Jagen benannt) aus erster Ehe mit Ælfgifu sowie Harthaknut mit Emma, aber innerhalb von neun Jahren starben alle drei. In England wurde nach dem Tod von Harald Hasenfuß im Jahre 1040 deshalb Eduard, der Sohn Æthelreds, zum englischen König ausgerufen.

Aus der Heirat Emmas mit Æthelred 1002 leitete sich also Wilhelms Anspruch auf den englischen Thron ab, denn abgesehen von ihren Söhnen war er der nächste männliche lebende Verwandte seiner Großtante. Eduard, der ältere Sohn Æthelreds mit Emma, hatte einen Großteil seiner jüngeren Jahre im normannischen Exil verbracht, bevor ihn 1041 Harthaknut nach England rief und seinem Halbbruder die Mitregentschaft anbot. Daher konnte Eduard nach Harthaknuts Tod im darauf folgenden Jahr problemlos den englischen Thron übernehmen. Er hatte allerdings von seinen 39 Lebensjahren nur wenige in England verbracht, so dass ihm der angelsächsische Adel weitgehend fremd war. Deswegen heiratete er 1045 Edith, die Tochter des Earls von Wessex, aber er holte dennoch zahlreiche Normannen an seinen Hof nach England. Dort besuchte ihn auch Wilhelm, Herzog der Normandie, und da Eduards Ehe mit Edith kinderlos blieb, setzte der König bei dieser Gelegenheit seinen Großcousin Wilhelm als Erben in England ein.

Eduards Verhältnis zum englischen Adel verschlechterte sich jedoch zusehends, als er nach einem Aufstand seines Schwiegervaters Godwin von Wessex die offenbar ungeliebte, jedenfalls aber kinderlose Edith verstieß und ins Kloster schickte. Godwin konnte Eduard schon 1052 mithilfe eines gegen ihn aufgestellten Heeres massive Zugeständnisse abringen: Edith durfte aus dem Kloster zurückkehren, und zahlreiche, vorher einflussreiche Normannen, darunter sogar der Erzbischof von Canterbury, Robert von Jumièges, wurden des Landes verwiesen. Robert wurde durch Stigand ersetzt, einen beim Papst wie bei den Normannen höchst unbeliebten Günstling Godwins, was Wilhelm nach der Eroberung Englands ein nützliches Argument für seine Kirchenreformen in die Hand gab.

Eduard musste Harold, den ältesten Sohn Godwins, als Earl von Wessex akzeptieren, denn dessen Brüder beherrschten Northumbria und Eastanglia, womit sie zusammen einen Großteil Englands kontrollierten. Dennoch sandte Eduard Harold Godwinson (wohl 1064) angeblich zu Wilhelm in die Normandie, damit er diesem das gegebene Thronfolgeversprechen bestätigte. Auch wenn die englischen Quellen dieses Versprechen aus gutem Grund nicht erwähnen, stützen sich die normannischen Chronisten ganz besonders darauf, ist es doch die jüngste und greifbarste Legimitation für Wilhelms Ansprüche auf den englischen Thron und seine sich nun offenbar verdichtenden Eroberungspläne.

Dass Eduard der Bekenner 1064 nach sechsjähriger Ehe mit Edith noch immer keine Kinder hatte, dürfte der Hauptgrund dafür gewesen sein, dass er Wilhelm zum Nachfolger für den englischen Königsthron ernannte. Mit einer entsprechenden Botschaft schickte er Harold Godwinson in die Normandie. Wo diese Designation an Herzog Wilhelm übermittelt wurde – in Bonneville (so Wilhelm von Poitiers), in Bayeux (so der Teppich von Bayeux) oder doch, was am wahrscheinlichsten ist, in Wilhelms Hauptstadt Rouen (so Ordericus Vitalis) – ist nicht sicher. *Dass* jedoch Harold Wilhelm Treue schwur und versprach, ihm als Stellvertreter in England zu dienen, bis Wilhelm nach Eduards Tod dessen Nachfolge antreten könne, berichten alle normannischen Quellen übereinstimmend. Wilhelm von Poitiers berichtet sogar von einem auf Reliquien geleisteten Eid. Eben dieser Eid wird auch auf dem Teppich von Bayeux dargestellt,[168] und selbst Eadmer von Canterbury erzählt (allerdings mit gänzlich anderer Vorgeschichte) davon.

Auch wenn diese Versprechungen heute meist als nachträgliche Konstruktion der normannischen Chronisten (oder des Eroberers selbst?) dargestellt werden, haben sie doch sicherlich eine historische Grundlage, die heute nicht mehr völlig zu rekonstruieren ist. Jedenfalls galt Harolds Kampf gegen Wilhelm bei der Invasion den Historikern des 11. Jahrhunderts als Eidbruch. Er konnte damit als Mein-

eidiger angesehen werden, und sein Tod in der Schlacht von Hastings war für sie die gerechte Strafe Gottes.
Sehr wahrscheinlich hatte Eduard der Bekenner spätestens auf dem Totenbett seine Meinung in Bezug auf Wilhelm geändert. Die *Vita Edwardi* (›Leben des (Heiligen) Eduard‹) überliefert, dass er auf dem Totenbett Harold nicht nur mit dem Schutz seiner Frau Edith, sondern auch des Königreichs England betraut habe: »Ich übergebe diese Frau und das ganze Königreich in deinen Schutz«.[169] Andere Historiker – wie um 1230 der große isländische Historiker Snorri Sturluson in seiner *Heimskringla* (*Haralds saga hardraða Sigurðarsonar*, Kap. 77) – hielten aber wie vermutlich viele Zeitgenossen diese Erklärung für einen Taschenspielertrick Harolds:

> Das wird erzählt, dass zur Todesstunde des Königs [Eduard] Harold und nur wenige andere Männer anwesend waren. Da beugte sich Harold über den König und rief: »Dafür rufe ich euch als Zeugen an, dass mir der König die Königsherrschaft und das ganze Reich in England übergeben hat!«[170]

So wie der Isländer Snorri zögerten sicherlich auch die Chronisten im Gefolge Herzog Wilhelms nicht, alle Argumente für die Legitimität von Wilhelms Thronanspruch hervorzuheben. Nach 1066 standen sie dadurch auf Seiten der Sieger.

Selbstverständlich sind die normannischen Chronisten für die normannische Sache gewissermaßen voreingenommen. Schließlich entstanden ihre Werke durchwegs nach der Eroberung Englands, weshalb sie versuchten, die komplexe Vorgeschichte der englischen Thronfolge um die Mitte des 11. Jahrhunderts in einen logischen Zusammenhang zu bringen.

Am frühesten setzen die *Gesta Normannorum Ducum* des Wilhelm von Jumièges ein. Zwar beruht seine Chronik der frühen Jahre auf Arbeiten von Dudo von St. Quentin[171], und dieser Teil des Werkes war wohl schon zwischen 1050 und 1060 abgeschlossen. Nun aber wurde er Augenzeuge der Eroberung Englands und setzte das Werk fort bis zur Eroberung Englands, erlebte den Tod von Wilhelm dem Eroberer aber nicht mehr. Sein Text wurde allerdings von einer Reihe späterer anonymer Autoren bearbeitet sowie für die frühen Jahre fast unverändert in die Werke des Ordericus Vitalis und des Robert von Torigni übernommen.

Ein etwas jüngerer Zeitgenosse war Wilhelm von Poitiers (etwa 1020–1090), ebenfalls ein Normanne aus adeligen Kreisen, der zunächst eine militärische Ausbildung genossen und erst spät (um 1049?) den geistlichen Beruf ergriffen hatte. Er wurde Kaplan von Herzog Wilhelm und war daher über die normannische Politik bestens informiert, zumal er das nötige militärische Verständnis mitbrachte. Aber erst einige Jahre nach der Eroberung, etwa um 1171–1177, verfasste er seine *Gesta Guillelmi II ducis Normannorum*[172] (›Geschichte von Wilhelm II., Herzog der Normandie‹) im klassischen Stil Sallusts als Eloge auf Wilhelm den Eroberer. Da er sich auf das Leben Wilhelms konzentriert, enthält sein Werk wertvolle Informationen, insbesondere über die militärischen Vorbereitungen der Eroberung Englands und die Schlacht von Hastings, während der Wert seiner Mitteilungen über die Ereignisse danach in England eher angezweifelt wird.

Sein Text ist nur fragmentarisch erhalten und deckt daher nur mehr die Jahre 1047 bis 1068 ab. Er setzte ursprünglich wohl etwa mit der Krönung Wilhelms zum Herzog 1035 ein und berichtet sehr ausführlich vom Thronfolgeversprechen Harolds an Wilhelm. Sein Werk wurde von Ordericus Vitalis ausgiebig benutzt, der uns auch die einzigen, allerdings spärlichen Details über Wilhelms Leben überliefert. Ordericus kritisiert aber Wilhelm von Poitiers in den Zusammenhängen, in denen er die Situation selbst als Engländer besser einschätzen konnte, etwa wenn Wilhelm von der angeblichen Milde des Eroberers gegen die Besiegten spricht.

Eine dritte wichtige Quelle für die Ereignisse rund um Wilhelm und seine Eroberung Englands ist der Teppich von Bayeux, der heute noch in Bayeux in der Normandie im Original aufbewahrt wird. Eigentlich handelt es sich um keinen Teppich im heutigen Sinn, sondern einen textilen Wandbehang, der heute noch imposante 68 Meter lang und 53 Zentimeter breit ist. In diesem mittelalterlichen ›Comic‹ wird die Geschichte der Eroberung Englands durch die Normannen von der Vorgeschichte im Jahre 1064 bis einschließlich der entscheidenden Schlacht von Hastings im Jahr 1066 erzählt, wobei das Versprechen Harolds an Wilhelm durch den bildlich dargestellten Schwur Harolds auf zwei Reliquienschreine besonders hervorgehoben wird, ebenso wie der Tod Harolds auf dem Schlachtfeld durch einen Pfeil ins Auge.

Der Wandteppich wurde wohl um oder nach 1077 durch den normannischen Bischof Odo von Bayeux, Wilhelms Halbbruder, in Südengland in Auftrag gegeben, nicht aber, wie man lange annahm, von Wilhelms Frau, Mathilde von Flandern, mit ihren Hofdamen selbst hergestellt. Der Teppich schildert die Ereignisse dieser Jahre aus eindeutig normannischer Sicht in lebhaften Details, und zwar in Bild und Schrift. Der Schlussteil des Teppichs ist zerstört; die Geschichte dürfte ursprünglich erst mit der Krönung von Wilhelm dem Eroberer zum englischen König am Weihnachtstag 1066 in London und nicht schon mit der Schlacht von Hastings geendet haben.[173]

Der Teppich von Bayeux hat uns einzigartiges Bildmaterial über die normannische Eroberung Englands und gleichzeitig über das normannische Leben um die Mitte des 11. Jahrhunderts bewahrt. Von der Rüstung und Ausstattung der Krieger über den Bau einer Flotte für die Invasion bis hin zu Abläufen der Kriegsführung und selbst der Gestik der Fürsten zeigt der Teppich in 58 Einzelszenen 626 Personen (davon nur drei Frauen) und knapp 740 Tiere, von Letzteren gehören allerdings viele zu dem dekorativen fortlaufenden Fries unterhalb der eigentlichen Handlung. Darüber sind in Großbuchstaben eingestickte Legenden zum Bildteil zu sehen, welche die Szenen kurz erklären und häufig die handelnden Personen beim Namen nennen.

Im Prinzip zeigen sich die Schöpfer aller drei bislang genannten Quellen in der Sache relativ gut informiert, so dass es keinen Grund gibt, ihre Darstellungen prinzipiell in Frage zu stellen. Natürlich ist ihr Blickwinkel auf die Ereignisse

Der Schwur auf Reliquien auf dem Teppich von Bayeux

zwangsläufig derjenige der Sieger, also der Normannen. Das gilt auch für eine weitere, allerdings weit weniger verlässliche Quelle, das *Carmen de Hastingae Proelio* (›Lied über die Schlacht von Hastings‹), das aus 835 lateinischen Hexametern und Pentametern besteht und bald nach dem Jahreswechsel 1067, also unmittelbar nach den Ereignissen des Jahres 1066, von Bischof Guido von Amiens verfasst worden sein könnte. Allerdings ist diese Datierung und der historische Quellenwert des Liedes umstritten.[174] Wenn jedoch die Zuordnung stimmt, wäre das nur in einer einzigen (allerdings späteren) fragmentarischen Handschrift bewahrte *Carmen* eine der wenigen Quellen, die sich mit der normannischen Eroberung Englands aus nichtnormannischer Sicht beschäftigt.

Weitere Geschichtswerke über die Eroberung Englands durch Herzog Wilhelm wurden mit etwas größerem zeitlichem Abstand verfasst. Dazu gehören die ›Englische Königsgeschichte‹ (*Gesta regum Anglorum*, um 1120) des Wilhelm von Malmesbury (etwa 1080/1095 – etwa 1143), eines anglonormannischen Benediktiners in der Abtei Malmesbury, der nicht mehr zu den Zeitgenossen der Eroberung gehört. Er hat auch etliche andere Geschichtswerke verfasst, darunter eine ›Englische Bischofsgeschichte‹ (*De Gestis pontificum Anglorum*, um 1125), so dass er über die historischen Vorgänge auf den britischen Inseln wohl gut informiert war.[175]

Zwar englischer Herkunft, aber mit den Normannen in engem Kontakt war Heinrich von Huntingdon (etwa 1080/90 – 1155), ein Kleriker und Historiograf, der ab etwa 1130 im Auftrag von Alexander, Bischof von Lincoln, eine lateinische ›Chronik Englands‹ von 55. v. Chr. bis 1154 schrieb, die *Historia Anglorum*. Für die Frühzeit beruht das Werk in erster Linie auf der *Historia Ecclesiastica gentis Anglorum* (›Kirchengeschichte des englischen Volkes‹) des Beda venerabilis und dem *Anglo-Saxon Chronicle*. Aber auch die *Historia regum Britanniae* (›Geschichte der Könige Britanniens‹) des Geoffrey von Monmouth lernte Heinrich von Huntingdon 1139 in der Abtei Bec in der Normandie kennen, in der man ihn offenbar auch mit Informationen über die Eroberung Englands und die ersten normannischen Könige Englands aus normannischer Sicht versorgen konnte.[176] Noch dazu gehörte sein Dienstherr, Bischof Alexander, zum Gefolge von Wilhelm II. Rufus, dem Sohn des Eroberers; dadurch konnte Heinrich von Huntingdon sich auch in England ein Bild von der normannischen Elite und ihrem Selbstverständnis bald nach der Eroberung machen.

Dagegen haben die englischen Quellen über die Ereignisse der Jahre vor und nach 1066 wenig zu sagen: Vor allem das *Anglo-Saxon Chronicle* schweigt über die entscheidenden Jahre, und die *Vita Ædwardi* II,2[177] behandelt zwar die Reichsübertragung durch Edward auf dem Totenbett an

Harold, vergleicht aber die normannische Eroberung Englands und den Tod des »einheimischen Königs« (*naturalis rex*!)[178] mit Krieg, Hungersnot, Seuchen und allen anderen Übeln. Sie ist somit aufgrund ihres stark wertenden Tons mit Vorsicht zu genießen.

Ein ausgesprochen ausgewogener Beobachter dagegen ist der Engländer Eadmer von Canterbury (etwa 1060 – etwa 1126), der, obwohl erst kurz vor der Eroberung geboren, aufgrund seiner engen Beziehung zu seinem Lehrer Anselm von Canterbury (heiliggesprochen zwischen 1163 und 1170) über die normannische Sicht der Dinge gut Bescheid wusste. So berichtet er distanziert, die Normannen hätten im (angeblichen) Eingreifen Gottes in der Schlacht von Hastings den Beleg dafür gesehen, dass Harold meineidig und damit im Unrecht war.[179]

Auch für die (mehr oder weniger) zeitgenössischen Historiker war jedoch die Begründung und der Verlauf der Eroberung Englands, ganz zu schweigen von den Folgen, fast durchweg direkt von den eigenen Loyalitäten und dem damit verbundenen Blickwinkel abhängig. Eine objektive Darstellung oder gar Bewertung der Vorgänge ist daher von keinem der genannten Quellenwerke zu erwarten. Trotz der unterschiedlichen Sichtweisen der Chronisten sind wir jedoch über die Ereignisse vor und während der Eroberung recht gut im Bilde, auch wenn unser heutiges Bild durch die Darstellung der normannischen Sieger, zu denen die meisten zeitgenössischen Historiker zu zählen sind, geprägt ist.

Die Eroberung Englands durch Wilhelm den Bastard

Die Vorbereitungen

Die Invasion Englands durch Herzog Wilhelm von der Normandie war keineswegs ein Überraschungsangriff, wie ihn wohl seine wikingischen Vorfahren bevorzugt hätten. Zum einen dauerte es fast zehn Monate, bis nach dem Tod von Eduard dem Bekenner am 6. Januar 1066 die normannische Armee am 28. September in Pevensey an der englischen Südküste landete, zum anderen war man sich in England die ganze Zeit über der drohenden Gefahr eines Angriffs aus der Normandie bewusst. Das musste natürlich auch die Strategie der Invasoren beeinflussen: Wo war der richtige Ort für eine Landung, wann der richtige Zeitpunkt?

In der Praxis machten die Ereignisse alle Planungen sowohl der Normannen als auch der Engländer obsolet, denn der Angriff des norwegischen Königs Haralds des Harten (Haraldr Sigurðarson *harðráði*, 1015–1066) mit einer Flotte von 300 Schiffen von Norwegen her Mitte September und die widrigen Winde im Ärmelkanal, die die Normannen für Wochen im Hafen festhielten, brachten alle Zeitpläne ins Wanken.

Konkrete Invasionspläne wurden vermutlich seit Januar 1066 geschmiedet, als sich Harold Godwinson nach dem Tod von Eduard dem Bekenner zum König ausrufen ließ. Eduard hatte ihm auf dem Totenbett ja angeblich die Herrschaft über das Reich übertragen, was die Versammlung der

Großen des Reichs (das sogenannte *Witangemot* oder nur *Witan*) sogleich bestätigte, da sie sich für den Feiertag am 6. Januar versammelt hatten. Sobald Harold gekrönt wurde (was vermutlich in Westminster Abbey geschah), war für Herzog Wilhelm klar, dass Harold die 1064 geleisteten Eide nicht respektieren würde, und daher begann er mit den Planungen für eine gewaltsame Entthronung Harolds.

Noch im Januar sandte Wilhelm eine Gesandtschaft nach Rom zu Papst Alexander II. (Papst 1061–1073), die mit Verweis auf den Eidbruch Harolds, der immerhin auf Reliquien die Thronfolge von Wilhelm beschworen hatte, den Segen des Papstes für die Invasion einholte. Dabei spielte offenbar nicht nur der Thronanspruch Wilhelms eine Rolle, sondern auch die Tatsache, dass der unbeliebte Stigand in seiner Doppelfunktion als Erzbischof von Canterbury und Winchester bewusst und unbeirrbar gegen das Kirchenrecht verstieß und Wilhelm dies als Hebel verwenden konnte.[180] Während die Zustimmung des Papstes historisch belegt ist, wird die Übersendung eines päpstlichen Banners an Wilhelm, von der Wilhelm von Poitiers und Ordericus Vitalis berichten, bezweifelt. Allerdings wussten die Päpste seit der Schlacht von Civitate 1053 nur zu gut, dass man mit den Normannen besser Bündnisse schmiedete als die Konfrontation suchte.

Der Bau und die Ausrüstung der Flotte

Nachdem noch im Jahre 1000 und danach Wikinger aus Skandinavien immer wieder die Normandie heimgesucht hatten, wo sie allerdings durch die normannischen Herzöge mehr oder weniger erfolgreich für deren eigene Zwecke instrumentalisiert wurden, stellt sich die Frage, wieso Wilhelm offenbar eine völlig neue Invasionsflotte bauen lassen musste.

Wilhelm von Jumièges nennt die Zahl von 3000 Schiffen, was sicherlich übertrieben ist, auch wenn man die Menge an Soldaten, Pferden und Ausrüstung berücksichtigt.[181] Aber da die Schätzungen zur Größe der Armee weit auseinandergehen – sie reichen von 1000 bis 3000 Reitern und von 7000 bis 10 000 Infantristen – sind die Angaben einer überlieferten Schiffsliste realistisch, die für die von 14 normannischen Baronen gestellten Schiffe die Gesamtzahl von 776 angibt. In dieser Liste sind freilich weder Wilhelms eigene Schiffe aufgeführt, wie sein Flaggschiff, die *Mora*, noch die Schiffe von bretonischen und flämischen Truppenteilen. Auf diese Weise kommt man auf etwa 800 normannische Schiffe und möglicherweise immerhin über 1000 Schiffe insgesamt – eine zweifellos imposante Flotte, welche sich Anfang August in Saint-Valery-sur-Somme an der Mündung der Somme versammelte.

Die Einschiffung von Pferden stellte auf den schlanken Schiffen des wikingischen Typs ein logistisches Problem dar, welches die Wikinger Skandinaviens nie ganz gelöst hatten. Deshalb geht man davon aus, dass die Normannen diese Technik in Süditalien von den Byzantinern übernommen hatten, wo sie dies auch mehrfach, sowohl bei der Eroberung Siziliens als auch bei den Angriffen Robert Guiscards und seines Sohns Bohemund gegen die byzantinische Ostseite der Adria, angewandt hatten.

Jedenfalls zeigt uns der Teppich von Bayeux in seiner durchaus vereinfachten Darstellungsweise, dass die Schiffe von Wilhelms Flotte (der Teppich stellt immerhin 41 Schiffe und Boote dar!) neben jeweils zehn Kriegern (und wohl einer seemännischen Stammbesatzung!) nur je zwei oder drei, maximal jedoch sechs Pferde pro Schiff mitführten.[182] Damit würde sich die Zahl der Reiter in der Armee auf 2000 bis 3000 belaufen. Eine Szene auf dem Teppich zeigt, wie in Pevensey die Pferde im seichten Wasser von Bord geführt werden, unter der Legende *hic exevnt caballi de navibvs* ›Hier steigen die Pferde aus den Schiffen aus‹. Wenn man die flachgehenden Wikingerschiffe im seichten Wasser maximal krängte, konnten nämlich die Pferde auch ohne Landebrücken oder Laufstege offenbar direkt ins Flachwasser steigen.

Die auf dem Teppich von Bayeux in verschiedenen Zuständen des Baus, der Beladung, des Segelns und der Entladung gezeigten Schiffe entsprechen durchweg dem vom 9. bis zum 11. Jahrhundert üblichen Typ des wikingischen Langschiffs, obschon die Größe – zumindest in der bildlichen Darstellung – weit hinter den durch archäologische Funde belegten Dimensionen von Langschiffen mit bis zu 40 Metern Länge und 100 Mann Besatzung zurückzubleiben scheint. Zwar können wir davon ausgehen, dass die Besatzung nur symbolisch durch einige – selten mehr als ein Dutzend – Personen abgebildet wird, aber die Zahl der Schilde an den Bordwänden könnte einen Hinweis auf die Größe der Besatzung geben. Zu Harold Godwinsons Reise in die Normandie werden bei der Landung in Ponthieu Schiffe gezeigt, auf denen 17 Schilde pro Bordwand zu sehen sind. Das würde also etwa einem Wikingerschiff mit 32 bzw. 34 Ruderern entsprechen, wie wir sie aus in Ladby, Oseberg und Gokstad gefundenen Grabschiffen kennen.

Bei diesen Funden handelt es sich um mittelgroße Kriegsschiffe mit sehr niedrigem Freibord, etwa 21–23 Meter lang und zwischen 3 und 5 Metern breit, die Riemenpforten für je 15–16 Riemen pro Bordwand und somit eine Besatzung von über 30 Ruderern aufwiesen. Solche mittelgroßen Schiffe vom Typ der *skeið* stellten vermutlich das Gros der wikingerzeitlichen Flotten, auch derer von Wilhelm, die ja nur eine kurze Strecke über den Ärmelkanal zu bewältigen hatte. Möglicherweise waren auch zahlreiche kleinere Schiffe dabei, da die Flotte ja nicht so seetüchtig sein musste wie die Haralds des Harten. Letzterer konnte, als er im Oktober von Norwegen her Nordengland angriff, über 300 Schiffe verfügen, wozu noch die 60 Schiffe von Jarl Tostig Godwinson kamen, mit welchen dieser schon vor Haralds Angriff die englische Ostküste unsicher machte.

Auch Harold Godwinsons Flotte, die er zur Verteidigung Englands aufbringen konnte und die vom *Anglo Saxon Chronicle* als die größte jemals in England existierende bezeichnet, aber nicht genauer beschrieben wird, bestand aus Schiffen nordischen Typs. Harold hielt diese riesige Flotte den ganzen Sommer über auf der Isle of Wight stationiert, musste sie aber am 8. September zurückführen, als die Vorräte zu Ende gingen und die Männer des allgemeinen Truppenaufgebots (der sogenannten *fyrd*) endlich nach Hause zurückkehren wollten.

All diese Schiffe waren Doppelender, die in Klinkerbauweise (also mit überlappenden Planken) konstruiert, vernietet und mit Moos, Flechten und Pech kalfatert (abgedichtet) waren. Aufgrund der beschränkten Größe der Schiffe und der kurzen Bauzeit wird man annehmen dürfen, dass die Schiffe nicht auf Dauerhaftigkeit und somit

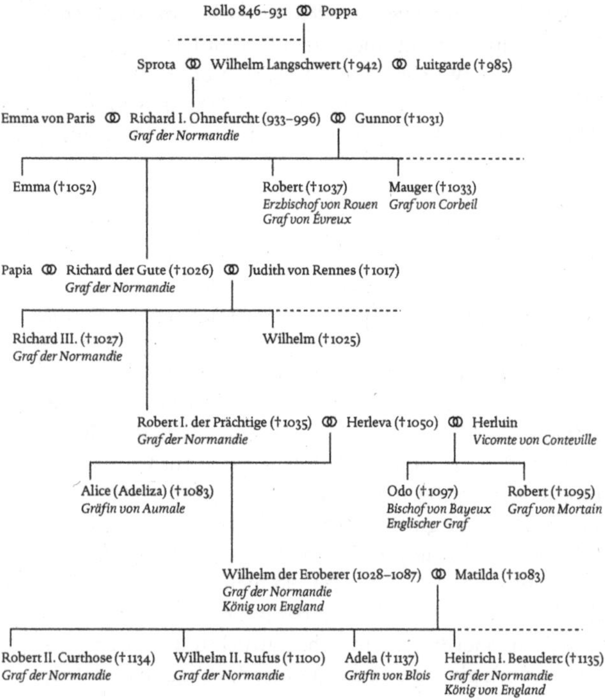

Die Genealogie Wilhelms des Eroberers

ohne allzu großen Aufwand gebaut wurden. Denn obwohl Wilhelm sicherlich schon über den Grundstock einer Flotte verfügte, ist der Bau von mehreren hundert Kriegsschiffen zwischen Februar und Juli eine enorme logistische Leistung.

Das Fällen von Tausenden von Bäumen sowie das Spalten und Zurichten des Bauholzes für Planken, das Schmieden von Hunderttausenden von eisernen Schiffsnieten und das Flechten bzw. Weben von Tauwerk und Segelstoffen war nicht nur ein teures, sondern auch logistisch höchst aufwendiges Unterfangen. Der Teppich von Bayeux zeigt uns zwar manche Arbeitsschritte, aber natürlich nicht den Gesamtumfang der Arbeiten, die alle Häfen der Normandie mit ungemein hektischem Leben erfüllt haben müssen. Hinzu kam die Ausrüstung der Armee mit Waffen und Rüstungen sowie den Zaumzeugen für die Pferde, welche nicht weniger Zeit und Ressourcen verschlang. Die wirtschaftliche Stärke der zentralistisch organisierten Normandie kann wohl am besten an der erfolgreichen Durchführung dieser Arbeiten im ersten Halbjahr 1066 abgelesen werden.

Die Kapazitäten im Schiffbau müssen in dieser Zeit aber an ihre Grenzen gelangt sein, denn zu den vielleicht 1000 Kriegsschiffen Wilhelms, den 300 Haralds, den 60 Jarl Tostigs und wohl etlichen 100 von Harolds Küstenverteidigung kamen ja noch die normalen Transport-, Handels- und Fischereifahrzeuge, die die betroffenen Armeen mit Proviant beliefern mussten. Auch die Versorgung von Flotten und Truppenkontingenten, etwa Wilhelms in Saint-Valery-sur-Somme und Harolds auf der Isle of Wight, stellen beträchtliche Herausforderungen dar.

Am 8. September segelte Harolds Flotte zurück in die Themsemündung, aber schon wenige Tage darauf erreichte ihn in London die Meldung, dass Harald der Harte und Jarl Tostig in die Humbermündung in Nordengland eingelaufen seien. Am 20. September besiegte die norwegische Armee ein rasch ausgehobenes Truppenaufgebot der Earls Edwin und Morkar in der Schlacht von Fulford vor den Toren Yorks, woraufhin die Stadt sich am 24. September ergab. Harold hatte bereits seine gerade erst entlassenen Krieger wieder einberufen und zog ab dem 19. September in einem Gewaltmarsch nach Norden. Am 25. September traf er bei Stamford Bridge, östlich von York, auf Harald und Tostig und konnte sie besiegen.

Gerade an diesem 25. September aber schlug auch endlich der Wind im Ärmelkanal um – man hatte bereits tagelang in Prozessionen darum gebetet. Wilhelms Flotte verließ nun die französische Kanalküste und überquerte in der Nacht vom 26. auf den 27. September den Ärmelkanal. Nach der Landung in Pevensey wurde sofort ein durch Schanzen und Palisaden gesicherter Brückenkopf errichtet, während Wilhelm 18 Kilometer weiter nach Osten bis Hastings zog und auch dort Verteidigungsanlagen errichten ließ: Der Teppich von Bayeux zeigt uns eine Motte mit hölzernem Aufbau in Hastings.[183]

Während Harold nun in Eilmärschen seine Armee nach der gewonnenen Schlacht im Norden die fast 400 Kilometer von York nach Hastings führte – laut Wilhelm von Jumièges plante er einen Überraschungsangriff gegen Wilhelm –, hatte Wilhelm Zeit, seinen Brückenkopf auszubauen, aber auch die Umgebung in Sussex zu plündern und so vollständig zu verheeren, dass Harolds Armee keinen Proviant mehr vorfinden sollte. Er selbst konnte derweil seine Vorräte aufstocken.

Als am 14. Oktober Harolds Armee ankam, konnte sie zwar in einer relativ günstigen Position auf einem Hügel Stellung beziehen, aber sie war nun zweifellos dezimiert und auch von den Märschen erschöpft, selbst wenn sie Wilhelms Truppen zahlenmäßig überlegen gewesen sein sollte, wie die normannischen Historiker behaupten. Die Zahlenverhältnisse sind nicht mehr rekonstruierbar, weil sie sich je nach Blickwinkel in den Quellen unterscheiden. Während die Engländer durch die Betonung der Unterlegenheit ihre Niederlage begründen, heben die normannischen Quellen die Bedeutung des Sieges trotz einer angeblichen englischen Übermacht hervor.

Auch dass die Engländer keine Reiterei besessen haben sollen, ist sehr unwahrscheinlich, und dass die Normannen erstmals bei Hastings mit den Kampfäxten der *huscarle* konfrontiert gewesen seien,[184] muss ebenfalls zu den Mythen um diese Schlacht gerechnet werden. Harolds Eilmarsch von York nach Süden wäre ohne Reiterei kaum möglich gewesen, auch wenn sich die Engländer nun auf eine Strategie der Verteidigung ohne aktiven Kavallerieeinsatz konzentrierten. Die Breitaxt wiederum zählte während der ganzen Wikingerzeit zur Bewaffnung der Skandinavier, so wie die etwas schmälere, Franziska genannte Kampfaxt von den Franken genutzt wurde.

Den etwa 2000 gepanzerten Rittern Wilhelms hatte Harold jedenfalls keine bewegliche Truppe entgegenzustellen. Auffälliger ist, dass die üblicherweise von den Eng-

Tod Harolds (links) durch einen Pfeil in der Schlacht von Hastings auf dem Teppich von Bayeux

ländern massenhaft eingesetzten Bogenschützen mit einer einzigen Ausnahme auf dem Teppich von Bayeux nicht zu sehen sind, also vielleicht doch zu einem Großteil in Nordengland zurückgeblieben waren.

Wie auch immer, die Normannen konnten offenbar durch mehrere vorgetäuschte Rückzüge die Engländer zur Verfolgung bewegen und so deren zunächst selbst für die Ritter undurchdringlichen Schildwall (eine dichtgedrängte Reihe von Elitekriegern mit überlappenden Schilden) aufbrechen. Entscheidend für den normannischen Sieg war aber wohl weder die Taktik noch Wilhelms Vorbild und seine Ansprache – nach übereinstimmenden Quellen riss er sich dazu mitten in der Schlacht den Helm vom Kopf, um sich seinen Kriegern zu zeigen –, sondern der Tod Harolds. Wahrscheinlich fiel er einem Pfeilschuss ins Auge zum Opfer, vielleicht aber auch einem massiven Angriff der normannischen Fürsten. Erst in der Dämmerung ergriffen die

englischen Soldaten die Flucht, wobei die sogenannten *huscarle* (also die persönliche Kriegertruppe des Königs, entsprechend der skandinavischen *hirð*) angeblich am längsten Widerstand leisteten. Harolds Leichnam wurde erst von seiner langjährigen Konkubine Edith identifiziert, aber wo er bestattet wurde, ist aufgrund stark widersprüchlicher Quellen nicht mehr festzustellen.
Nach der gewonnenen Schlacht zog sich Wilhelm wieder in seinen Brückenkopf zurück, aber in den folgenden zwei Wochen blieben offenbar weitere Angriffe ebenso wie ein Unterwerfungsangebot der englischen Fürsten aus. Ende Oktober zog dann Wilhelm an der Spitze seiner Armee nicht direkt nach London, sondern sicherte zunächst die englische Südküste und ließ in Dover, das sich ihm ergeben hatte, eine weitere Burg errichten. Auf dem Weg verwüstete und plünderte die Armee offenbar weite Landstriche, wobei Canterbury und Winchester Gesandtschaften an Wilhelm sandten und sich ihm unterwarfen.

Die meisten englischen Fürsten und Bischöfe aber hatten sich unter der Leitung des Erzbischofs Ealdred von York in London versammelt und wollten dort Edgar Aetheling zum König erheben, den Großneffen von Eduard dem Bekenner. Es kam aber nicht mehr zu seiner Krönung, denn Wilhelm überschritt mit seiner Armee die Themse, und während er das Umland verwüstete, unterwarfen sich ihm einer nach dem anderen der englischen Großen. Zuerst huldigte ihm Erzbischof Stigand, dann auch Erzbischof Ealdred und die Earls Edwin und Morkar, so dass Wilhelm offenbar ungehindert in London einzog und am Weihnachtstag des Jahres 1066 in der soeben fertiggestellten Westminster Abbey vor den Toren der Stadt zum König gekrönt wurde. Dabei legte Wilhelm Wert darauf, sich von den Normannen und Engländern jeweils in ihrer Landessprache akklamieren zu lassen: wohl weniger, um den Letzteren kulturell entgegenzukommen, sondern um jede Zweideutigkeit der Eide zu vermeiden.

Der Feldzug durch England

Mit der Unterwerfung Londons und Südenglands sowie der Krönung zum König war aber keineswegs ganz England erobert. Wilhelm ließ zwar in London und Winchester ebenso wie schon in Dover Burgen errichten, die er seinen engsten Mitstreitern und Verwandten (wie seinem Halbbruder Odo von Bayeux) anvertraute. Er selbst aber kehrte im März 1067 in die Normandie zurück und kam erst im Dezember wieder nach London. Im ersten und zweiten Jahr seiner Herrschaft mussten offenbar sowohl er selbst als auch Odo und Wilhelm FitzOsbern, dem er Winchester übertragen hatte, etliche kleinere Aufstände der Engländer in den südlichen Landesteilen niederschlagen, aber meist konnten sich die neuen normannischen Stadtherren selbst durchsetzen. Auch die eher ineffizienten Angriffe der drei Söhne, die Harold mit seiner Konkubine Edith bekommen hatte, nämlich Godwin, Edmund und Magnus, die von ihrem Exil in Irland her Städte an der englischen Westküste attackierten, führten zu nichts.

Anders war die Sicherheitslage im Norden Englands: Neben kleineren Rebellionen, die immer wieder in Reaktion auf Wilhelms unnachgiebige Steuerpolitik aufflammten, erhob sich 1068 bald nach der Krönung Mathildes zur engli-

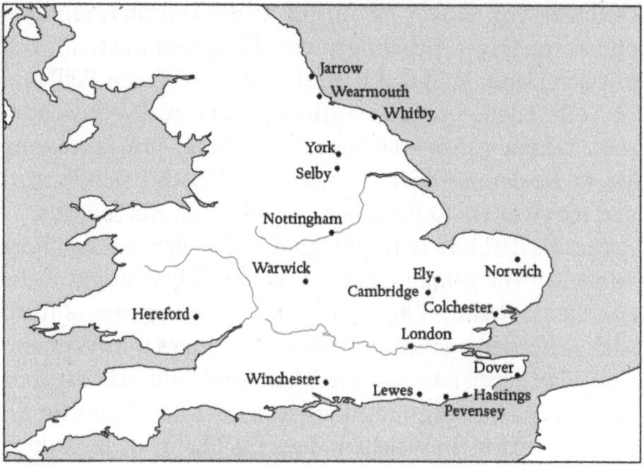

England im 11. Jahrhundert

schen Königin ganz Northumbria unter den von Wilhelm selbst kurz zuvor eingesetzten Earls. Wilhelm reagierte umgehend und marschierte mit einem Heer nach Norden, wobei er auf dem Weg weitere Burgen errichten ließ, die erste davon in Warwick. Nach der Niederwerfung des Aufstands im Norden, der mit der erneuten Unterwerfung von Edwin und Morkar endete, die sich den Aufständischen angeschlossen hatten, waren noch zwei weitere Feldzüge in den Norden notwendig. Dabei griff Wilhelm offenbar zu drastischen Mitteln und verwüstete große Teile des Nordens.

Der erste dieser beiden Feldzüge wurde auch durch eine Flotte von angeblich 300 Schiffen[185] des Dänenkönigs Sveinn Ástríðarson (dän. Sven Estridsen, etwa 1020–1076) provoziert, die in gut wikingischer Manier die englische

Ostküste von Dover bis hinauf in die Humbermündung plünderte. Edgar Ætheling nutzte die Gelegenheit, um sich mit den Dänen und den Earls des Nordens gegen Wilhelm zu verbünden. Letzterer verlegte daher zu Weihnachten 1069 seinen ganzen Hofstaat nach York, um dort seine Macht zu demonstrieren, aber auch danach brachen 1070 und 1071 weitere Rebellionen, vor allem im Norden, aus.

Erst als Earl Edwin tot war und Earl Morkar für den Rest seines Lebens gefangengesetzt wurde, kehrte etwas Ruhe ein. Der Ætheling Edgar hatte sich zu König Malcolm III. nach Schottland geflüchtet, aber 1072 unternahm Wilhelm eine Flottenoperation nach Schottland und schloss 1072 den Friedensvertrag von Abernethy mit König Malcolm III. von Schottland, in welchem dieser Wilhelm als Lehnsherr anerkannte. Edgar wurde als Teil der Abmachung nach Flandern verbannt.

Normannischer Burgenbau

In York hatte der König inzwischen eine zweite Festung errichten lassen. Auch sonst forcierte er auf all seinen Kriegszügen den Bau von Burgen, mithilfe derer die von ihm eingesetzten Normannen (bisweilen aber auch Bretonen, Franzosen und Flamen) das Land erfolgreich unter Kontrolle hielten. Solche Bauten entstanden etwa in Nottingham, Lincoln, Huntingdon und Cambridge. Wilhelms Burgen waren kleine, aber gut befestigte Anlagen, die zur Unterwerfung Englands unter den ja nicht sehr zahlreichen neuen normannischen Adel dienen sollten und mussten fast durchweg neu errichtet werden. Die Normannen in Süditalien hingegen konnten sich für ihre Eroberungen oft auf existierende langobardische, byzantinische und sarazenische Befestigungen stützen, die sie im Süden meist in Form befestigter Kleinstädte vorfanden. So, wie man sich beim Bau der neuen Kathedralen in Süditalien und Sizilien der einheimischen Bauleute bediente, weshalb Elemente der orthodoxen Bautraditionen und der griechischen Mosaikkunst in die romanischen Baupläne übernommen wurden, gingen auch in den englischen Burgenbau, ganz abgesehen von der Integration des einheimischen Altbestands in die neuen Verteidigungsanlagen, einheimische Elemente ein.

In England waren die Normannen von Anfang an darauf angewiesen, sich unter der Übermacht der angelsächsischen Bevölkerungsmehrheit rasch eigene Verteidigungsbauten anzulegen, statt sich auf existierende *burghs* oder die daraus entstandenen Städte zu beschränken.[186] Die Eroberung in England verlief beinahe umgekehrt zu der in Italien: Im Süden mussten nach und nach Städte und Burgen, soweit man sie nicht für Verdienste als Lehen bekommen hatte, erobert und auch gehalten werden, erst Jahrzehnte danach konnte man die Herrschaftsgewalt flächendeckend ausdehnen. In England erlangte Wilhelm sogleich den Königstitel durch die Überwindung Harolds in der Schlacht von Hastings, aber erst daraufhin konnte er darangehen, das Land Stück für Stück trotz aller inneren Widerstände gegen die neuen ›fremden‹ Herrscher zu sichern.

In Westeuropa können die Normannen als die Erfinder der Burgen gelten, sofern man die Anlage von *burghs* (oder *burhs*) nicht als Burgen rechnet, wie sie die Angelsachsen schon seit König Alfred am Ende des 9. Jahrhunderts zur Grenzziehung gegen die vordringenden skandinavischen

Einwanderer in England angelegt hatten. Ihre Anlagen waren in erster Linie als Fluchtburgen und befestigte Siedlungen für eine größere Anzahl von Personen gedacht. Sie bauten oft auf römischen Mauern auf und umfassten meist ein größeres, besiedeltes Areal.

Die normannischen Burgen dagegen waren erstens Verteidigungsanlagen, zweitens wohnte darin die vorerst spärliche normannische Oberschicht in England, und drittens bildeten sie die Zentren der herrschaftlichen Verwaltung des eroberten Landes. Diese herrschaftliche Rolle spiegelt sich im französischen und anglonormannischen Begriff *donjon* (Burgfried, Turm; davon letztendlich auch engl. *dungeon* ›Verließ‹) wider, der von lat. *dominus* ›Herr‹ abgeleitet ist. Vor allem zur Demonstration der letztgenannten Funktion waren die normannischen Burgen – ganz abgesehen von der Verteidigungsfunktion – als Türme ausgelegt.

Ursprünglich waren sie nach dem Vorbild der frühen Normandie als hölzerne Wehranlagen konzipiert, welche ein Wohnhaus auf einem selten mehr als 4 Meter hohen Erdhügel mit Palisade und einem Ringgraben umgaben. Man bezeichnete sie als Motten (von frz. *motte* ›Erdhaufen‹, lat. *mota*), im Deutschen mitunter auch als Turmhügelburg. An den Begriff *mota* erinnern noch drei sizilianische Namen von Orten mit frühen normannischen Gründungen, so etwa Motta S. Anastasia am Ätna, Motta Camastra und Motta d'Aferno. Der Teppich von Bayeux zeigt nicht nur die hölzernen Türme von vier Motten (wie etwa die von Dinan in der Bretagne, die von Wilhelms Truppen in Brand geschossen wurde), sondern auch Männer mit Schaufeln, die den Hügel durch Ausheben des Grabens beim Bau der Burg von Hastings aufwerfen. Die steilen hölzernen Brücken mit Querleisten, die zum Überqueren der Gräben dienten, sind ebenfalls dargestellt.

Im späten 10. Jahrhundert wurden unter Richard I. von der Normandie in Rouen und Bayeux erstmals auch steinerne Verteidigungsanlagen errichtet, die vorerst wohl nur aus einem steinernen Ersatz der Palisade bestanden. Die Bezeichnungen für diese Burgen sind in den schriftlichen Quellen des 10. und 11. Jahrhunderts noch recht vielfältig und lauten in der Normandie vorwiegend *castrum, castellum, municipium* oder *oppidum*, im Süden auch *turris* und *propugnaculum.*[187] Die Begriffe fließen allerdings ineinander, denn Amatus etwa nennt alle Burgen und Städte ohne Unterschied *castellum.*

Die Entwicklung des Burgenbaus unter den Normannen ausschließlich auf mögliche karolingische Vorbilder zurückzuführen, ist sicher voreilig, weil schon die Wikinger überall im Frankenreich kurzfristige befestigte Lager errichtet hatten, die möglicherweise nur aus aufgeworfenen Schanzen bestanden. Palisaden werden zumindest nicht erwähnt, obwohl sie bei Winterlagern wahrscheinlich sind. Solche befestigten Lager gab es u. a. in Elsloo (oder Asselt?) bei Maastricht an der Maas, bei Pontoise an der Oise unweit Paris, an der Dyle bei Louvain, am Rhein bei Duisburg und an der Waal bei Nimwegen, möglicherweise auch bei Dorestad und Utrecht.[188] Ob dagegen eine fränkische steinerne Burg bei Duisburg wirklich schon aus der Zeit vor 882 stammt, als die Wikinger sie eroberten und zwei Jahre besetzt hielten, bleibt umstritten.[189]

Im Laufe des 11. Jahrhunderts entwickelte sich der normannische Burgenbau jedoch in Nordwesteuropa und Süd-

Normannischer Wohnturm in Paternò (Foto: Rudolf Simek)

europa unterschiedlich. In Apulien und Sizilien wurden in erster Linie existierende Burgen und befestigte Städte lombardischer und byzantinischer, in Sizilien auch sarazenischer Provenienz übernommen und ausgebaut. Dort wurden zwar auch eigene normannischer Baustile in die existierenden Burgen integriert, aber in den ältesten Hügelburgen und Forts wie Aversa, Melfi und Squillace waren die normannischen Elemente noch gering. Stattdessen orientierte man sich an den byzantinischen Vorgängerbauten, deren Burgen innerhalb einer durch Mauern geschützten Stadt lagen.[190]

Jedoch schon die Burg von Monte St. Angelo am Sporn von Italien, die Robert Guiscard erbauen ließ, und auch seine Gründungen in Scribla, Scalea und Rossano in Kalabrien und die Türme von Adrano, Paternò und Motta Sant'Anastasia im Osten Siziliens, die auf Roger I. zurückgehen, zeigen sowohl die Grundform der Motten als auch den simplen rechteckigen Grundriss späterer normannischer Steintürme in England. Darin zeigt sich von Sizilien bis England eine gemeinsame Burgenbautradition der Normannen im Süden und im Norden. Zwar hat zudem etwa Graf Roger am Ende des 11. Jahrhunderts Maurer (aus der Normandie?) importiert,[191] doch hat natürlich auch die Arbeit einheimischer italienischer und arabischer Bauleute im Süden stilistische Spuren hinterlassen, besonders in den sizilianischen Palästen.

Der normannische Turm in Adrano westlich des Ätna in Sizilien zeigt bis heute die sehr simple Raumaufteilung eines frühen normannischen Donjons: Die etwa 15 mal 20 Meter große Grundfläche ist über den Gewölben des Erdgeschosses in nur drei Räume unterteilt, welche Halle, Kapelle und Schlafkammer bildeten.[192] Diese zwei- bis dreistöckigen Wohn- und Verteidigungstürme waren häufig mit einem Eingang im ersten Obergeschoss versehen, um einem Aufbrechen des Haupteingangs durch Belagerungsmaschinen vorzubeugen.

In England begannen die Normannen sofort nach der Invasion mit der Errichtung von hölzernen Burgen und Motten, wohl sehr ähnlich den frühen Konstruktionen in der Normandie 100 Jahre zuvor, um die eroberten Ländereien gegen Aufstände und die englische Südküste gegen andere mögliche Invasoren zu sichern. Den ersten Burgen in Dover, Norwich und London folgten während Wilhelms erstem Feldzug in den Norden Britanniens 1068 weitere Bur-

Normannischer Wohnturm in Adrano (Foto: Rudolf Simek)

gengründungen entlang der Marschroute, so in Warwick, Nottingham, York, Lincoln, Huntingdon und Cambridge. Die hölzernen Forts wurden in den letzten Jahrzehnten des 11. Jahrhunderts sukzessive durch steinerne Burgen ersetzt.

Die erste davon dürfte der Tower im Südosten der Innenstadt von London gewesen sein, dessen Errichtung um 1077 begonnen wurde. Innerhalb weniger Jahrzehnte nach der Eroberung waren viele Motten schon durch Steintürme ersetzt. Die normannischen Burgtürme wurden zum Grundpfeiler der Herrschaft über England und gleichzeitig Zeichen des neuen feudalen Herrschaftssystems. Obwohl das *Domesday Book* von 1086 nur 48 Burgen verzeichnet, wird die Zahl für die Zeit um 1100 bereits auf etwa 600 geschätzt,[193] weil das *Domesday Book* in erster Linie wirtschaftlich relevante Fakten verzeichnete und daher die Burgen nicht komplett registrierte.

Im Laufe des 12. Jahrhunderts entstanden zahlreiche weitere Festungen, und um viele von ihnen herum bildeten sich bald neue Städte, die das Gesicht Englands nachhaltig veränderten. Der Abstand der Burgen zueinander war idealerweise durch die Strecke definiert, welche die Ritter in einem Tag hin und zurück zurücklegen konnten. Das definierte gleichzeitig den Machtbereich einer Burg, also einen Radius von etwa 20–25 Kilometern.[194]

England, die Normannen und die Folgen

Die Machtkonsolidierung des Eroberers

Mit den Feldzügen der ersten sechs Jahre, die Wilhelm nicht zur Ruhe kommen ließen, sowie der Errichtung von hunderten Burgen und der Installation einer neuen normannischen Adelsschicht war seine Eroberung Englands weitgehend abgeschlossen. Englands Normannisierung dagegen sollte noch Jahrzehnte dauern, auch wenn Wilhelm recht rasch die Belehnung seiner normannischen Gefolgschaft mit den Funktionen und Ländereien derjenigen, die sich gegen ihn gestellt hatten und nun ins Exil gehen mussten oder ohnehin gefallen waren, in Angriff genommen hatte. Dabei ist seine Handschrift sowohl im weltlichen als auch im kirchlichen Bereich unübersehbar.

Die säkularen Herrschaftsstrukturen wurden fast umgehend an die aus der Normandie gewohnte Form der Lehnsherrschaft mit Vasallen angeglichen, einschließlich des dort schon gebräuchlichen Rituals der Kommendation bei der Belehnung. Dabei legte der Vasall seine gefalteten Hände zwischen die des Lehnsherrn, um sein Lehen zu empfangen – eine Geste, die im Hochmittelalter als Gebetshaltung von der Kirche übernommen wurde. So beschreibt Wilhelm von Poitiers ausführlich die Belehnung von Harold durch Wilhelm mit dem gleichen Ritual des inzwischen in der Normandie etablierten Lehnswesens: »Er übergab sich mir durch seine Hände.«[195]

Im kirchlichen Bereich war der Eingriff des Eroberers nicht weniger gravierend. Zwar ist umstritten, wie das englische Klosterwesen vor 1066 aussah und ob die monastische Praxis in England wirklich so darniederlag wie etwa von Wilhelm von Malmesbury beschrieben, denn die Benediktiner von Fécamp und offenbar auch die von Jumièges hatten doch längst Kontakte zu englischen Häusern geknüpft:

> Der Standard der Religion, überall in England schon tot, wurde durch ihre [der Normannen] Ankunft wiederbelebt, und du siehst überall auf dem Land Kirchen, in Dörfern und Städten Klöster in einem neuen Baustil emporwachsen […].[196]

Sicher ist, dass Wilhelm weder vor dem Umbau der Klöster nach cluniazensischem und normannischem Vorbild noch vor der Reform der Bischofssitze und deren Neubesetzung durch Reformmönche zurückschreckte. Er vergab etwa 1070 den Sitz in Canterbury an Lanfranc (und dessen Schüler Anselm ab 1093), ernannte Thomas von Bayeux als Nachfolger von Ealdred zum Erzbischof von York (beide schon 1070) oder Wilhelm von Calais zum Bischof von Durham 1080. Bei allen kirchlichen Vorhaben konnte er sich sowohl der Unterstützung durch die Kirche in der Normandie als auch der Rückendeckung durch die Päpste sicher sein. Papst Alexander II. schickte 1070 sogar Legaten nach England, um mehrere Kirchensynoden abzuhalten.

Dabei wurden auch die Bischöfe Æthelmar von Elmham (Stigands Bruder!) und Æthelric von Selsey abgesetzt, ein weiterer, Leofwine von Lichfield, gab selbst sein Amt zurück. Ihm wurde vorgeworfen, er habe trotz Eheverbots Weib und Kind. Nur ein einziger englischer Bischof, Wulfstan von Worcester, blieb zu Wilhelms Lebzeiten im Amt. Ziel der Reformen war wohl in erster Linie die Zurückdrängung der grassierenden Simonie, was nicht nur den Ämterkauf und die Bezahlung für kirchliche Riten, sondern auch die Vergabe von Pfründen an Verwandte umfasste. Erst in zweiter Linie bemühte man sich um die Durchsetzung des Zölibats für Weltpriester und Kanoniker nach dem Vorbild der benediktinischen Mönchsregel, was in der Normandie aufgrund der Klosterreformen des 10. und 11. Jahrhunderts längst zur Norm geworden war.

Auffällig ist, dass Wilhelm der Eroberer seinen Halbbruder Odo von Bayeux (gest. 1097) nicht für eines der neu zu besetzenden englischen Kirchenämter heranzog, sondern für ein weltliches Amt. Odo war der Halbbruder von Wilhelm, da sie dieselbe Mutter hatten, der Vater Odos war der normannische Adelige Herluin de Conteville. Odo war 1049 von Wilhelm als Bischof von Bayeux eingesetzt worden und war dort sowohl als Förderer der Wissenschaften als auch als Verwalter seines Bistums höchst erfolgreich gewesen. Er versorgte Wilhelm mit Klerikern für dessen Verwaltung und bezeugte selbst zahlreiche Dokumente. Daneben war er unmittelbar an den Vorbereitungen für die Eroberung Englands beteiligt, wie der Teppich von Bayeux zeigt. Er hatte an der Schlacht von Hastings teilgenommen und ist auf dem Teppich prominent dargestellt, wie er mit einer Keule in der Hand die Soldaten Wilhelms anspornt. Allerdings dürfte er den Teppich auch selbst in Auftrag gegeben haben.[197] Er bekam nach der Eroberung schließlich von Wilhelm auch Dover und ganz Kent als Lehen, woraus er ein beträchtliches Einkommen bezog.

Als Wilhelm im März 1067 in die Normandie zurückkehrte, setzte er Odo und Wilhelm FitzOsbern als Regenten für England ein, womit Odo die Spitze der Karriereleiter erreicht hatte. Die beiden Regenten waren mit dem Bau der normannischen Burgen betraut, Odo dabei mit allen Ländereien südlich der Themse, in denen er auch Gefolgsleute aus der Normandie ansiedelte. Nachdem er sich 1076 einmal für die Veruntreuung von Kirchengütern der Erzdiözese Canterbury verantworten musste, verlor er aus unklaren Gründen 1082 das Vertrauen des Königs. Angeblich (was aber nicht sehr wahrscheinlich ist) hatte er in England eine Armee aufgestellt, mit der er nach Rom marschieren wollte, um dort seine Ansprüche auf den Stuhl Petri durchzusetzen.

Odo wurde über vier Jahre in Rouen eingekerkert (aber als Earl von Kent, nicht als Bischof von Bayeux, wie Wilhelm von Malmesbury ausdrücklich betont), bis ihn Wilhelm kurz vor seinem Tod begnadigte. Später intrigierte Odo gegen Wilhelms Sohn Wilhelm Rufus und unterstützte Herzog Robert Curthose von der Normandie bei seinen Thronansprüchen auf England, bevor er aus England vertrieben wurde und auf seinem eigenen Bischofssitz in Bayeux Zuflucht suchen musste. 1095 aber zog er mit Robert via Rom und Apulien mit auf den Ersten Kreuzzug. Er fand den Tod nicht erst bei der Belagerung von Antiochia, wie Wilhelm von Malmesbury erzählt, sondern schon auf dem Weg ins Heilige Land in Palermo, wo er 1097 einer Krankheit erlag.[198]

Die durchgreifende Veränderung im kirchlichen wie im weltlichen Leben war für die Bevölkerung zweifellos unmittelbar spürbar, selbst dort, wo Wilhelm nicht wie nördlich des Tyne 1069 und in Mercia 1070 die Landschaft als Strafe für Erhebungen gegen ihn radikal verwüstete und selbst alte Kirchen niederbrannte, wie in Jarrow. Zum einen wurde tatsächlich fast die gesamte Schicht der angelsächsischen Grundeigentümer und lokalen Lehnsherren gegen die normannischen Gefolgsmänner Wilhelms ausgetauscht, denen dementsprechend fast überall offene Feindseligkeit der angelsächsischen Bevölkerung entgegenschlug. Viele der angelsächsischen Adeligen mussten aus Furcht vor den Strafmaßnahmen Wilhelms nach den immer neuen Rebellionen ins Exil gehen. Nicht von ungefähr scheint sich die sogenannte Warägergarde in Byzanz, die Leibgarde der oströmischen Kaiser, nach 1066 aus mehr Angelsachen als Skandinaviern zusammengesetzt zu haben. Den jüngeren unter den enteigneten Landadeligen blieb wohl, soweit sie nicht Verwandte auf dem Kontinent hatten, nur die Möglichkeit, sich als Söldner in fremden Diensten zu verdingen.

Neben der Vertreibung oder Ersetzung des angelsächsischen Adels durch Normannen war es vor allem die äußerst rigorose Steuereintreibung, die Wilhelm bei den Einheimischen unbeliebt machte. Seine ganz zweifelsfreie Effizienz in Steuerangelegenheiten beschert uns aber auch eine einzigartige Quelle über England im späten 11. Jahrhundert, nämlich das erst später sogenannte *Domesday Book.*

Anlass für die Entstehung dieses fast einzigartigen Land- und Besitzstandregisters des Mittelalters war das Gerücht einer bevorstehenden Invasion Englands durch den mächtigen Dänenkönig Knut Sveinsson (Knut IV., der spätere Knut der Heilige, 1043–1086; dän. Knud Svendsen), dem Sohn von Sveinn Ástríðarson (dän. Sven Estridsen), der mit Graf Robert von Flandern ein entsprechendes Bündnis eingegangen war, das im Jahre 1085 aufkam. Zwar blieb die Invasion aus, aber Wilhelm verlegte aus Sicherheitsgründen massive normannische und bretonische Truppenkontingente nach England, die irgendwie unterhalten werden mussten. Um die Versorgung der Armee gerecht nach dem Vermögen der Landbesitzer zu verteilen, verkündete er auf seinem Hoftag zu Weihnachten 1085, dass sämtliche Gutsbesitzungen in England dokumentiert werden sollten.

Wilhelms Legaten machten sich in Gruppen mit Fragebögen auf den Weg, deren Fragen bis heute erhalten sind, und befragten alle Höfe nach deren Namen und dem des Besitzers, nach der Größe des Grundbesitzes und der Zahl der dort lebenden Freien und Leibeigenen. Auch die Verhältnisse zwischen Wäldern, Weiden und Ackerland, sowie der Bestand an Gewässern und Betriebsgebäuden wie Mühlen sowie der geschätzte Gesamtwert wurden erhoben. Dies musste durch Eide der Besitzer, Vögte, Priester und 12 weiterer Zeugen für jedes *hundred* (also der administrativen Einheit aus einigen Dörfern) bestätigt werden, davon jeweils sechs Normannen und sechs Engländer, so dass 60 000 Zeugen namentlich genannt sind. Außerdem wurde festgehalten, wie sich der Besitz gegenüber der Zeit von König Eduard (also vor 1066) verändert hatte und ob Potenzial für eine höhere Wirtschaftleistung vorhanden war.

In den beiden erhaltenen Bänden unterschiedlicher Genauigkeit sind 34 englische Shires mit zusammen 13 000

Orten verzeichnet, es fehlen nur Northumberland, London und Winchester. Das Verzeichnis wurde zwischen Weihnachten 1085 und dem Tod Wilhelms im September 1087 begonnen und fertiggestellt, also in nur 20 Monaten, was für die Menge der Daten beachtlich ist. Allerdings wurden keine Werte für kirchliche und monastische Institutionen und Burgen erhoben, so dass die obersten sozialen Schichten der damals etwa 1,5 bis 2 Millionen Bewohner Englands nicht erfasst sind.

Deutlich wird jedoch, wie sehr sich die englischen Besitzverhältnisse durch die normannische Eroberung verändert hatten, denn der Großteil des erhobenen Grundbesitzes, soweit er nicht dem König (17 Prozent) oder Bischöfen und Äbten (26 Prozent) gehörte, war nun im Besitz von Normannen. Nur wenige Grundbesitzer angelsächsischer oder skandinavischer Herkunft waren in ihren Stellungen verblieben.

Wegen seines Aufbewahrungsortes wurde das Werk zu seiner Zeit als ›Buch von Winchester‹ bezeichnet. Den Titel *Domesday Book* (›Buch des Jüngsten Gerichts‹) bekam es erst im 12. Jahrhundert, als es in Prozessen als letzte Instanz herangezogen und damit mit einem gewissen Ewigkeitsanspruch belegt wurde. Für uns heute ist das *Domesday Book* neben dem *Prümer Urbar* (einem Verzeichnis sämtlicher Besitzungen und Rechte der reichen Benediktinerabtei in der westlichen Eifel nahe der heutigen deutsch-belgischen Grenze im Jahre 893) das detaillierteste Verzeichnis über Bevölkerungsverhältnisse und Besitzverteilungen im frühen Mittelalter, noch dazu direkt nach der Umbruchszeit der Eroberung Englands.

Kapellen, Kathedralen und Klöster

Auch die kirchliche Bautätigkeit wurde parallel zum Bau der Burgen vorangetrieben, wobei die Kathedralen von Canterbury, Exeter, Rochester und Durham die beeindruckendsten Projekte waren. Dabei stellt die Kathedrale von Durham den Höhepunkt der normannischen Sakralarchitektur dar. Der Bau wurde schon 1093 unter Wilhelm von Calais begonnen, den Wilhelm der Eroberer 1080 zum Bischof von Durham ernannt hatte, und bereits 1096 war der Chor fertig, 1135 das komplette Kirchenschiff. Aber die kleine Kapelle in der Burg von Durham – dem späteren Donjon der Gesamtanlage – stammt sogar aus der Zeit bald nach der Eroberung von Nordengland um 1070.

Sie weist in der Einfachheit ihrer Sandsteinarchitektur Formen auf, die sich auch in sizilianischen Kirchen des 11. Jahrhunderts finden und als typisch normannisch zu bezeichnen sind, wobei die 12 Kuppeln über einem rechteckigen Grundriss durchaus südliche Vorbilder haben dürften. Ähnliche Exemplare finden sich auch in der normannischen Johanneskapelle im Tower in London, sowie in der Bischofskapelle in Hereford und einigen anderen, möglicherweise geringfügig jüngeren Bauwerken in England. Die massive Ausführung dieser romanischen steinernen Zeugen der Normannisierung Englands aus den 70er Jahren zeigt aber, mit welch enormer Energie Wilhelm zusammen mit seinen Bischöfen und weltlichen Vasallen auch die kirchlichen Strukturen reformierte, die sich in den folgenden Jahrzehnten wesentlich von denen der angelsächsischen Kirche entfernten.

In der Normandie selbst war die Abteikirche von St. Éti-

Der Donjon von Durham Castle
(Foto: Wikimedia Commons / PJ Marriott)

enne in Caen, in der auch Wilhelm der Eroberer bestattet ist, 1063 begonnen worden. Damit ist sie das älteste erhaltene Beispiel für die romanische Architektur der Normannen. Diesen Stil hatte auch Eduard der Bekenner in der Normandie kennengelernt und noch vor der normannischen Eroberung Englands beim Bau der Westminster Abbey in London anwenden lassen. Die heutigen gotischen Gebäude lassen davon jedoch nichts mehr erahnen, da das Gotteshaus im 13. Jahrhundert neu errichtet wurde.

Neben den römischen Rundbogen (deswegen ›romanisch‹) wird der Stil auch noch durch eine Reihe anderer Elemente gekennzeichnet, welche die Normannen im Süden kennengelernt hatten, etwa den typisch normannischen Zackenstil als Verzierung von Bögen. Dort, in Sizilien, finden sich neben den wenigen erhaltenen romanischen englischen Kathedralen die spektakulärsten Beispiele der normannischen Sakralarchitektur, etwa in der Kathedrale von Monreale, dem Dom von Palermo oder der erst etwas später (1131) begonnenen Kathedrale Santissimo Salvatore in Cefalù.

In England waren es neben Westminster und Durham sowie den schon erwähnten frühen Kapellen in Durham, London und Hereford die Kathedralen in Winchester (ab 1079), Ely (ab 1083) und Norwich (ab 1096), in denen der normannische Baustil besonders zur Geltung kam.

Daneben betätigte sich der Eroberer auch als Klostergründer. Wie schon erwähnt, konnte er auf seinem Totenbett laut Ordericus Vitalis[199] angeblich von sich behaupten, 17 Mönchsklöster und sechs Nonnenklöster gegründet zu haben, und davon lägen etliche in England. Dazu gehörte auch die Abtei in Battle, die Wilhelm in Erfüllung eines Gelübdes am Ort der Schlacht von Hastings erbauen ließ, sowie die Abtei Warenne in Lewes in Sussex. Aber ganz abgesehen von den Neugründungen ging die normannische Eroberung auch an den 35 schon existierenden Benediktinerabteien nicht spurlos vorüber, denn die meisten von ihnen bekamen nun normannische Äbte, die mitunter nicht sonderlich zimperlich mit den eingespielten, aber wohl recht laxen Gewohnheiten der englischen Mönche umgingen, aber auch lokale englische Heilige nicht besonders respektierten.

Davon zeugen Umbauten in St. Albans, die Lanfrancs Neffe Paul dort als Abt sofort in Angriff nahm und im Zuge derer er die Gräber angelsächsischer Heiliger entfernte, oder auch in St. Augustinus in Canterbury, dessen neuer Abt aus Mont St. Michel kam. Zu den damals reformierten und neu- oder umgebauten Häusern, die noch heute Züge der normannischen Architektur aufweisen, gehören St. Botolph (1093 als erster Augustinerkonvent) und St. John (ab 1096), ebenfalls in Colchester. Im Norden wurden die zerstörten Klöster in Wearmouth und Jarrow mit neuem Leben erfüllt und Abteien in Whitby, Selby und York (St. Mary's) neu gegründet. Dies geschah nicht ohne die tatkräftige Unterstützung durch den Bischof von Durham, Wilhelm von Calais.

Die positive Aufbruchsstimmung, welche die von cluniazensischem Eifer getriebenen normannischen Mönche verbreiteten, darf aber nicht darüber hinwegtäuschen, dass in vielen der älteren Klöstern eine andauernde Rivalität zwischen den angelsächsischen und normannischen Mönchen bestand, die zwar nur selten offen zum Ausbruch kam, aber doch für zahlreiche Nachfolgestreitigkeiten und Sedisvakanzen verantwortlich war.

Wilhelms Nachfolger

Wilhelm blieb der Angriff von Knut Sveinsson und Robert von Flandern auf England 1085 zwar erspart, aber dafür war es um die Verteidigung der Normandie weniger gut bestellt. Besonders als Wilhelms Sohn Robert Curthose, den er in der Erbfolge klar benachteiligt hatte, sich mit dem nun erwachsenen König Philipp von Frankreich (1052–1108) verbündete, erlitt Wilhelm 1079 und 1087 empfindliche

Niederlagen. In einem dieser Gefechte wurde er auch verwundet und starb daraufhin im September 1087. Der selbst von seinen Bewunderern offenbar Zeit seines Lebens als Bastard bezeichnete Eroberer (vgl. etwa Ordericus Vitalis »Guillelmus nothus«[200]) wurde in der von ihm 1160 gestifteten romanischen Klosterkirche St. Étienne in Caen beigesetzt.

Eigentlich war seine Nachfolge gut gesichert, da er neben sechs Töchtern vier eheliche Söhne mit Mathilde hatte: Robert Curthose (etwa 1051/54 – 1134), Richard (vor 1056–1075), Wilhelm II. (1056/ 60 – 1100) und Heinrich (1068–1135). Von diesen Söhnen starb nur Richard jung, aber Robert fühlte sich von Wilhelm von Anfang an benachteiligt und übergangen, weil er ihn an der Erbfolge für die Normandie und Maine nicht zu Lebzeiten Wilhelms beteiligen wollte. Das schlechte Verhältnis zwischen Vater und Sohn wird höchst ausführlich (wenn auch entgegen der Chronologie) von Ordericus Vitalis[201] beschrieben, der zwar alle Schuld Robert zuschiebt, aber dennoch des Königs Bevorzugung von Wilhelm II. und Heinrich durchscheinen lässt, wenn er schreibt:

> So wie der Vater, wegen der erwähnten Angriffe erzürnt, diesen anmaßenden Sohn immer wieder verfluchte und ihm viele und verschiedene Unglücke wünschte, so segnete und bevorzugte er seine ihm gehorsamen Nachkommen Wilhelm und Heinrich.[202]

Ab den Ereignissen um etwa 1082 wird Ordericus überhaupt, sobald er sich von seinen Vorlagen für die früheren Jahre löst, zu einem interessierten Berichterstatter über das

Schicksal der drei überlebenden Söhne von König Wilhelm. Er berichtet auf lebendige Art nicht nur die Geschichte der Normannen in Sizilien und auf den Kreuzzügen, sondern verfolgt auch die englische Geschichte bis zur Gefangennahme von König Stephan im Jahre 1141.

Jedenfalls war die Normandie ursprünglich Wilhelms ältestem Sohn Robert Curthose zugedacht,[203] für dessen beleidigenden Spitznamen (franz. *courtheuse* bedeutet etwa ›Kurzgamasche‹ – nicht ›Kurzhose‹) möglicherweise sein Vater Wilhelm selbst verantwortlich war. Wilhelm von Malmesbury[204] führt ihn auf die geringe Körpergröße und Rundlichkeit Roberts zurück, und Ordericus Vitalis nennt in seiner zwiespältigen Beschreibung sogar zwei Spitznamen:[205]

> Er war gesprächig und verschwenderisch, tapfer und sehr geschickt mit den Waffen, ein starker und zielsicherer Bogenschütze, hatte eine klare und offene Stimme und war wortgewandt, rundgesichtig, von kurzer und rundlicher Statur, weswegen er Gambaron [›der mit ausgeprägten/dicken? Beinen‹] und Kurz-Gamasche genannt wurde.[206]

Robert, inzwischen wohl um die 25 Jahre alt, wollte sich um 1077 nicht mit einer Oberherrschaft seines Vaters zufriedengeben, sondern verlangte von Wilhelm die Alleinherrschaft über die Normandie, die ihm dieser vor seinem Tod aber nicht zugestand. Erst nach dessen Tod 1087 wurde er schließlich Herzog der Normandie, bevor er sich 1096 auf den Ersten Kreuzzug begab und erst 1100 zurückkehrte. Sein Herzogtum verpfändete er zur Finanzierung des Unternehmens für diese Zeit an seinen Bruder Wilhelm II., König von England.

Als König von England war ursprünglich der zweite Sohn, Richard, vorgesehen gewesen, der aber schon 1075 bei einem Jagdunfall ums Leben kam, so dass England Wilhelm zugesprochen wurde. Dies stellte eigentlich einen Bruch mit dem germanischen Primogeniturrecht dar, nach dem sämtlicher Landbesitz an den ältesten Sohn ging. Aber zum einen wandte man offenbar bei neu erobertem Land etwas abgewandelte Regeln an, und zum anderen hielt ja Wilhelm seinen Sohn Robert ohnehin für unfähig.

Wilhelm, meist als Wilhelm II. oder Wilhelm Rufus (nach seinen roten Haaren) bezeichnet, übernahm gemäß dem Willen seines Vaters nach dem Tod des Eroberers die Herrschaft über das Königreich England. Sein älterer Bruder Robert schürte noch als Herzog der Normandie einen Aufstand gegen Wilhelm im Jahre 1088, der aber wie alle anderen Revolten erfolglos blieb. Wilhelm Rufus war allerdings mit der Erbfolge ebenfalls unzufrieden, wenn auch aus anderen Gründen: Er unternahm immer neue Versuche, Roberts Macht und Einflussbereich in der Normandie einzuschränken. Eine Konsequenz der ständigen Konfrontationen war, dass sich die Grafen von Anjou bald nach 1100 der Grafschaft Maine bemächtigen konnten, die damit für die Normandie auf immer verlorenging. Der französische König nahm derweil den Vexin im Südosten der Normandie in Besitz.

Der dritte Sohn des Eroberers, Heinrich, mit dem späteren Beinamen Beauclerc (›Schöner Kleriker‹), war angesichts dieses Beinamens offenbar für den geistlichen Beruf vorgesehen und erzogen worden; Wilhelm stattete ihn fürstlich mit Landbesitz sowohl in der Normandie als auch in England aus. Allerdings trat der erst nach der Eroberung Englands geborene Heinrich dann doch nicht in den geistlichen Stand – möglicherweise, weil er durch den Unfall Richards ja in der Erbfolge nachrückte. Stattdessen griff er immer wieder auf unterschiedlichen Seiten in den Konflikt zwischen seinen Brüdern ein. Erst als Robert Curthose 1196 sich an der Spitze eines großen Heers dem 1. Kreuzzug anschloss, kehrte etwas Ruhe in die Normandie ein. Dafür war der Abzug von 1000 Rittern und etlichen tausend Infanteristen in seinem Gefolge sicherlich mitverantwortlich, wozu noch sein Schwager, Graf Stephan-Heinrich von Blois mit 300 Rittern und Graf Robert von Flandern mit 600 Rittern kam, was das militärische Aggressionspotenzial in der Normandie beträchtlich schwächte.

Wilhelm Rufus, der sich am Kreuzzug überhaupt nicht beteiligte und auch sonst an kirchlichen Angelegenheiten wenig Interesse zeigte, war unverheiratet und kinderlos, so dass sich Heinrich berechtigte Hoffnungen auf eine Nachfolge in England und – falls Robert nicht vom Kreuzzug zurückkehren sollte – auch in der Normandie machen konnte. In der Tat starb Wilhelm Rufus im August 1100 bei einem Jagdunfall an einem verirrten Pfeil. Da Robert erst im August 1101 aus dem Heiligen Land zurückkehrte,[207] weil er inzwischen in Italien geheiratet hatte, konnte sich Heinrich der englischen Krone bemächtigen.

Ob man nun den Tod des Königs unter den Zeitgenossen als gerechte Strafe Gottes interpretierte oder ihn den Machenschaften seines jüngeren Bruders Heinrich zuschrieb – es gelang Heinrich schnell, die Anerkennung als König zu erreichen. Bereits drei Tage nach Wilhelms Tod wurde Heinrich am 5. August 1100 zum König gekrönt. Er wird als Heinrich I. von England gezählt, das er bis zu seinem Tod 1135 regieren sollte.

Die ersten Jahre seiner Regierungszeit waren weiterhin von Auseinandersetzungen zwischen ihm und seinem älteren Bruder Robert geprägt, dem er nun ganz offen die Normandie streitig machte, indem er Bündnisse mit König Philipp von Frankreich und Herzog Robert von Flandern schloss. Ab 1104 begann er einen regelrechten Feldzug, um die Normandie wieder mit England zu vereinigen, und konnte in der Schlacht von Tinchebrai 1106 den glücklosen Robert besiegen und gefangennehmen. Der unterlegene Bruder wurde nach England gebracht und verbrachte den Rest seines Lebens – immerhin noch 28 Jahre – in Gefangenschaft, zuerst in der normannischen Motte in Devizes in Wiltshire, dann in der Burg von Cardiff, wo er 1134 starb. In der Kathedrale von Gloucester befindet sich ein Sarkophag mit seinem Gisant, aber ob er wirklich darin begraben liegt, ist unsicher.

Nach dem Tod dieses wohl sehr tapferen, aber glücklosen Kreuzritters war die Normandie unter Heinrich vorerst wieder mit England vereint, aber die politischen Auseinandersetzungen gingen dennoch weiter. Robert Curthose hatte nämlich auf dem Rückweg von Palästina in Italien die reiche Erbin Sibylla von Conversano geheiratet, Tochter des normannischen Grafen Gottfried von Brindisi und Großnichte von Robert Guiscard. Mit ihr bekam er schon bald einen Sohn, Wilhelm Clito (1002–1128), der somit rechtmäßiger Erbe des Herzogtums Normandie war, im Gegensatz zu Roberts diversen unehelichen Kindern. Obwohl Wilhelm Clito die Unterstützung der Grafen von

Flandern hatte, blieben zwei Versuche, von Flandern aus die Normandie zu unterwerfen (1119 und 1125), ohne Erfolg. Da seine Ehe mit einer Erbin von Anjou wegen des Einspruchs von Heinrich annulliert wurde, blieb er auch ohne Nachkommenschaft. Es gelang ihm also ebenso wenig wie seinem Vater, die Normandie unter seine Herrschaft zu bringen.

Allerdings war damit wenigstens ab 1125 Heinrich unangefochten Herrscher über England und die Normandie. Edith (um 1080–1118), die Tochter des schottischen Königs Malcolm, die er spät im Jahre 1100 nach seiner eigenen Krönung geheiratet hatte, schenkte ihm zwei Kinder, nämlich Matilda (1102) und Wilhelm Æthelstan (1103, nicht zu verwechseln mit seinem gleichnamigen Cousin Wilhelm Clito). Allerdings ertrank Wilhelm Æthelstan im November 1120 bei einem Schiffbruch des sogenannten *White Ship* vor Barfleur an der Küste der Normandie, zusammen mit etwa 300 anderen Personen des königlichen Gefolges, einschließlich einer Halbschwester (ebenfalls namens Matilda) und eines Halbbruders namens Richard. Damit hatte Heinrich seinen einzigen legitimen Sohn verloren, was nach dem Tod von Heinrich 1135 zu einer Thronfolgekrise führte.

Heinrichs verbleibende legitime Tochter Matilda hatte nämlich schon 1114 Kaiser Heinrich V. geheiratet, war also bis zu seinem Tod 1125 Kaiserin des römisch-deutschen Kaiserreiches (deswegen wird sie auf Englisch meist als *Empress Maud* bezeichnet). In zweiter Ehe wurde sie bald danach durch ihren Vater Heinrich I. mit Gottfried V., dem Grafen von Anjou verheiratet, um die Südflanke der normannischen Besitzungen durch diesen Bund abzusichern.

Es war ebenfalls der Wille ihres Vaters Heinrich, dass sie 1126 in die Normandie und nach England zurückkehrte, um dort das Erbe ihres Vaters anzutreten.

Freilich wäre eine weibliche Herrscherin zum einen ein Präzedenzfall in der normannischen Erbfolge geworden, zum anderen war Matilda offenbar nicht genügend auf eine mögliche Regentschaft vorbereitet. Beim Tod Heinrichs 1135 nutzte Stephan von Blois die Gunst der Stunde sowie die Abwesenheit Matildas und bemächtigte sich des englischen Throns, obwohl der englische Adel und die Kirche schon 1127 auf Matilda als Thronfolgerin eingeschworen worden waren. Stephans Anspruch leitete sich daraus ab, dass seine Mutter Adele, die Schwester Wilhelms des Eroberers, einen Grafen von Blois geheiratet hatte.

Aus seinem Manöver resultierte ein 18 Jahre dauernder Bürgerkrieg, der im Englischen als *The Anarchy* bezeichnet wird. Während ihr Gatte Gottfried die Normandie zurückeroberte, konnte Matilda nach sehr wechselhaftem Kriegsglück erst 1141 Stephan besiegen und ihn gefangennehmen. Daraufhin wurde sie zur Königin von England proklamiert, aber nie gekrönt. Da ihr besonders in London der Rückhalt fehlte, verließ sie schließlich 1148 England und lebte fortan in der Normandie.

Ihr noch junger Sohn Heinrich, auch als Henry FitzEmpress, ›Sohn der Kaiserin‹ bezeichnet, griff nun zusehends ins Geschehen ein. Er heiratete 1152 die tatkräftige und hochgebildete Eleanor von Aquitanien und wurde nach dem Tod von Stephans ältestem Sohn Eustach von Stephan selbst zu dessen Nachfolger erwählt. Als Heinrich II. (1133–1189) bestieg der fähige und energische Sohn der Kaiserin 1154 nach Stephans Tod den englischen Thron und regierte bis 1189, Zeit seines Lebens bewusst wieder an normannische Traditionen in Leben und Literatur anknüpfend.

Inzwischen wurden die Normannen nicht mehr als Eroberer und Besatzer verstanden, und schon sein Großvater Heinrich I. war von einem englischen Chronisten zu Recht als »rex Normanglorum«[208] bezeichnet worden. In der Tat kann man spätestens unter Heinrich II. von einer gemeinsamen ›anglonormannischen‹ Kultur und Sprache in England sprechen. Seine Ehe mit Eleanor ist geradezu ein Symbol dafür, wie viel Französisches in dieser anglonormannischen Kultur zu finden war.

Als 1155 ein anglonormannischer Verfasser namens Wace für Heinrich II. die Geschichte der Normannen zu schreiben begann, und zwar erstmals in der anglonormannischen Volkssprache, wurde der ferne Vorfahre Heinrichs zum Titelhelden: *Roman de Rou*, ›Roman von Rollo‹, heißt das breit angelegte Werk, das aber nach 16 000 Versen schon mit der Niederlage von Robert Curthose gegen Heinrich I. in Tinchebrai 1106 endet. Wace hatte bereits vor diesem königlichen Auftrag Bekanntheit erlangt durch seinen *Roman de Brut*, ›Roman von Brutus‹, über den fabelhaften Gründervater der Briten, der eigentlich aber eine Übertragung Geoffrey von Monmouth' fabelhafter *Historia Regum Britanniae* (›Geschichte der Könige Britanniens‹) war.

Der König war offenbar des Wartens auf das Ende der Chronik müde und vergab den Auftrag einer volkssprachlichen Geschichte der Normannen erneut, diesmal ebenfalls an einen schon bewährten Romancier, Benoît de St. Maure. Jener lieferte 44 000 Verse ab und schuf damit die umfangreichste und zugleich fantasievollste Geschichte der Normannen in seiner *Chronique des ducs de Normandie* (›Chronik der Herzöge der Normandie‹), die aber trotz des enormen Umfangs auch nicht über die Zeit Heinrichs I. hinausreichte. Erst der normannische Mönch aus Le Bec, Stephan von Rouen, schaffte es 1169, die Geschichte bis zur Kaiserin Matilda und Heinrich II. fortzusetzen, aber sein *Draco normannicus* (›Der normannische Drache‹) war in lateinischen Versen abgefasst und erfüllte sicher ebenfalls nicht des Königs Erwartungen.

Doch damit war immerhin auch in der Historiografie die Brücke von den Herzögen der Normandie des 10. Jahrhunderts bis zum Urenkel Wilhelms des Eroberers, dem seine normannischen Vorfahren verehrenden Heinrich II., als König von England im Hochmittelalter geschlagen. Ein klein wenig Normannenblut floss offenbar noch durch die Adern seines Sohns und Nachfolgers auf dem englischen Thron, Richard Löwenherz.

Normannen als christliche Krieger auf den Kreuzzügen

Der Erste Kreuzzug

So abenteuerlich und unwahrscheinlich die Erfolge der Normannen in Kalabrien und Sizilien auch waren, ihre militärischen Leistungen während des Ersten Kreuzzugs (1096–1099) stellten diese noch in den Schatten, wenn auch nur für eine kurze Zeitspanne und im Wesentlichen dank einer dominanten Person. Am Anfang dieser Geschichte steht Bohemund von Tarent (1054–1111), der ältere, aber nicht erbberechtigte Sohn von Robert Guiscard, den dieser selbst so unglaublich tüchtige Eroberer mit der Normannin Alberada gezeugt hatte. Als nämlich Robert Guiscard die Ehe mit Alberada auflösen ließ, um die für ihn strategisch wichtige zweite Ehe mit der Langobardin Sichilgaita einzugehen, verlor Bohemund seinen Erbanspruch zugunsten von Sichilgaitas Sohn Roger Borsa.

Wie auch immer die rechtliche Lage war, offenbar hatte Robert Guiscard eine Vorliebe für große und starke Frauen. Während wir von der kämpferischen Sichilgaita hören, dass sie an seiner Seite in den Krieg zog, wird man auch für Alberada zumindest auf einen imposanten Körperbau schließen können, gehörte doch Bohemund, der Sohn der beiden, zu den geradezu reckenhaften Normannengestalten seiner Zeit: Schon als Kind soll er so groß gewesen sein, dass sein Vater den eigentlich auf den (recht unnormannischen) Namen Marcus getauften Knaben stattdessen Bohemund rief, nachdem er eine Sage von einem Riesen

Buamundus gehört hatte.[209] Dieser Riese ist wohl der riesenhafte Burnemant/Burnamand aus dem *Rolandslied*, der – viel später – auch im dänischen Epos über den Karls-Ritter *Holger Danske* vorkommt und dort als riesenhafter ägyptischer König beschrieben wird. Die Redaktion B der altnordischen *Karlamagnus saga* erwähnt hingegen, man habe ihn im Norden geradezu als Troll bezeichnet. Ganz abgesehen von diesen namenkundlichen Überlegungen – die uns aber immerhin darauf hinweisen, dass unter der normannischen Kriegerklasse in Kalabrien das altfranzösische *Rolandslied* in einer mündlichen, durch einen fahrenden Spielmann vermittelten Vorform bekannt gewesen sein dürfte, das aber wohl erst nach 1175 niedergeschrieben worden ist – war also Bohemund von auffällig großer und kräftiger Gestalt, was ihm auf dem Kreuzzug noch zugutekommen sollte.

Trotz der Zurücksetzung in der Erbfolge hielt offenbar auch Robert Guiscard große Stücke auf diesen begabten Sohn, der schon als 28-Jähriger auf den unglücklichen Balkanfeldzügen der Jahre 1081/1082 und 1084/1085 das Kommando übernahm, als der Vater nach Apulien zurückkehren musste. Auch Bohemund konnte allerdings diesen Feldzug nicht retten, und als sein Vater 1085 in Kefalonia plötzlich starb, brach er das ganze Unternehmen ab. Nicht zuletzt wollte er die Erbstreitigkeiten mit seinem Halbbruder Roger Borsa weiterverfolgen, die mit der Verzichtserklärung Rogers auf Tarent endeten. Dadurch war Bohemund ab 1085 Fürst von Tarent, wozu auch Oria, Otranto, Brindisi and Gallipoli kamen.

Als Bohemunds Onkel Roger I. 1096 Amalfi (bei Salerno an der italienischen Westküste) angriff, wurde er auf diesem Feldzug von Bohemund unterstützt. Doch noch im selben Jahr schloss Letzterer sich mit einem Kontingent an normannischen Rittern den aus Frankreich eingetroffenen Kriegern des Ersten Kreuzzugs an und ließ Roger allein zurück. Bohemunds Truppe erreichte über das heutige Albanien, Mazedonien und Griechenland im April 1097 als letzte der vier großen Armeen Konstantinopel. Da er aber an den Feldzügen seines Vaters gegen Kaiser Alexios I. Komnenos teilgenommen hatte, misstraute Letzterer dem Normannen noch mehr als den anderen westlichen Fürsten. Zudem trug Bohemund hochgeschraubte Forderungen nach byzantinischen Herrschaftstiteln an Alexios heran – zweifellos auch durch seine Kenntnis des Griechischen dazu befähigt.

Dennoch ließ Alexios die Kreuzritter über den Bosporus nach Kleinasien übersetzen, um sie möglichst von Konstantinopel fernzuhalten. Seine damals 14-jährige Tochter, Anna Komnene, gab aber in ihrer *Alexiade*, einer erst 1148 verfassten historisch-biografischen Schrift über die Lebenszeit ihres Vaters Alexios (reg. 1081–1118), eine geradezu euphorische Beschreibung von Bohemund, der ihr fünf Jahrzehnte vor der Niederschrift offenbar sehr imponiert hatte:

> Der Mann war so beschaffen, daß man, um es kurz zu sagen, niemanden seinesgleichen im Reich der Romäer gesehen hat, weder Griechen noch Barbaren; denn sein Anblick rief bewunderndes Staunen, die Nennung seines Namens Schrecken hervor. Um nun die äußere Erscheinung des Barbaren im einzelnen kurz zu beschreiben, so war er folgendermaßen beschaffen: Er war von

so hoher Statur, daß er die größten Männer um fast eine Elle überragte, um den Bauch und die Hüften war er schlank, er hatte breite Schultern und eine mächtige Brust, seine Arme waren stark, und in seiner ganzen Statur war er weder mager noch beleibt, sondern vollendet proportioniert und entsprach sozusagen dem Kanon des Polyklet; er hatte kräftige Hände und stand fest auf seinen Füßen, sein Nacken und seine Rückenpartie waren kraftvoll gebaut. Wenn man ihn genauer betrachtete, schien er leicht gebeugt zu sein, nicht wegen einer erworbenen Schwäche seiner Rückenwirbel, sondern er hatte, wie es scheint, diese leichte Krümmung von Geburt an. Seine Haut war am Körper sehr weiß, im Gesicht war sie weiß und rot gemischt. Sein Haar war mittelblond, aber es hing ihm nicht bis auf die Schulterblätter herab wie bei den übrigen Barbaren; dieser Mann hatte keine besondere Vorliebe für lange Haare, sondern trug sie kurzgeschnitten bis zu den Ohren. Ob sein Bart rot war oder eine andere Farbe hatte, kann ich nicht genau sagen; denn über diesen war das Schermesser gekommen, und zwar sorgfältiger als jeder Ätzkalk. Es scheint aber, daß auch sein Bart rotblond war. Seine Augen waren blau und drückten zugleich Mut und würdevollen Ernst aus. [...] Dieser Mann hatte auch etwas Gewinnendes an sich, es wurde jedoch durch das Furchteinflößende, das ihm in jeder Beziehung anhaftete, fast ganz wieder zunichte gemacht. Denn dieser Mensch wirkte in seiner gesamten äußeren Erscheinung durchaus grausam und wild; das rührte von seiner Größe und von seinem Blick her, und auch sein Lachen, glaube ich, klang für die anderen wie ein ärgerliches Schnauben. An Seele und

Körper war er so beschaffen, daß bei ihm sowohl der Zorn als auch das Liebesverlangen eine Rüstung trugen und auf Kampf aus waren. In seinem Denken war er überaus wendig, voller Schläue und um eine Ausflucht nie verlegen. Seine Äußerungen im Gespräch waren nämlich sehr genau berechnet, und die Antworten, die er gab, waren glatt auf allen Seiten.[210]

Während des Aufenthalts in und um Byzanz schloss der Normanne auch Verträge mit Kaiser Alexios, in denen es Letzterem in erster Linie um die Wiedereingliederung der von den Kreuzfahrern zu erobernden Gebiete im Osten in das byzantinische Reich in seinen Grenzen von 1070 ging. Das byzantinische Reich hatte sich damals im äußersten Nordosten bis fast an die Grenzen des heutigen Georgien, Armenien und Iran erstreckt, im Südosten umfasste es noch den nordwestlichsten Teil des heutigen Syrien und den ganzen Küstenstreifen im Libanon und in Palästina. Allerdings hatten in den drei Jahrzehnten seither die Seldschuken und mit ihnen der Islam von Südosten her immer größere Gebiete erobert und waren bis an den Bosporus vorgedrungen. Damit standen muslimische Angreifer bereits vor den Toren Europas, und es war zweifellos eines der wichtigsten Anliegen des Kreuzzugs, diesen Vormarsch des Islam zu stoppen, auch wenn das Fernziel Jerusalem für viele der Teilnehmer populärer geklungen haben mag.

Bohemunds Truppe, die er mit seinem Neffen Tankred anführte, bestand aus Rittern und Fußsoldaten aus Apulien, Kalabrien und Sizilien sowie sicher auch italienischen Langobarden. Sie war nicht das einzige normannische Kontingent unter den Kreuzrittern, denn Herzog Robert II.

Curthose von der Normandie führte seine eigene Armee aus Normannen, Bretonen und Engländern an. Diese beiden Truppenteile bestanden also vorwiegend aus katholischen, aber nur teilweise germanischsprachigen West- und Südeuropäern, denen das Französische und Italienische als *lingua franca* dienten.

Als die Kreuzfahrer im April von Byzanz nach Osten zogen, um zunächst das nahe gelegene Nicäa (heute İznik) zu erobern, war ihnen die Tragweite der abgeschlossenen Vereinbarungen wohl gar nicht bewusst: Den Verträgen zufolge war Alexios zwar die Errichtung von lateinischen (d.h. europäisch-katholischen) Herrschaftsgebieten östlich des byzantinischen Reichs als mögliche Pufferstaaten wohl durchaus recht, eine europäische Annexion von Gebieten innerhalb der ehemaligen Grenzen seines Reichs hatte er aber ausgeschlossen. Diese Gebiete waren an die Byzantiner zurückzuerstatten.

So ergab sich schon bei der Belagerung und Eroberung von Nicäa das erste Konfliktpotenzial, denn dass die Stadt sich nach fünfwöchiger Belagerung (von 14. Mai bis 19. Juni 1097) den Kreuzfahrern ergab, wobei sich Bohemund durch die Organisation des Nachschubs hervorgetan hatte, war nur der Hilfe der Byzantiner zu verdanken. Letztere hatten Schiffe und Truppen geliefert, um die Stadt auch vom See her einzuschließen. Den Verträgen entsprechend verboten sie nun den Kreuzfahrern, die Stadt zu plündern, und auch die Geschenke und Versorgung, welche Alexios den europäischen Rittern als Ersatz dafür anbot, konnten den Ärger der Kreuzritter nicht besänftigen.

Der normannische Armeeteil unter Bohemund, seinem Neffen Tankred von Hauteville (1072–1112) und Herzog Robert II. von der Normandie, der sich nach der Einnahme von Nicäa aus logistischen Gründen von der Hauptarmee getrennt hatte, marschierte schneller als die Hauptstreitmacht, was ihm fast zum Verhängnis geworden wäre, da die Normannen vom seldschukischen Sultan Arslan I. mit einer überlegenen Armee angegriffen wurden. In der Schlacht von Doryläum konnten sie nur noch knapp von der französischen Hauptstreitmacht gerettet werden. In dieser für beide Seiten verlustreichen Schlacht am 1. Juli 1097 hatte sich Bohemund erneut als Stratege hervorgetan, indem er das Lager mit den Klerikern, Frauen und Kindern durch einen Ring von Infanteristen schützen ließ, während er und seine schwer gepanzerten Ritter den äußeren Ring bildeten. Durch das rechtzeitige Eintreffen der zweiten Heeresgruppe konnte aber Sultan Arslan in offener Feldschlacht besiegt und in die Flucht geschlagen werden, während sein Lager und sein Schatz in die Hände der Kreuzfahrer fielen. Der Schlachtruf *Hodie omnes divite, si Deo placet, effecti eritis* (›Heute, wenn es Gott gefällt, werdet ihr alle reich sein‹) hatte sich in diesem Fall also erfüllt.

Nach einem entbehrungsreichen, aber ohne größere Schlachten verlaufenden Marsch durch Südanatolien erreichten die Kreuzfahrer das armenische Königtum Kilikien im Südosten Kleinasiens. Dort nahmen aber die Spannungen zwischen den Anführern derart zu, dass Balduin von Boulogne mit seinem Truppenteil das Kreuzfahrerheer verließ und direkt nach Osten Richtung Edessa (der heutigen türkischen Provinzhauptstadt Şanlıurfa) weiterzog, wo er in der Folge 1098 die Grafschaft Edessa als ersten der nun entstehenden Kreuzfahrerstaaten errichtete. Ihre Gründung stellte aber auch den ersten Bruch der Verträge mit

Alexios dar, denn Edessa lag auf ehemals byzantinischem Territorium.

Der Großteil des Kreuzfahrerheeres, das beim Aufbruch von Byzanz noch aus etwa 30 000 Mann Infanterie, etwa 4500 gepanzerten Reitern und einem nicht unerheblichen Tross bestanden hatte, erreichte im Oktober endlich Antiochien am Orontes (heute Antakya unweit der türkisch-syrischen Grenze, 100 Kilometer westlich von Aleppo). Die Größe dieser riesigen Stadt stellte eine logistische Herausforderung dar, weil das Kreuzfahrerheer einfach nicht zahlreich genug war, um sie effizient zu belagern.

Antiochien war damals eine der bedeutendsten Städte des Nahen Ostens. Sie zählte zu den wichtigen Stätten des frühen Christentums und hatte in römischer Zeit bis zu einer halben Million Einwohner gehabt. An der Grenze zwischen den byzantinischen und umajjadischen Einflusssphären war die Stadt immer wieder Ziel von Eroberungen beider Seiten gewesen. Seit der Errichtung der byzantinischen Stadtmauer im frühen 11. Jahrhundert zählte die Befestigung angeblich 400 Türme, sie stellte folglich für die nach dem Abzug von Balduin kaum mehr als 20 000 Mann zählende Kreuzfahrerarmee ein fast unüberwindliches Hindernis dar.

Da die Kreuzfahrer einen offenen Angriff für aussichtslos hielten, begannen sie mit der Belagerung der Stadt, die vom 21. Oktober 1097 bis zum 2. Juni 1098 dauern sollte. Anfangs konnten die Kreuzfahrer nicht einmal den Belagerungsring völlig schließen und litten zudem bald unter Versorgungsschwierigkeiten, auch wenn Mitte November eine genuesische Flotte mit Verstärkungen und Nachschub im kleinen Hafen St. Simeon an der Mündung des Orontes anlegte. Gegen Ende November traf auch Tankred von Hauteville ein, der sich vorerst mit einem Kontingent von 100 Rittern und 300 Bogenschützen aus Bohemunds Gefolge Balduins kilikischem Feldzug angeschlossen hatte,[211] aber nun wieder zur Hauptmacht stieß, so dass mit größerer Mannschaftsstärke die weitläufigen Stadtmauern Antiochiens endlich völlig eingeschlossen werden konnten. Ein im Südwesten der Stadt errichtetes Kastell unterstand Tankreds Führung und wurde deswegen auch Tankreds Turm genannt. Eine Expedition Bohemunds, um Nahrungsmittel zu beschaffen, war nur sehr beschränkt erfolgreich, weil man auf eine türkische Armee stieß und sich schnellstens zur Stadt zurückziehen musste.

Es kam im Winter nicht zuletzt aufgrund des ungewöhnlich kalten und nassen Wetters zu akutem Nahrungsmittelmangel unter den Kreuzfahrern, viele Pferde verendeten und wurden verspeist – am Ende verblieben den Kreuzrittern nur mehr 700 Reittiere. Ob die von den Chronisten erwähnten Fälle von Kannibalismus wirklich schon damals vorkamen, sei dahingestellt, aber jedenfalls besserte sich die Lage erst im Frühjahr. Am 4. März brachte zudem eine Flotte aus Byzanz, die der dort im Exil lebende Edgar Ætheling organisiert hatte, Bauholz für Belagerungsmaschinen, so dass nun mit dem Beschuss der Stadt begonnen werden konnte.

Während der acht Monate dauernden Belagerung der Stadt mussten die Kreuzfahrer auch zwei Entsatzarmeen der seldschukischen Herrscher von Syrien besiegen, und der Mangel an Pferden wurde dabei vor allem für die normannische Reiterei immer problematischer. Dennoch gelang es Bohemund im Juni 1098 schließlich durch die Bestechung eines in Antiochien lebenden Armeniers, Einlass in die Stadt zu erhalten, nachdem er sich von den anderen Anführern hatte zusagen lassen, dass der Eroberer der Stadt diese auch behalten dürfe. Auch das war ein eklatanter Bruch der Verträge mit Kaiser Alexios, denn Antiochien hatte ebenfalls zum byzantinischen Reich gehört.

Mit 60 seiner Ritter drang Bohemund in der Nacht auf den 3. Juni über eine herabgelassene Strickleiter in die Stadt ein und konnte die nächsten Tore öffnen. Antiochien fiel in dieser Nacht bis auf die Zitadelle komplett an die Kreuzfahrer. Ordericus Vitalis[212] überliefert den Schlachtruf der Normannen (das sogenannte *signum Normannorum*) als »Deus adiuua!«, wohl auch französisch als »Dieux aide!« (›Helf Gott!‹) verwendet, während sonst der Ruf der ersten Kreuzfahrer das berüchtigte »Deus vult!«, frz. »Dieu li volt!« (›Gott will es!‹) war.[213] Wenig später, bei der Schlacht von Ramleh 1105, ist unter König Balduin übrigens der Schlachtruf »Christus vincit, Christus regnat, Christus imperat« verbürgt (›Christus siegt, Christus herrscht, Christus befiehlt‹),[214] den die Normannen vielleicht von den Armeniern 1097 bei der Schlacht von Adana übernommen hatten.[215] Diese aus Exorzismusformeln zur Vertreibung von Dämonen stammende Beschwörung ist auch auf der Parierstange des Reichsschwerts (das aber erst 1198 gefertigt wurde) eingraviert und sollte wohl sowohl gegen das Dämonische als auch gegen die Heiden wirken.

Schon zwei Tage nach der Eroberung von Antiochien, am 5. Juni, traf ein türkisches Entsatzheer unter der Führung von Kerboga ein, dem Atabeg von Mossul, das nun seinerseits die Stadt zu belagern begann. Zwar war Kaiser Alexios mit einer byzantinischen Entsatzarmee ebenfalls

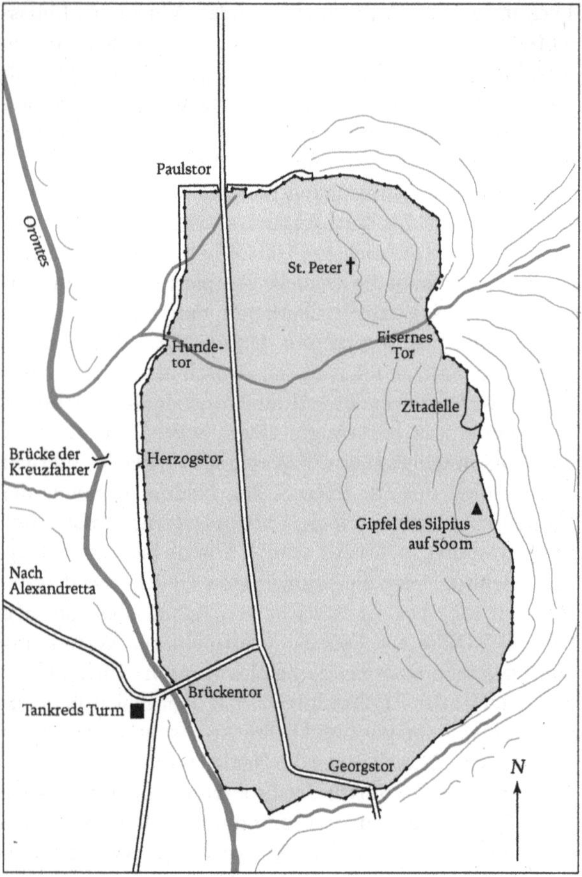

Antiochien zur Zeit des Ersten Kreuzzugs

unterwegs nach Antiochien gewesen, aber einige Deserteure aus dem Kreuzfahrerheer, die noch vor der Eroberung der Stadt aus Verzweiflung über die ihrer Ansicht nach aussichtslose Verteidigung und noch vor der Großen Schlacht geflohen waren, überzeugten ihn von der Hoffnungslosigkeit der Lage. Er kehrte deshalb mit seiner Armee um, in der Annahme, das Kreuzfahrerheer sei längst vernichtet.

Die Belagerung der Stadt durch Kerboga brachte die Kreuzfahrer in der nach der langen Belagerung ebenfalls völlig ausgezehrten Stadt in eine beinahe aussichtslose Situation, zumal die Zitadelle noch immer in der Hand der Seldschuken war. In dieser verzweifelten Lage behauptete der Mönch Peter Bartholomäus, dass er eine Vision des Apostels Andreas gehabt habe, der ihm zu verstehen gegeben habe, dass sich die Heilige Lanze in der Stadt befinde. Man begann in der Kathedrale St. Peter zu graben, wo Peter am 15. Juni tatsächlich die Lanze gefunden haben soll. Trotz der berechtigten Skepsis vieler Anführer wurde dies als Zeichen göttlichen Eingreifens gewertet, zumal am Vortag auch noch ein Meteor über Kerbogas Lager niedergegangen war, was zweifellos ein schlechtes Zeichen für diesen war.

Im Zuge der allgemeinen Begeisterung über die für die Kreuzfahrer guten Omen wagte daher Bohemund mit den verbliebenen Rittern unter Deckung der Infanterie einen Ausfall und besiegte die zerstrittene muslimische Belagerungsarmee in der ›Großen Schlacht von Antiochien‹, in der Raimund von Aguilers die Heilige Lanze vorantrug. Ob nun die Lanze, das angebliche Eingreifen von himmlischen Heerscharen unter der Führung der Heiligen Georg, Mercurius und Demetrius,[216] oder doch eher die panikartige

Flucht türkischer Truppenteile diesen unwahrscheinlichen Sieg der Kreuzfahrer ermöglichte, jedenfalls fiel ganz Antiochien in die Hand der Kreuzritter. Die Besatzung der Zitadelle ergab sich endlich.

Aufgrund seiner Rolle bei der Einnahme Antiochiens und dieses Sieges reklamierte Bohemund Antiochien für sich allein, und trotz des Widerstands der anderen Anführer konnte er sich durchsetzen. Besonders Graf Raimund von St. Gilles, der als der Anführer des gesamten Kreuzzuges galt, drang auf Einhaltung der Verträge mit Alexios, ebenso der päpstliche Legat, Adhemar von Le Puy. Letzterer starb aber noch im Juni am Typhus, der in der Armee grassierte, und Bohemund argumentierte nicht nur mit seiner Rolle bei der Eroberung, sondern führte ein weiteres Argument ins Feld: Alexios habe durch seine Umkehr mit dem Entsatzheer alle Ansprüche auf Einhaltung der Lehenseide verloren. Außerdem hatte inzwischen ja auch Balduin sich Edessa angeeignet, ein für Bohemund sicherlich sehr nützlicher Präzedenzfall.

Bohemunds ›normannische Schläue‹, die es durchaus mit den Winkelzügen der Byzantiner und ihren Geheimverhandlungen mit den Seldschuken bei der Kapitulation von Nicäa aufnehmen konnte, zeigt sich deutlich in den diversen Anekdoten,[217] die über ihn von den verschiedenen Chronisten überliefert wurden (noch dazu werden die Berichte mit zunehmendem zeitlichem Abstand zu den Ereignissen immer drastischer). So erzählen die *Passages d'outremer*, eine französische, erst nach 1472 entstandene Geschichte aller Kreuzzüge, dass Bohemund gefangene Türken aufschlitze und brate und das Gerücht verbreite, die Kreuzfahrer würden die Türken verspeisen. Damit wollte er die mohammedanischen Spione, die man im Lager vermutete, abschrecken und zur Flucht veranlassen.[218]

Dass allerdings der Kannibalismus der Kreuzfahrer nicht ganz aus der Luft gegriffen war, bezeugt eine Geschichte in den *Gesta Tancredi* des Radulph von Caen (Radulphus Cadomensis), der von der Belagerung von Marrat (heute Maarat an-Numan im nordwestlichen Syrien, etwa 100 Kilometer südlich von Antiochien) durch Tankred im Januar 1099 erzählt: »die Unsrigen kochten die erwachsenen Heiden in Kesseln, steckten die Kinder auf Spieße und aßen sie geröstet«[219]. Angesichts dieser für die Muslime entsetzlichen Vorstellung strebten zahlreiche Kommandanten von Städten lieber vertragliche Abmachungen an.[220] Immerhin war Radulph von Caen ab 1106 Kaplan von Bohemund und ging nach Bohemunds Tod 1111 als Kaplan Tankreds nach Antiochien. Er dürfte also viele Anekdoten direkt aus dem Munde seiner beiden Dienstherren erfahren haben.[221]

Bohemunds Fürstentum Antiochien

Bohemund blieb also in Antiochien zurück und festigte dort allen Widerständen zum Trotz sein normannisches Herzogtum Antiochien als zweiten der Kreuzfahrerstaaten. Er gelobte allerdings, zu späterem Zeitpunkt gemeinsam mit Balduin von Edessa die Pilgerfahrt nach Jerusalem nachzuholen – das sollte er erst zu Weihnachten 1099 einlösen. Auf Druck der frömmeren Kreuzfahrer, allen voran der Graf von Toulouse, Raimund von St. Gilles, brach das Kreuzfahrerheer im Januar 1099 endlich Richtung Jerusalem auf und konnte die Stadt tatsächlich am 15. Juli 1099 erobern, obwohl es offenbar nur mehr 1000 Ritter und etwa 5000 Infanteristen umfasste. Tankred gehörte mit zu den ersten, die die Mauern Jerusalems erstürmten.

Vier Wochen später traf die befürchtete Entsatzarmee der Fatimiden aus Ägypten ein, aber auch dieses Heer konnten die Kreuzfahrer in der Schlacht von Askalon am 12. August besiegen. Held dieser Schlacht war Robert Curthose, Herzog der Normandie, der in einem direkten Angriff den Bannerträger des ägyptischen Wesirs tödlich verwundete und damit die feindlichen Linien ins Wanken brachte.[222] Obwohl Gottfried von Boulogne es versäumte, sich der Stadt Askalon zu bemächtigen, war damit zunächst die Gefahr eines fatimidischen Gegenschlags gegen die Eroberer Jerusalems abgewehrt.

Nachdem nun also das eigentliche Ziel des Kreuzzugs, die Rückgewinnung Jerusalems von der muslimischen Herrschaft, erreicht und Gottfried von Boulogne als christlicher König von Jerusalem installiert war, kehrten die meisten der Kreuzfahrer wieder in ihre Heimat zurück. Auch Herzog Robert von der Normandie brach zusammen mit Robert von Flandern sowie einem Gutteil seines Gefolges im September oder Oktober wieder in die Heimat auf, zuerst nach Konstantinopel, dann nach Apulien. Dort überwinterte Robert und hielt um die Hand von Sibylla, Großnichte von Robert Guiscard, an, die er auch zur Frau bekam.

Einige der Chronisten (Wilhelm von Tyrus und Albert von Aachen, nicht aber Fulcher von Chartres) behaupten sogar, dass diese Rückkehrer über 20 000 Mann gewesen sein sollen. Demnach wären am 1. Oktober 1099 nur mehr 300 Ritter und 300 Infanteristen im Heiligen Land verblieben, um Jerusalem, Jaffa, Ramla und Haifa zu verteidigen. All diese Zahlen sind sicherlich über- bzw. untertrieben, aber sie zeigen doch, wie der Kaplan die Sicherheitslage nach Abzug des Kreuzfahrerheeres einschätzte. Radulph von Caen gibt die Zahl der in Jerusalem verbleibenden Ritter gar nur mit 200 an.[223]

Trotzdem war der normannische Anteil an den verbliebenen Kreuzrittern noch immer hoch, denn neben denen in Jerusalem, Edessa und Antiochien hielten sich noch andere Truppenkontingente im Nahen Osten auf. Dazu zählte die Gefolgschaft des offenbar unermüdlichen Tankred von Hauteville, der jetzt erst richtig begann, für sich selbst eine Herrschaft in Palästina zu erobern. Er besaß im Übrigen auch noch andere als militärische Talente, denn er konnte sich mit seinem Verwandten Richard von Capua sogar auf Arabisch unterhalten.[224]

Tankred hatte seinen Onkel Bohemund in Antiochien zurückgelassen und war mit dem Grafen Raimund von St. Gilles nach Jerusalem marschiert. Dabei dürfte er einen beträchtlichen Teil von Bohemunds italienischen Normannen angeführt haben, die vom Chronisten Radulph von Caen, selbst ja ein Gefolgsmann Tankreds, als »Wiscardides«[225] bezeichnet wurden, also Gefolgsleute oder gar Verwandte von Bohemunds Vater Robert Guiscard. Nach dem Fall von Jerusalem trennte Tankred sich jedoch von seinem Mitstreiter Gottfried von Boulogne – sie hatten Seite an Seite bei der Eroberung Jerusalems gekämpft – und zog nach Norden, unterwarf die Stadt Bethsan und bekam schließlich von Gottfried den Befehl über Tiberias (oder wenigstens dessen Kastell) übertragen. Darum trug er später den Namen Tankred von Tiberias. Allerdings hatte er

Schwierigkeiten, sich im Gebiet östlich des Sees Genezareth durchzusetzen, wozu er die militärische Unterstützung Gottfrieds benötigte. Weiterhin bekam er von Gottfried Haifa als Lehen dazu, das zu diesem Zeitpunkt allerdings noch gar nicht von den Christen erobert war. Tankred sollte das wohl als Aufforderung zur Eroberung Haifas verstehen.

Bohemund selbst hatte 1100 gemeinsam mit Richard von Capua das Unglück, bei einem Hinterhalt in die Hände der turkmenischen Danischmenden zu fallen, und Malik-Ghazi hielt ihn drei Jahre lang in Niksar in Ostanatolien gefangen. Während dieser Zeit verteidigte sein Neffe Tankred Antiochien und baute die Verteidigung aus; sogar Gebietsgewinne konnte er verzeichnen. Laut Ordericus Vitalis[226] bot der oströmische Kaiser Alexios dem Danischmenden angeblich enorme Geldsummen, allerdings nicht als Lösegeld wie für Richard, den er freikaufen wollte, sondern um seinen alten Rivalen Bohemund für immer in Byzanz festzusetzen.

Erst nach drei Jahren der Gefangenschaft kam 1103 Bohemund dank der Rivalität zwischen Malik-Ghazi und seinem Bruder frei, wobei ihn der loyale Tankred eskortierte, der inzwischen alle Angebote der Herrschaft über Antiochien abgelehnt hatte. Die bei Ordericus breit ausgeführte Geschichte, es habe sich die muslimische Tochter des Danischmenden in Bohemund verliebt, sich dem Christentum zugewandt und Bohemund befreit, gehört zu den Legenden einer schon deutlich älteren literarischen Tradition, die im Nahen Osten unter Kreuzfahrern kursierten.

Im Jahr darauf reiste Bohemund nach Westen, zuerst nach Süditalien, wo er als Held des Kreuzzugs gefeiert wurde, dann nach Frankreich, um Unterstützung für einen neuen Kreuzzug zu finden. Dieser sollte sich aber gegen Byzanz wenden, da er seinem Erzfeind Alexios nicht nur den ›Verrat‹ bei der Schlacht um Antiochien vorwarf, sondern wohl schon seit seinen frühesten Balkanfeldzügen der 1080er Jahre mit seinem Vater Robert Guiscard prinzipiell das oströmische Reich zugunsten der Normannenstaaten in Süditalien und nunmehr auch Antiochien schwächen wollte.

Wie sehr er die Byzantiner fürchtete, zeigt eine von Anna Komnene überlieferte Anekdote, die sie als Beleg für Bohemunds Listigkeit anführt. Bohemund habe sich auf der Überfahrt von Antiochien nach Italien einen Sarg mit versteckten Luftlöchern machen lassen, um durch die Vorspiegelung des eigenen Todes etwaige byzantinische Spione zu täuschen. Dazu habe er sogar einen toten Hahn in den Sarg gelegt, um einen echten Verwesungsgeruch zu erzeugen.[227]

In seinem Gefolge befanden sich weitere Kreuzritter, so etwa der Deutsche Friedrich von Zimmern, der aber 1109 wieder ins Heilige Land zurückkehrte. Von Italien aus bereiste Bohemund 1105 bis 1107 auch Frankreich, um seinen Kreuzzugsaufruf zu verbreiten. Dabei besuchte er in Aquitanien auch den Schrein des Heiligen Leonhard in St-Léonard-le-Noblac bei Limoges, des Fürsprechers der Gefangenen. Bohemunds Ruf als Held des Kreuzzugs eilte ihm dabei wie schon in Italien voraus. Dort dürfte auch Ordericus Vitalis seine Informationen über Bohemund gesammelt haben, und er legte dessen Vater Robert Guiscard in einer (fingierten) Rede auf dem Totenbett den Vergleich Bohemunds mit den Helden der Franken und Griechen, Roland und Achilles in den Mund.[228]

Im Frühling des Jahres 1106 heiratete Bohemund in Chartres als über 50-Jähriger Konstanze von Frankreich, die Tochter des Königs Philipp I., deren Ehe mit Hugo von Champagne 1104 kinderlos aufgelöst worden war. Über diese Hochzeit (wohl am 20. Mai 1106)[229], schrieb Abt Suger von St. Denis:

> Zu dieser Zeit geschah es, dass der berühmte Prinz von Antiochien, Bohemund, Frankreich besuchte. [...] Bohemund kam nach Frankreich, um mit all den ihm zur Verfügung stehenden Mitteln um die Hand von Konstanze, Herrn Ludwigs Schwester, anzuhalten, eine junge Dame von vornehmer Herkunft, eleganter Erscheinung und schönen Angesichts. So groß war der Ruf der Tapferkeit Frankreichs, dass die Sarazenen sich vor dem Plan dieser Hochzeit erschreckten. Die Herrin war frei, seit sie die Verbindung mit Hugo, Graf von Troyes, abgebrochen hatte, und wollte keine andere unpassende Verbindung eingehen. Der Prinz von Antiochien war erfahren und reich an Geschenken wie auch an Versprechungen; er verdiente diese Ehe, welche mit großer Feierlichkeit durch den Bischof von Chartres vollzogen wurde, im Beisein unseres Herrn, des Königs Ludwig, und vieler Erzbischöfe, Bischöfe und Edler des Reiches.[230]

Für Bohemund stand dabei sicher nicht nur die Schönheit der 28-jährigen Konstanze im Vordergrund, sondern er setzte zweifellos auf die Hilfe ihres Bruders Ludwig VI. von Frankreich in seinem Kampf gegen Byzanz – eine Hoffnung, die sich nicht erfüllen sollte. Dieser Ehe entsprangen zwei Söhne, sein Erbe und Nachfolger Bohemund II. und der noch als Kind in Apulien verstorbene Johannes.

Die französische Hilfe traf zwar ein, wie Suger etwas zu optimistisch formuliert, allerdings offenbar nur in Form einzelner Teilnehmer und nicht des gewünschten königlichen französischen Heers. Bohemund brach also als alleiniger Heerführer von Süditalien aus mit einer angeblich 34 000 Mann starken Armee zum Feldzug gegen Alexios auf. Nach der Überquerung der Adria griff er die byzantinischen Besitzungen in Dalmatien an, aber wie in seiner Jugend scheiterte er an Dyrrhachion (Durazzo). Diesmal lag das vor allem an einer Seuche in seinem Heer, aber nicht zuletzt auch daran, dass ihm die Venetianer als Verbündete des oströmischen Reichs in den Rücken fielen. Im Vertrag von Devol (im heutigen Albanien) aus dem Jahr 1108, den Anna Komnene ausführlich und wörtlich überliefert (wohl anhand der Unterlagen ihres Mannes Nikephoros Bryennios, der ihn mit ausgehandelt hatte)[231], musste er erniedrigende Bedingungen annehmen: Vor allem musste er sich damit abfinden, Antiochien nur noch als reiner Vasall von Kaiser Alexios zu halten, sowie die Ernennung eines byzantinischen Patriarchen für Antiochien dulden. Als durch diese Niederlage offenbar gebrochener Mann kehrte Bohemund nie wieder nach Antiochien oder überhaupt in den Nahen Osten zurück. Er starb 1111 und wurde in Canosa in Apulien begraben.

Inzwischen verwaltete Tankred als Nachfolger Bohemunds das Fürstentum Antiochien, fiel aber 1112, woraufhin Roger von Salerno, der Sohn Richards von Capua, die Regentschaft für den erst vierjährigen Bohemund II. übernahm. Er ließ im Süden des Herrschaftsbereichs, der nun an den neuen Kreuzfahrerstaat von Tripolis grenzte, ab 1116 die mächtige Kreuzfahrerburg Margat (*Qalaat al-Marqab*) nahe der syrischen Mittelmeerküste zur zweitgrößten Verteidigungsanlage der Kreuzfahrerstaaten (nach dem Krak des Chevaliers) ausbauen. Von 1186 bis 1285 hielten darin sogar noch die Ritter des Johanniterstaates dem Druck der Mameluken stand. Roger selbst fiel 1119 in der für die Kreuzfahrer so verheerenden Schlacht von Darb Sarmada, bei der Rogers Armee aus 700 Rittern und 3000 Infanteristen fast vollständig aufgerieben wurde, so dass Sarmada als *Ager sanguinis* (›Blutfeld‹) in die Geschichte einging.

Nach Roger übernahm nun Balduin von Boulogne, Fürst von Edessa sowie inzwischen König von Jerusalem als Nachfolger seines Bruders Gottfried, von 1119 bis 1126 die Regentschaft über Antiochien, ohne aber den Herrschaftsanspruch des jüngeren Bohemund anzuzweifeln. Dabei hätte nach dem Vertrag von Devol Antiochien nach dem Tod Bohemunds I. eigentlich an Byzanz zurückfallen sollen – aber einmal mehr ignorierten die Kreuzfahrerstaaten die Verträge mit den Byzantinern. Erst 1126 kam der mit 16 Jahren volljährig gewordene Bohemund II. aus Italien in sein Fürstentum und wurde von Balduin förmlich eingesetzt. Offensichtlich vom gleichen Charakter wie sein Vater, griff er sofort muslimische Gegner an seinen Grenzen an, verstrickte sich aber auch in einen komplexen Konflikt mit Joscelin von Courtenay, dem Grafen von Edessa. Bohemund II. fiel schon 1131 auf einem Feldzug gegen die Danischmenden in Kilikien. Sein Kopf wurde einbalsamiert dem abbasidischen Kalifen al-Mustarschid in Bagdad übersandt.

Der nun gefallene, erst 22-jährige jüngere Bohemund hatte aber bereits eine Tochter mit seiner Frau Alice gezeugt – Letztere wiederum war niemand Geringerer als die Tochter König Balduins von Jerusalem, und diese Tochter Konstanze von Antiochien (1127–1163) war zumindest vorläufig nominell Herrscherin von Antiochien, obwohl König Balduin die Regentschaft für sie ausübte und nach seinem Tod sein Nachfolger Fulko V. von Anjou. Trotz ständig neuer Versuche von Alice, selbst Herrscherin von Antiochien zu werden, verblieb die Metropole unter vielfach wechselnden Regentschaften zuerst im Besitz ihrer Tochter Konstanze und dann deren Sohnes Bohemund III. (1144–1201). Noch dessen Sohn Bohemund IV. hielt die Herrschaft in Antiochien bis 1233. Es folgten die Herrschaft von Bohemund V. (geb. um 1200) bis 1252 und die von Bohemund VI. (geb. 1237) bis 1275. Allerdings war Bohemund VII. (1261–1287) nach der Eroberung Antiochiens durch die Mameluken unter Sultan Baibar I. 1268 lediglich noch Titularherrscher des letzten großen Kreuzfahrerstaates.

Somit sind die letzten Nachfahren der Hautevilles noch im 13. Jahrhundert als Herrscher im Nahen Osten greifbar, und die Handschrift der Normannen ist im mittelalterlichen Reich Outremer (von altfrz. *outre mer*, ›jenseits des Meeres‹, auch einfach ›Übersee‹) während der ganzen Dauer seiner Existenz vom Ersten Kreuzzug bis zu seinem Untergang am Ende des 13. Jahrhunderts mit dem Fall der Grafschaft Tripolis 1289 deutlich auszumachen: Durch Bohemund und seine Nachkommen im Fürstentum Antiochien, durch Tankred in der Grafschaft Tripolis und durch verschiedenste Ehe- und Verwandtschaftsbeziehungen der Hautevilles mit den Herrschern dort auch im schon 1187 wieder verlorenen Königreich Jerusalem.

Trotz der relativen Kurzlebigkeit des lateinisch dominierten Outremer hatten die Normannen mit dem Fürstentum Antiochien für fast 200 Jahre ein zusammenhängendes Gebiet im Nahen Osten unter ihre Herrschaft gebracht. Zwar umspannte das Fürstentum, das im Norden in Kilikien bis ins heutige Ostanatolien, im Osten an die Grafschaft Edessa und im Süden direkt an die Grafschaft Tripolis reichte, die wiederum wieder an das lateinische Königreich Jerusalem angrenzte, nur etwa 150 Kilometer Küstenlinie und reichte etwa 100 Kilometer ins Binnenland hinein. Aber das normannische Gebiet bildete dennoch für knapp zwei Jahrhunderte einen Brückenkopf des abendländischen Christentums in der Levante. Die Großstadt Antiochien, meist nur im Zusammenhang mit der Belagerung erwähnt, hatte dabei nicht nur eine militärische, sondern auch eine enorme wirtschaftliche Bedeutung als Zentrum von Handel und Gewerbe.

Normannische Kreuzfahrer

Die Normannen, die am Ersten Kreuzzug teilnahmen, taten dies aus sehr unterschiedlichen Gründen: Robert II. Curthose, Herzog der Normandie, der ungeliebte Sohn Wilhelms des Eroberers, war wohl wie die beiden großen französischen Anführer Gottfried von Boulogne und Raimund von St. Gilles, Graf von Toulouse, tatsächlich vom Verlangen getrieben, Jerusalem aus der Hand der Ungläubigen zu befreien, denn nach Erlangung dieses Ziels kehrte er in seine Heimat zurück. Ihn mögen auch die Sorge um seine verpfändeten Besitzungen nach Hause gezogen haben, während andere Normannen aus der Normandie sich im Heiligen Land niederließen.

Im Gegensatz dazu waren die Normannen aus Süditalien und Sizilien es durchaus gewohnt, Seite an Seite mit Muslimen zu leben, mitunter gegen sie zu kämpfen, aber auch Verträge mit ihnen zu schließen. Für sie war die ›Befreiung‹ des Heiligen Grabs wohl nicht von so unmittelbarer Dringlichkeit. Aber Bohemund von Tarent, sein Neffe Tankred von Hauteville (oder Tankred von Tiberias, wie er später genannt werden sollte), und Richard II. von Capua (gest. 1106), hatten bei der Einlösung ihres Kreuzzugsgelöbnisses wohl auch noch anderes im Sinn. Bohemund hatte ja schon den Feldzug seines Vaters gegen Kaiser Alexios hinter sich, und sein Treueeid an Alexios mag einerseits zur Beruhigung des Kaisers gedient haben, andererseits hatte der Normanne zu diesem Zeitpunkt vielleicht wirklich vorgehabt, seine Herrschaft im Nahen Osten auch als Vasall des Kaisers zu halten.

Tankred von Hauteville dagegen scheint von vorneherein vorgehabt zu haben, den byzantinischen Herrscher zu umgehen, da er sich unter Vermeidung eines Treueeids heimlich über den Bosporus hatte übersetzen lassen. Dass er nach dem Fall von Nicäa durch einen unbeherrschten Auftritt im Zelt des Kaisers dann doch dazu gezwungen worden war, dürfte den offenbar temperamentvollen Tankred auch nicht sonderlich belastet haben. Richard II. von Capua dagegen scheint vorwiegend wegen seiner Verwandtschaft mit Bohemund und in dessen Gefolge gereist zu sein.[232]

Immerhin ist auffällig, wie viele der Normannen sich im Nahen Osten niedergelassen haben, denn außer Bohe-

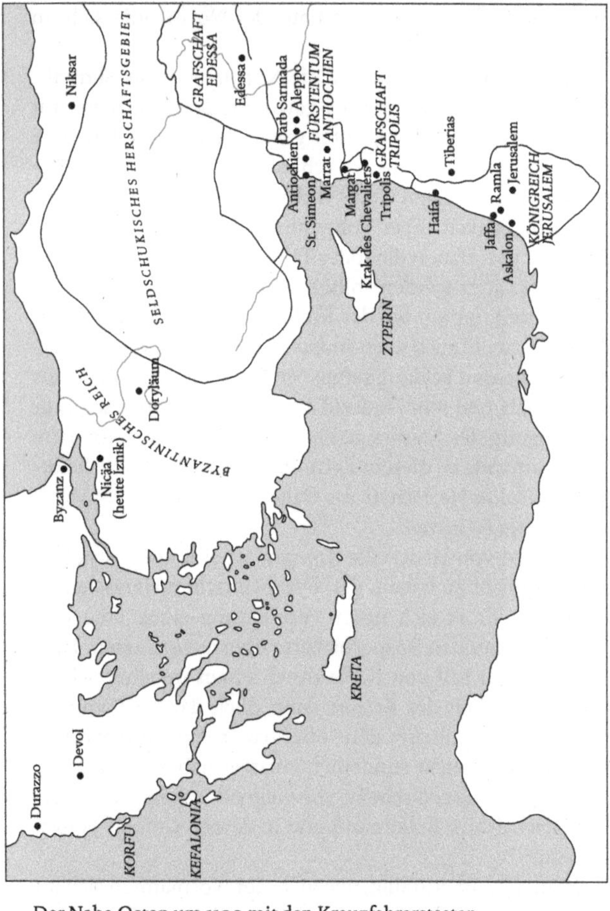

Der Nahe Osten um 1100 mit den Kreuzfahrerstaaten

mund und Tankred selbst sind uns noch zehn weitere namentlich überliefert, und dies waren natürlich nur die Anführer. Dazu gehörten Richard von Capua und Robert FitzGerard zur italienischen Verwandtschaft von Bohemund, auch Robert von Anzi stammte aus dem Süden. Hinzu kamen aus dem Norden Wilhelm von Melun ›der Zimmermann‹, der Chronist Fulcher von Chartres sowie Adam FitzMichael, Humphrey FitzRalph, Robert of Sourdeval, Robert FitzTristan und schließlich Ilger Bigod, der sich erst auf dem Kreuzzug Bohemund angeschlossen haben dürfte und schließlich dessen *magister militum* (›militärischer Oberbefehlshaber‹) in Antiochien wurde.[233] Mit den Hautevilles durch Ehen verbunden waren zudem der anglonormannische Kreuzfahrer Wilhelm von Grantmesnil, der Robert Guiscards Tochter geheiratet hatte, sowie Gottfried von Montescaglioso, dessen Urgroßvater Roger eine Schwester von Robert Guiscard geehelicht hatte.

Jedenfalls hatten gemeinsam mit Bohemund insgesamt fünf Enkel und zwei Urenkel von Tankred von Hauteville das Kreuz genommen. Man kann die Gründung des Kreuzfahrerstaates Antiochien sowie die vorherige Eroberung Apuliens gewissermaßen als »eine Familienunternehmung der Hautevilles« sehen.[234]

Kreuzfahrergeschichte(n): Die Chronisten der Normannen im Osten

Über die Taten der Normannen im Nahen Osten während des Ersten Kreuzzugs und danach sind wir, wenigstens für mittelalterliche Verhältnisse, außerordentlich gut informiert, nicht nur wegen der beträchtlichen Zahl der Quellen, sondern auch wegen der engen Verbindung des Großteils der Berichte zu den normannischen Kreuzfahrern.

Dass die damals 14-jährige byzantinische Prinzessin Anna Komnene 1197 den hünenhaften Bohemund, Erzfeind ihres Vaters Alexios, als so beeindruckend erlebte, dass sie ihn noch fünf Jahrzehnte später in leuchtenden Farben schildert und auch über seinen späteren Lebensweg berichtete, wurde schon erwähnt. Ihre *Alexiade*, eine fast hagiografisch anmutende Lebensbeschreibung ihres Vaters Alexios I. Komnenos enthält aufgrund der zahlreichen Auseinandersetzungen, die der oströmische Kaiser mit dem Normannen Bohemund I. (und schon dessen Vater Robert Guiscard) hatte, ein gerüttelt Maß an Kriegsberichterstattung über die Regierungszeit von Alexios. Darin werden nicht nur das erste Eintreffen der Kreuzfahrer in Konstantinopel, sondern auch punktuelle Ereignisse des Ersten Kreuzzugs und Anekdoten aus dem Leben Bohemunds bis zu seiner Erniedrigung durch den Vertrag von Devol 1108 wiedergegeben.[235] Ob Anna diesen Vertrag allerdings in allen Punkten korrekt wiedergibt, ist von der Forschung angezweifelt worden, weil er in keiner anderen Quelle erwähnt wird und seine längerfristigen Konsequenzen von den Kreuzfahrern offenbar teilweise ignoriert wurden.

Noch direkter in Kontakt mit den normannischen Kreuzrittern stand ein Chronist, der selbst zum Gefolge Bohemunds gehört haben dürfte. Die schon 1101 in Jerusalem bekannte anonyme *Gesta Francorum et aliorum Hierosolimitanorum* (›Geschichte der Taten der Franken und anderer Jerusalemfahrer‹) stammt wohl von einem Normannen aus Süditalien. Der Verfasser dieses von anderen

Autoren (Robert von Rheims und Balderich von Bourgueil) als »Büchlein« bezeichneten Berichts ist daher in der Lage, aus Sicht eines Augenzeugen eine überaus genaue Chronik der täglichen Ereignisse bis 1099 zu liefern.[236] Im Gegensatz zu etlichen anderen Chronisten war er offenbar kein Kleriker, sondern selbst Soldat.

Da seine Zeitgenossen den sachlichen und wenig geschliffenen Stil des Autors gering achteten, wurde das Werk bald von anderen Verfassern bearbeitet, etwa Guibert von Nogent in seinen *Dei gesta per Francos* (›Gottes Taten durch die Franken‹, 1108), der allerdings auch schon die Chronik des Fulcher von Chartres kannte, aus der er Informationen einfließen ließ.[237] Balderich von Bourgueil, der Erzbischof von Dol und ein begabter Autor, schrieb schon um 1110 eine Umarbeitung unter dem Titel *Historiae Hierosolymitanae libri IV* (›Vier Bücher über die Geschichte der Jerusalemfahrer‹).[238] Eine populäre Umarbeitung entstand um 1122 in der *Historia Hierosolymitana* des Robert von Rheims[239], der die älteren Kreuzfahrergeschichten dank seiner persönlichen Teilnahme am Konzil von Clermont 1095 um die Vorgeschichte des Kreuzzugs mit dem Kreuzzugsaufruf Papst Urbans II. ergänzen konnte.

Eine weitere, aber aus dem normannischen Umfeld Süditaliens stammende Quelle ist das *Chronicon Casinensis* (›Chronik von Montecassino‹),[240] in dem Petrus Diaconus die ursprüngliche Chronik des Leo Marsicanus bis 1137 fortsetzte. Er gilt als unzuverlässiger, wenn auch stilistisch und literarisch gebildeter Verfasser. In Montecassino entstand nach 1131 die anonyme *Historia Belli Sacri* (›Geschichte des Heiligen Krieges‹), die zwar im Wesentlichen auf den *Gesta Francorum et aliorum Hierosolimitanorum*, der *Historia*

Francorum qui ceperunt Iherusalem und den *Gesta Tancredi*, aber auch unbekannten Quellen beruht. Sie ist daher eine wichtige Quelle zu den Normannen auf dem Ersten Kreuzzug.[241]

Ein von diesen vor allem normannisch geprägten Quellen unabhängiger Augenzeuge ist Fulcher von Chartres (Fulcherius Carnotensis), zuerst ein Kreuzfahrer im Heer des Stephan-Heinrich von Blois, der dann als Kaplan Balduins von Boulogne diesen zuerst nach Edessa, später nach Jerusalem begleitete. Dort begann er 1100 oder 1101 mit der Abfassung seiner *Historia Hierosolymitana*,[242] deren älteste Fassung allerdings nicht erhalten ist. In Jerusalem konnte er offenbar die *Gesta Francorum Expugnantium Iherusalem* (›Geschichte der Eroberung Jerusalems durch die Franken‹) des Raimund von Aguilers[243] auswerten, vor allem für die Abschnitte des Ersten Kreuzzugs, die er selbst nicht miterlebt hatte. Raimund war Kaplan des Grafen Raimund von Toulouse und hatte seinen Augenzeugenbericht schon 1099 abgeschlossen.

Einen eigenen Bericht schrieb auch der Priester und Kreuzzugsteilnehmer Petrus Tudebodus[244] in seiner *Historia de Hierosolymitano itinere* (›Geschichte der Reise nach Jerusalem‹). Aber sowohl er als auch die beiden anderen Augenzeugen Fulcher und Raimund griffen sowohl für die Struktur der Erzählung als auch für das reiche Anekdotenmaterial auf die *Gesta* des anonymen Normannen zurück, so dass auch sie alle gewisse normannische Sichtweisen übernommen haben könnten. Obwohl sie ebenfalls auf den *Gesta* beruht, behandelt dagegen die *Historia Hierosolymitana*[245] des Albert von Aachen (Albericus Aquensis), eines schon um 1101 schreibenden Klerikers aus dem

Umfeld der Aachener Dompfalz, auch nach anderen Quellen die Geschichte des unglücklichen Volkskreuzzugs von 1096.

Ordericus Vitalis, der zwar halbnormannischer Herkunft war, aber 1075 in England geboren worden war, lehnte sich mit seiner *Historia Ecclesiastica* offenbar an den Titel von Beda venerabilis' drei Jahrhunderte früher verfassten *Historia Ecclesiastica gentis Anglorum* an, aber führt die normannische Kirchengeschichte von den christlichen Anfängen bis ins Jahr 1141 fort. Obwohl sein erstes Interesse natürlich kirchlichen und monastischen Fragen gilt, geht er doch in den Büchern IX bis XI ausführlich auf den Ersten Kreuzzug ein. Sein Hauptaugenmerk legt er auf die normannischen Kreuzritter, wobei er auch der Eroberung Antiochiens breiten Raum gibt.[246]

Erst um 1180 entstand in Frankreich ein *Chanson de geste*, also ein Heldenlied für ein französisches Publikum in Strophenform. Es handelt sich um das *Chanson d'Antioche*, in dessen immerhin 9000 Alexandrinern die heroische Geschichte des Kreuzzugs bearbeitet wird und das mehrere Umarbeitungen erfuhr.[247]

In diesem Zusammenhang kann weder auf die zahlreichen einzelnen Briefe verschiedener Kreuzfahrer[248] als Quelle der Kreuzzugsgeschichte, noch auf die arabischen Quellentexte eingegangen werden, welche die Grundlage einer *historischen* Beschäftigung mit dem Ersten Kreuzzug bilden. Was aus diesem kurzen Abriss über die westeuropäische Geschichtsschreibung hervorgeht, ist die starke Dominanz der normannischen Sichtweise auch in den Quellen. Sie mag als Warnung davor dienen, das Gewicht der Normannen und besonders Bohemunds trotz all seiner

Bedeutung zu überschätzen. Unser heutiges Bild des Kreuzzugs ist nicht zuletzt von diesen zum Großteil normannischen Texten geprägt.

Iberisches Zwischenspiel

Die Normannen hatten also Ende des 11. Jahrhunderts die Rückeroberung von ehemals christlichen, im Frühmittelalter aber von sarazenischen Truppen eroberten Gebieten in Sizilien abgeschlossen und im Rahmen des Ersten Kreuzzugs (1096–1099) auch ihren beträchtlichen Teil zu den Gebietsgewinnen im Nahen Osten beigetragen. Bald darauf waren sie auch an der dritten und wohl wichtigsten Front zwischen Christentum und Islam tätig: Die Rede ist von der sogenannten Reconquista, der Rückgewinnung der Iberischen Halbinsel.[249]

Spanien war bereits während der Völkerwanderungszeit unter den christianisierten Westgoten zur Wiege einer Hochkultur geworden, und das spanische Reich der Westgoten war von 416 bis 711 ein wichtiges Zentrum des christlichen Europas. Mit der Vernichtung dieses Reichs durch die islamischen Berber zwischen 711 und 719 entstand zuerst im Süden, dann auf der ganzen iberischen Halbinsel das selbständige Emirat Cordoba, das bald versuchte, sich nördlich der Pyrenäen auszudehnen, bis Karl Martell 732 einen entscheidenden Sieg gegen die muslimischen Heere erzielen konnte und deren Vormarsch stoppte.

Damit beginnt die Phase der Reconquista, und besonders unter Karl dem Großen intensivierten sich die in etlichen Heldenliedern (am bekanntesten im *Rolandslied*) besungenen Bemühungen, Spanien vom Islam zurückzugewinnen. Dieser in vielen Etappen verlaufende Prozess konnte erst 1492 abgeschlossen werden.

Im 9. und 10. Jahrhundert hatten sich im Norden der Halbinsel bereits kleine christliche Reiche bilden können, Leon, Kastilien und Aragon, so dass Galizien und die Pyrenäen wieder in christlicher Hand waren. Diesen hatten die christlichen Chronisten der iberischen Halbinsel eine ideologische Unterfütterung der Reconquista geliefert, indem sie die christlichen Reiche (besonders Leon) als legitime Nachfahren des 711 untergegangenen christlichen westgotischen Reichs definierten.

Neue Dynamik bekam die Reconquista durch die Ereignisse des Ersten Kreuzzugs im Osten des Mittelmeerraums.[250] Mit dem Fall von Jerusalem 1099 wandte sich das päpstliche Interesse dem eher schleppenden Fortgang der Reconquista zu, und das Engagement der Benediktiner von Cluny auf der iberischen Halbinsel verstärkte dies zusätzlich. Normannische Ritter hatten schon 1095 an Kriegszügen auf der iberischen Halbinsel teilgenommen, für sie mag anfangs die Aussicht auf finanziellen Gewinn im Vordergrund gestanden haben.

In der zweiten Etappe der Rückeroberung gelang es Anfang des 12. Jahrhundert König Alfons I. von Aragon ›dem Krieger‹ (1073–1134), sein kleines Reich südlich der Pyrenäen massiv nach Süden auszudehnen. Dafür verdingten sich bei ihm offenbar auch weitere normannische Söldner innerhalb französischer und anderer Truppenteile. Einer von ihnen war der normannische Ritter Robert Burdet aus dem Gefolge des Grafen Rotrou von Perche, eines Getreuen von Heinrich I. von England, der schon am Ersten Kreuzzug teilgenommen hatte. Robert Burdet trat erstmals 1127 als Kommandant in Tudela im Süden Navarras hervor. Schon 1129 wurde ihm durch den Erzbischof von Tarragona (der sicherheitshalber in Barcelona residierte), die Verteidigung der Stadt Tarragona gegen die Muslime übertragen, wofür er ihm auch den Titel ›Fürst von Tarragona‹ verlieh. Dieser Titel klang zwar imposant, war aber unbedeutend, weil die Grafen von Barcelona ihr Gebiet immer weiter ausdehnten.

Obwohl Robert noch 1130 in der Normandie weitere Söldner anwarb, blieben die Normannen in Spanien offenbar eine verschwindende Minorität. So musste sich Robert zusehends mit der Verkleinerung seiner Einflusssphäre und ab 1146 mit dem geringeren Titel eines Grafen abfinden. Bei seinem Tod 1155 standen ihm nicht einmal mehr die gesamten Einkünfte seiner Grafschaft zu, die er sich nämlich mit den Grafen und den Erzbischöfen von Barcelona teilen musste. Sein Sohn Wilhelm war 1177 sogar gezwungen, nach Mallorca ins Exil zu gehen, denn durch den weiteren Verlauf der Reconquista in Nordspanien bestand für die Kampfeskraft der Normannen nun offenbar kein Bedarf mehr.

Das normannische Fürstentum von Tarragona war ein kurzes Zwischenspiel geblieben. Zwar kamen besonders nach dem völlig missglückten Zweiten Kreuzzug (1147–1149), als auf der Reise ins Heilige Land eine riesige Flotte mit englischen, normannischen, deutschen und anderen Kreuzfahrern einer portugiesischen Armee bei der Befreiung Lissabons aus muslimischer Herrschaft beistand, weitere Normannen auf der Suche nach Wohlstand bzw. Land auf die iberische Halbinsel. Ein normannisches Herrschaftsgebiet entstand dort jedoch nicht.

Der Mythos der ›normannischen Schlauheit‹ und die normannische Identität

Von einem ›außerordentlich wilden Volk‹ (»gens ferocissima«) spricht Wilhelm von Jumièges am Eingang seiner bekannten Beschreibung des normannischen Volkscharakters. Die Wildheit und Tapferkeit der Normannen werden von fast allen zeitgenössischen Autoren hervorgehoben, egal ob in der Normandie, in England oder in Süditalien. Damit perpetuieren sie einen Mythos, der schon vor der Entstehung eines normannischen Territoriums und einer normannischen Identität ihren skandinavischen Vorfahren der Wikingerzeit anhaftete.[251]

Neben der Wildheit und der von niemandem bestrittenen Tapferkeit der Normannen, die geradezu Züge einer Besessenheit mit Kampf und Krieg annimmt, zeichnen in den Augen mittelalterlicher Autoren auch noch andere Eigenschaften das Volk der Normannen aus, nachdem es in der Normandie bis zum 11. Jahrhundert zu einem solchen geworden war. Kurz zusammengefasst findet sich das bei Wilhelm von Malmesbury, der über die Normannen bei der Schlacht von Hastings Folgendes sagt:

> Weiters sind die Normannen [...] ein Volk, an Kriegsdienst so gewohnt, dass sie ohne Krieg kaum leben zu können meinen, den Feind unerschrocken angreifen, aber wenn die Kräfte nicht ausreichen, ihn um nichts weniger mit List oder Bestechung verderben.[252]

Gemeint sind dabei die mehrfachen Scheinrückzüge der

Normannen, die erst das bewirkten, was auch ihre Reiterei nicht geschafft hatte, nämlich den Schildwall der *huscarle* auf der englischen Seite aufzubrechen. Das kann freilich auch als eher übliche Kriegslist betrachtet werden und würde kaum allein die Behauptung von der normannischen Listigkeit rechtfertigen.

Als Wilhelm von Malmesbury aber um 1120 seine *Gesta regum Anglorum* (›Taten der englischen Könige‹) schrieb, hatten sich die genannten Eigenschaften der Normannen schon längst zu einem gängigen Mythos verdichtet. Sie finden sich nämlich schon bei Chronisten mehr als 100 Jahre vor Wilhelm und auch schon lange vor der Schlacht von Hastings. Dudos umfangreiche Geschichte *De moribus et actis primorum Normannorum ducum*, wohl zwischen 1006 und 1015 geschrieben, also ein gutes Jahrhundert vor Wilhelm von Malmesbury, ist vermutlich der älteste Beleg dafür, dass man bereits in der Frühzeit des späteren Herzogtums Tapferkeit *und* Schlauheit für die Normannen reklamiert hat:

> Von anderer Art ist dieses Volk [der Normannen] als das der Franzosen, gar voll von verschmitzter Schlauheit.[253]

Öfters hebt er an verschiedenen Stellen die Tugend der Tapferkeit der Normannen hervor, aber auch deren Wildheit, wenn er etwa von den Taten Rollos vor dessen Taufe spricht.[254] In Letzterem stimmt Wilhelm von Jumièges ihm zu:

> Wie Wölfe am Abend drangen sie in die Schafställe Christi ein, brannten Kirchen nieder, führten Frauen in

die Gefangenschaft, köpften die Menschen und verwandelten alles in ein Jammertal.[255]

Gut 80 Jahre später ist Gottfried Malaterra, selbst ein Normanne, in seiner Geschichte Rogers I. (*De rebus gestis Rogerii Calabriae et Siciliae Comitis et Roberti Guiscardi*), die er wohl 1098 für Roger und in dessen Auftrag verfasst haben dürfte, ganz ähnlicher Meinung, obwohl er in Sizilien tätig ist. Zeitlich näher an Wilhelm von Malmesbury als an Dudo, aber dichter an den Ereignissen als Wilhelm, erklärt er viel wortreicher als dieser seine Einschätzung des normannischen Charakters:

> Sie sind ein sehr schlaues Volk, Ungerechtigkeiten rächend, in der Hoffnung auf Gewinn die väterlichen Äcker verachtend, gierig nach Gewinn und Herrschaft, oft in einer Sache gleichzeitig sich verstellend und heuchelnd, und sie suchen zwischen Geiz und Großzügigkeit die Mitte. Die Fürsten sind wegen ihrer Freude an ihrem guten Ruf äußerst großzügig. Dieses Volk kennt die Kunst des Schmeichelns, und sie sind so auf Beredsamkeit bedacht, dass du ihre Söhne wie ausgebildete Redner ernstnehmen sollst. Wenn sie nicht durch das Joch der Gerechtigkeit gezwungen werden, so sind sie völlig unzähmbar. Sie sind geduldig im Ertragen von Schwierigkeiten, Hunger und Kälte, wenn es die Umstände verlangen, aber erfreuen sich an der Jagd und besonders der Falkenjagd. Wenn es jedoch um Pferde, militärische Ausrüstung und Kleidung geht, neigen sie zum Luxus.[256]

Sowohl Dudo als auch der Normanne Gottfried schreiben allerdings im Auftrag ihrer herzöglichen bzw. königlichen normannischen Dienstherren. Was also unseren heutigen Ohren wie eine Kritik am Wesen der Normannen vorkommen mag, dürfte durchaus das Gefallen der Auftraggeber gefunden haben. Vielleicht fanden diese sich in der Beschreibung der Autoren gerne wieder oder hatten ein Interesse daran, den offenbar schon seit den Anfängen der Normandie oder früher gängigen Mythos fortzuführen.

Ein auf den ersten Blick abweichendes Narrativ präsentiert sich im Werk des in St. Évroul tätigen Anglonormannen Ordericus Vitalis, der vor 1132 den die Politik der Normandie betreffenden Teil seiner *Historia Ecclesiastica* abschloss. Er hebt in erster Linie die kriegerische Tapferkeit, ja sogar Brutalität der Normannen hervor, bevor er auch ihnen in guter mittelalterlicher Tradition eine Abstammung von den Trojanern nachsagt, die allerdings nicht erst er für die Normannen erfunden hat.[257]

> Die Normannen sind ein ungezähmtes Volk, und wenn sie nicht durch strenge Regierung gezügelt werden, neigen sie leicht zu Untaten. In allen Gemeinschaften, wo auch immer, streben sie die Vorherrschaft an und werden aus dem Feuer ihrer Ambitionen heraus zu Gegnern von Wahrheit und Glauben. Das haben die Franzosen und Bretonen und Flamen und ihre anderen Nachbarn oft genug gefühlt, und die Italiener und Lombarden und die Angeln und Sachsen haben es bis zur Auslöschung erfahren.
>
> Die Trojaner sollen aus dem wilden Volk der Scythen hervorgegangen sein, und nach dem Fall Trojas drang

der Phrygier Antenor in Illyrien ein und suchte mit seinen anderen Flüchtlingen lange und weit nach einem Platz zum Leben. Endlich ließ er sich am Ufer des Ozeans im Norden nieder und besiedelte für sich und die seinen diese Küstengebiete als Erblande, und von seinem Sohn Danus hat jenes von den Trojanern abstammende Volk der Dänen seinen Namen bekommen. Sie waren schon immer ein grausames und kriegerisches Volk und hatten äußerst tapfere Könige, wollten aber den christlichen Glauben erst spät annehmen. Der sehr starke Herzog Rollo mit den Normannen stammt aus diesem Volk.[258]

Trotz der erwähnten Wildheit kontrastiert aber Ordericus die Normannen ausgesprochen positiv mit den anderen Völkern, nicht zuletzt anderen germanischen *gentes* der Völkerwanderungszeit:

> Die Normannen unter ihrem Herzog Rollo entwanden die Normandie Karl dem Einfältigen und halten sie nun schon 190 Jahre gegen den Widerstand der Gallier, die sie schon oft mit kriegerischen Unruhen zu erobern versuchten. Was [soll ich sagen] von den Gepiden und Wandalen, den Goten und Türken, den Hunnen und Herulern und anderen solchen Barbaren, deren einziges Streben aufs Wüten und Rauben und auf die Störung des Friedens gerichtet ist? Sie verheeren das Land, verbrennen die Häuser, quälen die Welt, zerstören Werke, schlachten die Menschen und schänden und beunruhigen alles.[259]

Am dezidiertesten und facettenreichsten schildert die normannische Listigkeit der außenstehende, aus deutscher Perspektive um 1101 schreibende Albert von Aachen, den wir mit seiner *Historia Hierosolymitana* bereits als Chronisten des Armenkreuzzugs von 1096 kennengelernt haben. Dabei bezieht er sich fast ausschließlich auf den Helden des Ersten Kreuzzugs, Bohemund von Tarent, der in seiner Chronik des Kreuzzugs natürlich prominent vorkommt. Allerdings wirken die Epitheta, mit denen er Bohemund belegt, keineswegs sehr positiv: Er unterstellt ihm »Betrug oder Hass«, als er im März 1099 als Einziger der Kreuzfahrer nicht mit Richtung Jerusalem aufbrach. Er ist auch der Ansicht, dass Danischmend, bei dem Bohemund in Gefangenschaft war, den Normannenfürsten richtig als »schlauen Mann und Erfinder listiger Pläne« einschätzte. Später beschreibt Albert Bohemund als »kriegerischen Menschen und so schlau in allen militärischen Angelegenheiten«. Diese und andere Stellen bei Albert taten sicherlich das ihre, um den Ruf Bohemunds als außerordentlich trickreichen Heerführer im Westen zu festigen.[260]

Die über Bohemund im Rahmen der Kreuzzugserzählungen tradierten Anekdoten, wie sie sich bei Albert und auch in den *Passages d'outremer*, der erst 1472 entstandenen französischen Geschichte der Kreuzzüge, finden, zogen seinen guten Ruf offenbar schnell in Zweifel. Darin wird nämlich von Bohemunds List erzählt, dass er in Antiochien bewusst das Gerücht verstreuen ließ, die Christen würden gefangene Muslime braten und verspeisen, um die mohammedanischen Spione, die man im Lager vermutete, abzuschrecken und zur Flucht zu veranlassen.[261]

Anna Komnene zeigt sich in ihrer *Alexiade* von der List Bohemunds beeindruckt, nach der er die Byzantiner durch die Vorspiegelung des eigenen Todes hinters Licht geführt haben soll.

Diese Anekdoten sind allerdings von außenstehenden, ja den Normannen feindlich gesinnten Beobachtern aufgezeichnet worden. Demgegenüber gibt es eine Tradition von Anekdoten, die sich durch die normannische und sogar hochmittelalterliche skandinavische Literatur ziehen und sich alle mit der listenreichen Eroberung von Burgen oder Städten befassen. Dieser Anekdotenschatz dürfte sich im 10. Jahrhundert herausgebildet haben, wird von den Chronisten aber bereits auf eine wikingische Unternehmung des 9. Jahrhunderts rückprojiziert. Es geht dabei um die spektakuläre Reise einer Wikingerflotte von 60 Schiffen unter zwei Häuptlingen namens Hásteinn/Hasting und Björn, welche 859 angeblich aus der Seine auslief, um Rom anzugreifen. Stattdessen soll sie zwar nur Luna (oder Pisa?) erobert haben, aber nach drei Jahren mit reichen Schätzen wieder in der Nordsee eingetroffen sein, so berichten es jedenfalls übereinstimmend Dudo und Wilhelm von Jumièges im 11. Jahrhundert.[262]

Die Reise selbst oder wenigstens ihr erster Teil ist auch in den zeitgenössischen *Annales Bertiniani* und in irischen Annalen belegt. Doch schon in Dudos Bericht am Beginn des 11. Jahrhundert findet sich eine Anekdote darüber, wie man das eigentlich uneinnehmbare Luna erobert habe: Die Wikinger hätten nämlich vorgetäuscht, ihr Anführer Hástein sei verstorben, und in der Stadt um ein christliches Begräbnis für ihn gebeten. Nachdem aber der Sarg mit dem ›Leichnam‹, eskortiert von seinem wikingischen Gefolge, zur Kirche getragen und dabei ausgerechnet mitten im offenen Stadttor abgestellt worden sei, seien die Wikinger mithilfe der im Sarg versteckten Waffen plötzlich über den Bischof und die anderen Stadtbewohner hergefallen, die ja das Stadttor wegen des Sargs nicht schließen konnten.

Diese List des Hástein wird zusammen mit der ausführlich geschilderten Reise nicht nur bei Dudo von St. Quentin (nach 1015), sondern eineinhalb Jahrhunderte später beim Chronisten Benoît de St. Maure auf Grundlage von Dudos Bericht noch ausgeschmückter geschildert.[263] Gerade diese Geschichte wird in den darauf folgenden Jahrhunderten auch von anderen skandinavischen Heerführern überliefert. Zunächst lässt sie sich in den *Gesta Roberti Wiscardi* des Wilhelm von Apulien (also im letzten Jahrzehnt des 11. Jahrhunderts) finden, der diese List dem schon durch seinen Beinamen als schlau gekennzeichneten Robert Guiscard bei dessen Eroberungszug durch Apulien zuschreibt. Damit würde sie in die fünfziger Jahre des 11. Jahrhunderts fallen. Robert habe den Tod eines seiner Kämpfer (nicht den eigenen) vorgetäuscht, um diesen in ein in der Stadt gelegenes Kloster bringen zu dürfen, aber ansonsten entspricht die Geschichte der älteren, die ja auch in Italien spielt.

Mit völlig verändertem Schauplatz und Personal erzählt der um 1200 schreibende dänische Kleriker Saxo Grammaticus die Geschichte in seinen *Gesta Danorum*. Bei ihm ist es der sagenhafte Frotho I., Sohn des Haddingus, der die im fernen Russland gelegene, von einem Fürsten namens Vespasius beherrschte Stadt Palteskia auf diese Art erobert: Er täuscht selbst Krankheit und Tod vor und kann so die während des Begräbnisses schlecht bewachte Stadt erobern. Bis auf den Namen der Stadt ist in dieser Darstellung alles Fiktion, aber sie zeigt, dass die Anekdote noch um 1200 in Dänemark tradiert wurde.

Eine weitere Generation später erzählt in Island Snorri Sturluson (1178/9–1241) in seiner als *Heimskringla* bezeichneten Geschichte der norwegischen Könige die Episode als Teil der abenteuerlichen Lebensgeschichte des Norwegerkönigs Harald harðráði, der 1066 beim Versuch, England zu erobern, umkam. In seiner Jugend aber stand er als Anführer der Warägergarde in byzantinischen Diensten und führte nicht nur Unternehmungen im Nahen Osten, sondern auch in Sizilien an. Dort, und damit kehrt die Anekdote wieder nach Italien zurück, soll Harald eine Stadt mit dieser List eingenommen haben.[264] Somit wäre die Geschichte in den 1030er Jahren anzusiedeln und die Kämpfe der Byzantiner wären, vor der Eroberung Siziliens durch die Normannen, noch gegen die muslimischen Städte gerichtet gewesen – aber solche Details tradiert die Anekdote nach einem Vierteljahrtausend ihrer Existenz nicht mehr.

Allerdings wartet gerade Snorri, in der wohl literarisch überzeugendsten Version am Ende der Traditionslinie, noch mit drei anderen listenreichen Eroberungsgeschichten Haralds des Harten in Sizilien auf, von denen der besprochene Trick erst als die letzte dieser Episoden erscheint. Die erste der Städte erobert er, indem er die in den Dächern der Stadt nistenden Vögel fangen und ihnen glimmende Späne in die Schwanzfedern binden lässt, so dass in der Stadt Feuer ausbricht. Die zweite Stadt erobert er mithilfe eines im Geheimen gegrabenen Tunnels, die dritte, indem er seine Eroberungsabsichten damit verschleiert, dass sich seine Leute scheinbar unbewaffnet in der Gegend aufhalten.

Von diesen drei zusätzlichen listigen Eroberungen ist

vor allem die erste von Interesse, denn sie findet sich auch in einem anderen isländischen Text des Hochmittelalters und wird dort im 9. Jahrhundert angesiedelt. Verfasst wurde diese Saga über die Söhne des (sagenhaften) dänischen Königs Ragnar loðbrók aber wohl erst im späten 13. Jahrhundert. Diese Wikingerführer des 9. Jahrhunderts, deren Existenz belegt ist, hatten laut dem altisländischen *Ragnars sona þáttr* (›Erzählung von den Söhnen Ragnars‹)[265] bei der Eroberung von Vifilsborg (Wiflisburg in der Schweiz, heute Avenches) diese Kriegslist angewandt. Das wird auch schon in dem Reisebericht des isländischen Benediktinermönchs Nikulás aus der Mitte des 12. Jahrhunderts erwähnt, so dass der Stoff offenbar mindestens 150 Jahre vor Abfassung der Saga bekannt war.[266]

Die ganze Beschreibung der List findet sich zudem schon vor Snorri bei Saxo Grammaticus,[267] demzufolge Haddingus eine (griechische?) Burg eines Königs Handvanus von Hellespontus mit der Hilfe von Vögeln und Feuer einnehmen konnte, allerdings unter Zuhilfenahme von Wachs und Schwefel.[268] In stark abgewandelter Form findet sich die Geschichte ebenfalls in Geoffreys von Monmouth *Historia Regum Britanniae* und noch stärker verändert auch in Gottfried Malaterras *De rebus gestis Rogerii Calabriae et Siciliae Comitis et Roberti Guiscardi Ducis fratris eius,*[269] wo der schlaue Robert Guiscard der Held der Geschichte ist.

Derartige Episoden über listenreiche Wikinger und Normannen könnten also über einen sehr langen Zeitraum kursiert sein, und die Schlauheit der Normannen wurde sicher nicht nur von ihnen selbst propagiert, sondern auch von Außenstehenden. Schlauheit allein ist jedoch vermutlich nicht das wesentliche Element einer normannischen Identität.

Die Diskussion, ob es eine solche denn überhaupt gegeben hätte, ist sehr wahrscheinlich noch nicht erschöpft. Von ebenso großer Bedeutung könnten der Zusammenhalt, der die Familien auch mit dem großen Abstand zwischen Normandie und Sizilien lange verband, oder auch der intensive Austausch zwischen den Klöstern hüben und drüben des englischen Kanals mit denen im Mezzogiorno gewesen sein.

Gerade in Süditalien und Sizilien war es den Normannen trotz aller Assimilation an das kulturelle Umfeld und des daraus resultierenden Synkretismus in kulturellen Belangen – was sich für uns heute am deutlichsten in den Kunstwerken des normannischen Sizilien manifestiert – schon aufgrund ihrer relativ geringen Zahl wichtig, sich historisch-politisch von den konkurrierenden kulturellen und religiösen Gemeinschaften in ihrem neuen Umfeld abzugrenzen. Damit hatte man schon vor der Eroberung Siziliens Erfahrungen beim Umgang mit der anderen germanischen *gens* in Süditalien gemacht, nämlich den aus den Langobarden hervorgegangenen Lombarden.[270] Beide Völker konnten sich im Wesentlichen nur auf ihre Abstammung in Form der Genealogien berufen, denn obwohl die Lombarden im 11. Jahrhundert das Italische/Italienische längst sprachen, erlaubte ihr ebenfalls noch germanischer Namenschatz ihnen allein auf den ersten Blick keine ethnische Identifikation mit den germanischen Vorfahren. Auch für die französischsprachigen Normannen war Sprache kein Identifikationsmerkmal. Für sie war allerdings die genealogische Anbindung an die normannischen Vorfahren noch wesentlich offensichtlicher, weshalb sie auch die familiären und politischen Querverbindungen in die Normandie und dann bald nach England pflegten.

Ein starkes Argument für eine normannische Identität ist auch die kriegerische Entschlossenheit sowie die offenbar vorhandene Überzeugung von der eigenen (militärischen) Stärke, mit welcher Schlachten von Cerami in Sizilien 1063 über Hastings 1066 bis zur Großen Schlacht von Antiochien 1098 geschlagen und gewonnen wurden. Dass dieser Überzeugung auch ihre Zeitgenossen anhingen, zeigen Darstellungen wie die des Amatus von Montecassino, der bald nach 1080 schreibt und die Taten der Normannen bei der Eroberung von England, in Spanien, als Söldner in Byzanz und schließlich in Süditalien miteinander in Verbindung bringt.[271]

Das hat heute in der Forschung zu der Vermutung geführt, dass die Normannen sich selbst als Teil einer ›Normannischen Welt‹ gesehen hätten, die von England bis in den Nahen Osten reichte. Dazu war es nicht notwendig, wie in der Normandie die Länder mit einem neuen Namen zu belegen, sondern jenseits der alten Länderbezeichnungen war den Normannen der Zusammenhalt dieser Gebiete durchaus bewusst.[272] Zur kriegerischen Grundeinstellung gehörten aber nicht nur ein zum Teil völlig überzogener Wagemut, wie ihn Robert Curthose in der Schlacht von Askalon 1099 bewies, sondern auch Besonnenheit, Langmut, Vorsicht und eine realistische Einschätzung der eigenen Chancen, die wir schon bei den Wikingerzügen des 9. Jahrhunderts kennengelernt haben. Vielleicht war es dieses Erbe der Wikingerzeit, welches die Normannen so erfolgreich und gleichzeitig für ihre Zeitgenossen so unverkennbar gemacht hatte: »Von anderer Art ist dieses Volk«, um noch einmal Dudo von St. Quentin zu zitieren.

Das Ende der Normannenherrschaften im 13. Jahrhundert und ihr Erbe

In Sizilien hatte eigentlich am Weihnachtstag des Jahres 1194, als der deutsche Kaiser Heinrich VI. in Palermo zum König von Sizilien gekrönt wurde, die Herrschaft der Normannen in Sizilien und Süditalien ein Ende gefunden. Das ›Reich unter südlicher Sonne‹ fiel an die deutschen Kaiser, und damit begann dort die staufische (bzw. ›schwäbische‹) Periode. Der Sohn der Normannentochter Konstanze und des Stauferkaisers Heinrich, Friedrich II., regierte zwar noch bis zu seinem Tod 1250 auch das (später sogenannte) ›Königreich beider Sizilien‹, aber bereits unter seinen Söhnen Manfred (1232–1266) und Konrad (1228–1254) endete sowohl die effiziente Machtausübung der Staufer in Sizilien als auch dessen Verbindung zum Deutschen Reich. Als daher Karl IV. von Anjou 1265 nicht nur zum König von Sizilien gekrönt wurde, sondern 1268 auch noch Konradin besiegen und köpfen lassen konnte, war es mit den Normannen ebenso wie mit deren staufischen Nachkommen endgültig vorbei. Von nun an hatte Sizilien französische, bald darauf spanische Herrscher.

In Antiochien scheiterte mit dem Traum von einem lateinischen Königreich *Outre mer*, das mit dem Fall von Akkon 1291 als Königreich von Jerusalem wieder von der Landkarte verschwand, auch das normannische Fürstentum Antiochien. Nichts kündet heute mehr von der einstmals so stolzen Stadt und ihren abenteuerlustigen, tapferen und von einem offenbar unbezähmbaren Tatendrang getriebenen Normannen im Nahen Osten. Nur die Ruinen der

Kreuzfahrerburgen in Syrien, im Libanon und in Israel zeugen noch von den Eroberungszügen des Hochmittelalters. Die Erinnerung an ihre Taten beim Kampf um Antiochien, Jerusalem und den anderen Städten Palästinas wird nur noch im Westen bewahrt, während im Nahen Osten dieser Teil der Vergangenheit weitgehend verdrängt wird.

Die Normandie selbst fiel im Jahre 1204 an den König Philipp II. Augustus, und damit endete die normannische Herrschaft über dieses Gebiet nach knapp drei Jahrhunderten. Dies war das Resultat der Vereinbarung zwischen Philipp II. und Heinrich II., da des Letzteren Sohn Heinrich 1172 Margarete, die Schwester Philipps heiratete und sie die Normandie als Mitgift erhielt. Aber kaum war Heinrich III. mit nur 28 Jahren 1183 verstorben, stritten die beiden Könige erbittert um diese Mitgift, und als Margarete 1186 den ungarischen König Bela heiratete, war Heinrichs Anspruch praktisch hinfällig. Nach dem Tod von Heinrichs Sohn Richard Löwenherz 1199 war die Eroberung der Normandie durch die Franzosen nur mehr eine Frage der Zeit. Rouen kapitulierte am 1. Juni 1204.

In der Historiografie wird dieses wenig ruhmreiche Ende des stolzen normannischen Herzogtums aber durch den heute als katastrophal bewerteten Ausgang des Vierten Kreuzzugs überschattet, der im April desselben Jahres mit der Eroberung und Plünderung des christlichen Byzanz durch die ebenfalls christlichen, vorwiegend französischen Kreuzfahrer und ihre venezianischen Verbündeten endete. Fast genau ein Jahrhundert vor diesem Massaker hatte der Normanne Bohemund die Franzosen noch zu Begeisterungsstürmen hingerissen, als er auf seiner ›Werbefahrt‹ für einen Zweiten Kreuzzug durch Westeuropa gereist war.

1106 hatte er in Chartres die französische Prinzessin Konstanze und sein Neffe Tankred von Tiberias deren Schwester Cäcilie geheiratet, wobei er

> von der Gräfin Adela – Tochter Wilhelms des Eroberers und Witwe des unglücklichen Stephan von Blois, der 1102 als Kreuzfahrer in Palästina gefallen war – königlich gefeiert wurde.[273]

Niemand konnte bei dieser glänzenden Doppelhochzeit der beiden berühmten Helden des Kreuzzugs ahnen, wie schnell sich das Blatt wenden würde. Bohemund brach zwar 1107 zu dem neuen Kreuzzug auf, erlebte aber schon bei Durazzo sein Debakel: Er musste den Vertrag von Devol akzeptieren, woraufhin er nie wieder in sein Fürstentum Antiochien zurückkehren sollte. Sein Neffe Tankred hielt dann zwar kurzzeitig neben seinem Fürstentum Galiläa auch die Regentschaft über die Grafschaft Edessa, starb aber schon 1112 an Typhus, überlebte seinen Onkel also nur um eineinhalb Jahre.

Zwar existierte das Fürstentum Antiochien einstweilen weiter, und auch die Kreuzfahrerstaaten hatten noch eine Gnadenfrist bis zum Ende des 13. Jahrhunderts, also lange über die Existenz des Herzogtums Normandie hinaus. Das kann aber nicht darüber hinwegtäuschen, dass das 13. Jahrhundert das Ende der normannischen Herrschaft an allen Fronten markierte.

Anders als der Untergang der Kreuzfahrerstaaten und das Ende des eigenständigen Herzogtums Normandie war in Sizilien und in England der Übergang sanfter. Siziliens König Friedrich II. stammte immerhin noch aus der Familie

Der Gisant Heinrichs II. in der Abteikirche von Fontevraud (Foto: Rudolf Simek)

der Hautevilles, wenn auch über die mütterliche Seite, und bis Karl I. von Anjou 1268 Konradin, den letzten Staufer, nach gewonnener Schlacht um das Königreich Sizilien schließlich köpfen ließ, konnte man noch von normannischen Nachfahren der Eroberer sprechen. Aber dann wurde Sizilien auf kurze Zeit französisch, und diese extrem unbeliebte Herrschaft provozierte schließlich die ›Sizilianische Vesper‹ vom Ostermontag, 30. März 1282.

Diese Revolte der Bevölkerung gegen die französische Herrschaft eröffnete dem spanischen Königshaus von Aragon den Zugriff auf Sizilien. Zwar waren auch die Aragonesen Fremdherrscher wie die Franzosen, aber Peter III. von Aragon hatte schon 1262 Konstanze, die Tochter von Friedrichs illegitimem Sohn Manfred von Sizilien, geheiratet. Er konnte folglich immerhin noch einen kleinen Rest der (normannischen) Legitimität für sich beanspruchen. Sizilien blieb nun auf lange Zeit spanisch, denn nach den Königen von Aragon von 1506 bis 1700 herrschten die spanischen Habsburger über die Insel.

In England kam das Ende der Normannen unmerklicher, denn noch Heinrich II. inszenierte sich als Normannenabkömmling und gab die entsprechende Literatur in Auftrag, um diesen Anspruch auch deutlich zu machen. Dort war der Einfluss des Normannischen durch die anglonormannische Sprache noch länger deutlich fühlbar als anderswo. Bis zum Ururenkel Wilhelms des Eroberers Richard I. Löwenherz ließe sich vielleicht in der mittelalterlichen englischen Königsfamilie noch normannisches Blut nachweisen, auch wenn man schon seit dessen Vater, Heinrich II., nicht mehr von den Normannen auf dem englischen Königsthron, sondern der Dynastie der Plantagenets spricht: Heinrichs Mutter, Kaiserin Matilda, hatte in zweiter Ehe den Grafen Gottfried V. von Anjou geheiratet, dem Ahnherren der Linie Anjou-Plantagenet.

Dennoch kann man keineswegs sagen, dass vom normannischen Erbe nichts geblieben ist; ja es wird sogar behauptet, dass die Normannen in all ihren Gebieten sehr nachhaltige Spuren hinterlassen hätten. Die von den Normannen entwickelte Staatsordnung Siziliens blieb auf der Insel selbst und in Süditalien noch lange wirksam. Diese Konstitution floss selbst in so weit entfernt entstandene Verfassungen wie die des Ordensstaates des deutschen Ritterordens in Preußen mit ein, den Friedrichs Freund, der Großmeister des Ordens Hermann von Salza, 1226 gründete. Selbst nach dem Verschwinden des in Frankreich aufgegangenen Herzogtums Normandie beeinflussten die normannischen Institutionen der Verwaltung dauerhaft die der französischen Krone, so wie die sizilianische Verwaltung in ihren Strukturen dort unter fremden Herrschern ebenfalls noch lange fortlebte.

Anhang

Anmerkungen

1 Dudo von St. Quentin, *De moribus et actis primorum Normanniæ ducum*, Lib. I,1 (1865), S. 129; vgl. Dudo of St. Quentin, *History of the Normans* (1998), S. 15.

2 Adam von Bremen, *Gesta Hammaburgensis ecclesiae pontificum*, IV, 31 (1978), S. 135–503, hier: S. 476 [Übers. R. S.].

3 *Innsteinlied*, Str. 36, übers. nach: Ulrike Strerath-Bolz, *Isländische Vorzeitsagas*, Bd. 1, München 1997, S. 178 f.

4 Siehe dazu das Kapitel »Von Söldnerbanden zur Herzogswürde: Siedlung in der Normandie«, in dem die Etablierung der Skandinavier in der späteren Normandie in ihren historischen Kontext gestellt wird.

5 Übers. nach Ludolf Müller, *Die Nestorchronik* (2001), S. 19 f. [Erg. R. S.].

6 Hermanns-Auðardóttir (1989); dagegen Friðriksson (1994).

7 Vgl. Chatellier/Pontois (1908), S. 137–232; http://www.vikingage.org/wiki/index.php?title=L%27Ile_de_Groix

8 Thietmar von Merseburg *Chronica* (2002), S. 139–143.

9 Regino von Prüm, *Chronica* (1962), S. 261.

10 Ebd., a. a. 882, S. 261–263.

11 Plassmann (2008), S. 73; dort auch mehr zu dieser Diskussion.

12 Flodoardus Remensis, *Historia Remensis ecclesiae* (1998), 4.5, S. 384.

13 Regino von Prüm, a. a. 885, *Chronica* (1962), S. 268 [Hervorheb. R. S.].

14 *Annales regni Francorum*, a. a. 826, (1993), S. 9–155, hier: S. 144 f.; Astronomus, *Vita Hludovici imperatoris* (1993), c. 40, S. 257–381, hier: S. 324.

15 Regino von Prüm, a. a. 885, *Chronica* (1962), S. 268.

16 Dudo von St. Quentin, *De moribus et actis primorum Normanniæ ducum* (1865); leichter zugänglich in: Dudo Sancti Quintini, *De moribus et actis primorum Normannorum ducum* (1880), S. 607–758. Übersetzung: Dudo of Saint-Quentin, *History of the Normans* (1998).

17 Dudo von St. Quentin, *De moribus et actis primorum Normanniæ ducum* (1865), Lib. II, S. 169.

18 Eine Zusammenstellung und kritische Bewertung der Quellen findet sich bei Irlenbusch-Reynard (2016).

19 *Göngu-Hrolfs saga* (1891), S. 143–239; die einzige Erwähnung von Kaðlín: *Landnámabók* (1968), Kap. 84 der *Sturlubók*-Fassung (= Kap. 72 der *Hauksbók*-Fassung), S. 123.

20 Dudo von St. Quentin, *Gesta Normannorum ducum* I,1, in: *De moribus et actis primorum Normanniae ducum* (1865), S. 130 (so auch Wilhelm von Jumièges, *Gesta Normannorum Ducum* (1995), I, 3, S. 14f.

21 Gaufredus (Geoffrey) Malaterra, *De rebus gestis Rogerii* (1928), I,1, S. 7; diese Stelle in dänischer Übersetzung von Erling Albrectsen: Godfred Malaterra, *Normannernes Bedrifter i Syditalien* (1981), S. 18.

22 Flodoardus Remensis, *Historia Remensis ecclesiae* (1998), 4.14, S. 407.

23 *Recueil des actes de Charles III le Simple* (1949), Nr. 92, S. 211: *quam annuimus Normannis Sequanensibus, videlicet Rolloni suisque comitibus, pro tutela regni.*

24 Die skandinavische Namensform »Vilhjálmr Langaspjót«, eigentlich »Wilhelm Langspeer«, geht offenbar auf die falsche Deutung der lateinischen Namensform »Willelmus Longa Spata« zurück.

25 »Tunc Willelmus ensem, ex auri sex libris in capulo bratteolisque atque bullis artificialiter mirabiiterque sculptum dedit Cononi, …« Vgl. dazu auch Kamp 2001, S. 133f.

26 Dieser Ausdruck erst bei Benoît de Sainte-More, *Chronique des ducs de Normandie* (1951), Bd. 1, v. 8873. Vgl. dazu auch Ebel (1993); Rüdiger (2015).

27 Richerus Remensis, *Historiae* II, 20 und II, 31f. (2000), S. 112 und S. 120f.; vgl. Houben (2012), S. 17.

28 Ordericus Vitalis, *Historia Ecclesiastica*, Lib. V, 9 und VI, 10 (1968–1980), III, S. 82f. und S. 308ff.

29 Ordericus Vitalis, *Gesta Normannorum Ducum*, IV, 18 (1995), I, S. 128–131.

30 Robert von Torigni: *Gesta Normannorum Ducum* VIII, 37 (1995) II, S. 266–269.
31 Dudo von St. Quentin, *De moribus et actis primorum Normanniæ ducum*, IV (1865), S. 120.
32 Vgl. Rüdiger (2015), S. 342 f.
33 Lifshitz (1994), S. 101–120.
34 Dudo von St. Quentin, *De moribus et actis primorum Normanniæ ducum*, IV (1865), S. 289. Zur Rolle Gunnors vgl. Searle (1984), S. 136.
35 Searle (1984), S. 119 f.
36 Jean Marx, *Guillaume de Jumièges: Gesta Normannorum ducum*, Rouen/Paris 1914; Wilhelm von Jumièges, *Gesta Normannorum Ducum* (1995); Erling Albrectsen, *To Normanniske Krøniker* (1980).
37 Van Houts (Hrsg.), *Gesta Normannorum Ducum.*
38 *Vgl.* Chibnall (1976), S. 12 ff.
39 Ordericus Vitalis, *Historia Ecclesiastica* (1968–1980), I, S. 30–34.
40 Redaction F; separat: Robert de Torigni: *Chronica* (1872–1873).
41 Dazu ausführlich, aber mit sehr fragwürdigen Schlussfolgerungen, weil sie die vermeintlich wikingischen Bräuche für bare Münze nimmt: van Houts (1984), S. 107–121. Der Text ist zugänglich in: Christopher J. McDonough (Hrsg./Übers.), *Warner of Rouen: Moriuht: A Norman Latin Poem From the Early Eleventh Century*, Toronto 1995.
42 Aus der *Großen Vita des Hugo von Lincoln*, III, 10: *Magna Vita Sancti Hugonis* (1985), I, S. 117 f.; die Stelle wird noch etwas ausführlicher abgehandelt bei Rüdiger (2015), S. 340, Anm. 148.
43 *Anglo Saxon Chronicle*, a. a.1035.
44 Ordericus Vitalis, *Historia Ecclesiastica*, V,9 (1968–1980), III, S. 86 f., enthält sich hier ausnahmsweise jeglichen Kommentars zu den nackten Fakten.
45 William of Malmesbury, *Gesta Regvm Anglorvm* (1998–2002), III, S. 277.
46 Vestrfararvísur 1; Skaldic Poetry of the Scandinavian Middle Ages, unter http://www.abdn.ac.uk/skaldic/db.php?id=3851&if=default&table=verses&val= edition [abgerufen 21. 3. 2018].

47 Dudo Sancti Quintini, *De moribus et actis primorum Normannorum ducum*, Lib. 3 (PL 141, 691).
48 Vgl. dazu die Ausführungen bei Boehm (1969), S. 625 f.
49 Ordericus Vitalis, *Historia Ecclesiastica* IX, 3 (1968–1980), V, S. 24 f.
50 Robert von Torigni, *Gesta Normannorum Ducum* (1995), I, 17.
51 Gaufredus (Geoffrey) Malaterra, *De rebus gestis Rogerii*, I, 3 (1928), S. 8.
52 Dazu mehr siehe Kap. »Der Mythos der ›normannischen Schlauheit‹ und die normannische Identität«.
53 Vgl. dazu Plassmann (2014), S. 70, Anm. 42.
54 Überliefert bei Flodoard von Reims, *Historia Remensis ecclesiae*, 4.5 (1998), S. 380, 384; vgl. Kaufhold (2000), S. 22 f.
55 Kaufhold (2000), S. 2.
56 Beleg und Literatur bei Plassmann (2014), S. 71, Anm. 47.
57 Becher (2014), S. 85 f.
58 Dudo von St. Quentin, *De moribus et actis primorum Normanniæ ducum*, I,1 (1865), S. 129; vgl. Simek (2014b), S. 133–154.
59 Ordericus Vitalis, *Historia Ecclesiastica*, V, 9 (1968–1980), III, S. 80 f.
60 Pohl/Vanderputten (2016), S. 1–61.
61 Vgl. das Kapitel »Der Zug nach Süden: Normannische Söldner in Italien«.
62 Ordericus Vitalis, *Historia Ecclesiastica*, XI, iv, 272 (1968–1980), VI, S. 140 f.
63 Ebd., V, ii, 398 (1968–1980), III, S. 120–122.
64 Ebd., III, ii, 12 (1968–1980), II, S. 10.
65 Gazeau (2007), Bd. II: Prosopographie des abbés bénédictins, S. 197 f.
66 Bethmann (1843), S. 68 f.
67 Prentout (1916), S. 402 f.
68 Vgl. dazu das Kapitel »England, die Normannen und die Folgen«.
69 Vgl. dazu, wenn auch mit anderen Schlussfolgerungen, Boehm (1969), S. 649.
70 Amatus I, 17 ff.
71 Amatus I, 18–19, Amatus of Montecassino, *The History of the Normans* (2004), S. 50.

72 Amatus, I, 21–22, ebd., S. 51.
73 Rodulfi Glabri, *Historiarum libri quinque* (1989).
74 Ademar von Chabannes, *Chronicon Aquitanicum et Francicum*, auch *Historia Francorum* (1897).
75 Wilhelm von Apulien, I, V. 115 f., *La Geste de Robert Guiscard* (1961), S. 104.
76 Leo Marsicanus, *Chronica monasterii Casinensis* (1980).
77 Amatus Casinensis, *L'Ystoire de li Normant, et la Chronique de Robert Viscart* (1835); Amatus of Montecassino, *The History of the Normans* (2004).
78 Gaufredus (Geoffrey) Malaterra: *De rebus gestis Rogerii* (1928). Nur Auszüge in der dänischen Übersetzung von Erling Albrectsen: Godfred Malaterra, *Normannernes Bedrifter i Syditalien* (1981); zu den Daten vgl. Baxter Wolf (1995), S. 144 f.
79 (aviditas dominationis III,1, vgl. die libido adquirendi bei Wilhelm von Apulien I, v. 52.) Gaufredus (Geoffrey) Malaterra, *De rebus gestis Rogerii*, I, III (1928), S. 8; vgl. Baxter Wolf (1995), S. 150, 169; Boehm (1969), S. 676 u. ö.
80 Wilhelm von Apulien, *Gesta Roberti Wiscardi* (1851/1983), S. 239–298; Übersetzung bei Marguerite Mathieu: Guillaume de Pouille, *La Geste de Robert Guiscard* (1961).
81 Petrus de Ebulo, *De rebus Siculis carmen* (1904).
82 Falco Beneventanus, *Chronicon Beneventanum* (1998).
83 So Beda Venerabilis, *Historia Ecclesiastica gentis Anglorum*, I, 15, und Geoffrey von Monmouth, *Historia regum Britanniae*, VI, 10, sowie das *Anglo-Saxon Chronicle*, während die beiden keltischen Historiker Gildas und Nennius die Immigration dieser Germanenvölker wesentlich kritischer sahen.
84 Paulus Diaconus, *Historia Langobardorum*, II, 5.
85 *Nestorchronik* (2001), S. 19 f.
86 Zur Kontroverse über Historizität oder Fiktionalität der Gründungslegenden vgl. bes. Joranson (1948) und France (1991); mehr Historizität schreibt Hoffmann (1969) den Berichten der Historiker zu.
87 Vgl. David Douglas, The Rise of Normandy, London 1947, S. 19.
88 Gottfried Malaterra I, 4, *De rebus gestis Rogerii* (1928), S. 9.

89 Ordericus Vitalis, *Historia Ecclesiastica*, III (1968–1980), II, S. 98–100.
90 Wilhelm von Apulien, I, v. 38, *Gesta Roberti Wiscardi* (1851/1983), S. 242.
91 Sartore (2013), S. 189.
92 Ordericus Vitalis, *Historia Ecclesiastica*, Lib. V, 9 (1968–1980), III, S. 86 f.
93 Boehm (1969), S. 632.
94 Vgl. dazu de Vivo (1990) sowie Lind (1905–1915); Ernst Wilhelm Förstemann, *Altdeutsches Namenbuch I: Personennamen*, Bonn 1900.
95 Vgl. Bruckner (1895/1969), S. 215–326.
96 Amatus I, 22.
97 Ordericus Vitalis, *Historia Ecclesiastica*, Lib. IV (1968–1980), II, S. 202 f.; vgl. Loud (1982), S. 106.
98 Gottfried Malaterra erzählt gar nichts von den Rittern: I, 30.
99 Vgl. Loud (1999a), VIII, S. 37–53.
100 Wilhelm von Apulien II, 80 ff.
101 Wilhelm von Apulien II, v. 260 ff.; *Gesta Roberti Wiscardi* (1851/1983), S. 257.
102 Brown (1991), S. 49.
103 So Wilhelm von Apulien in seinen *Gesta Roberti Wiscardi* und Wilhelm von Poitier in den *Gesta Guillelmi*: vgl. Brown (1991), S. 127.
104 Ebd.
105 Regino von Prüm, *Chronica* (1960), III, S. 261–263. Vgl. das Zitat im Kap. »Normannische Vorgeschichte: Die wikingische Expansion im Frankenreich und England im 9. Jahrhundert«, S. 35.
106 Houben (1995), S. 135–139, 230.
107 Ebd., S. 138 f.
108 Ordericus Vitalis, *Historia Ecclesiastica*, Lib. III (1968–1980), II, S. 101 f.; vgl. Brown (1991), S. 67 f.
109 Zu Robert und seiner Familie vgl. Giuseppe Occhiato, »Robert de Grandmesnil: un abate ›architetto‹ operante in Calabria nell'XI secolo«, in: Studi medievali 28 (1987), S. 609–666, und Sartore (2013), S. 189.

110 Vgl. das Kapitel »Iberisches Zwischenspiel«.
111 Norwich (1967), S. 135.
112 Gottfried Malaterra, II, 3.
113 Vgl. Stanton (2011), S. 225 ff.; Sartore (2013), S. 195.
114 Gottfried Malaterra, II, 17.
115 (II, 33) Die Handschriften nennen mal 300, mal 3000 und mal 30 000 Mann; Norwich (1967), S. 157, greift die letzte Zahl auf, unterstellt aber Gottfried Malaterra: »As usual he exaggerates«. Da 300 Gegner wohl kaum ein wunderbares Eingreifen des Heiligen Georg nötig gemacht hätten, dürften 3000 gemeint gewesen sein.
116 Norwich (1967), S. 175.
117 Ordericus Vitalis, *Historia Ecclesiastica*, Lib. III (1968–1980), S. 2, 100.
118 Ordericus Vitalis, *Historia Ecclesiastica*, VII, 7 (1968–1980), IV, S. 36 f.
119 Wilhelm von Malmesbury, *Gesta Regvm Anglorvm*, II, 262, 6 (1998–2002), I, S. 484.
120 Ebd., IV, 387, 2 (1998–1999), I, 691.
121 Eine extrem knappe, aber wohl korrekte Fassung dieser Ereignisse bringt Ordericus Vitalis, *Historia Ecclesiastica*, XII, 44 (1968–1980), VI, S. 367.
122 Grierson (1993), S. 123 f.
123 Die normannischen Namen ersetzten offenbar früh das in Skandinavien übliche Patronymicum auf *-son* mit dem lat. *filius* (und franz. *fils de*), das zu *fitz* (respektive *fiz*, *filz* o. Ä.) verschliffen wurde. Korrekterweise müsste daher der Name des Vaters dabei immer im Genitiv stehen.
124 White (1938), S. 48 f.: diese drei Gründungen waren St. Leo in Pannachio, St. Maria von Robore Grosso, und St. Maria in Licodia.
125 Ordericus Vitalis, *Historia Ecclesiastica*, VIII, 3 (1968–1980), IV, S. 142 f.
126 Gottfried Malaterra, *Widmungsbrief, De rebus gestis Rogerii* 4 (1928); vgl. Baxter Wolf (1955), S. 144 f. Zur Herkunft Gottfrieds von nördlich der Alpen vgl. Paul (2010), S. 550 f.

127 Man könnte darüber spekulieren, welche der vielen Fassungen des Alexanderromans im Sizilien des späten 11. Jahrhunderts zugänglich war, weil die bekannteste und weitverbreitetste Fassung im lateinischen, die *Alexandreis* des Walter von Châtillon, erst nach 1160 entstand. In Frage kommen also die lateinische Übersetzung des griechischen Pseuda-Kallisthenes durch den neapolitanischen Archipresbyter Leo (*Nativitas et victoria Alexandri Magni*, nach 945) oder die viel ältere Fassung des Julius Valerius Alexander Polemius (*Res gestae Alexandri Macedonis*, um 300); beide wurden im Mittelalter aber meist nicht im Original wirksam, sondern die des Julius Valerius durch eine verkürzte Version des 9. Jahrhunderts (*Epitome*), die des Leo dagegen durch eine im 11. Jahrhundert verfasste, interpolierte (also mit späteren Einschüben versehene) *Historia de preliis*.

128 Ordericus Vitalis, *Historia Ecclesiastica*, XIII, 15 (1968–1980), VI, S. 428–431.

129 Vgl. Wieruszowski (1963), S. 54, Anm. 34.

130 Ordericus Vitalis, *Historia ecclesiastica*, Lib. XIII, 15 (1968–1980), VI, S. 434.

131 Vgl. Boehm (1969), S. 632 f.

132 Vgl. Wieruszowski (1963), S. 75 ff.

133 Vgl. Metcalfe (2002), S. 305 ff.

134 Vgl. Michael Grünbart, »Handelnde und Opfer. Frauen in byzantinischen Quellen der Kreuzfahrtzeit«, in: *Das Mittelalter* 21 (2016) Nr. 1, S. 102–122.

135 Vgl. Giuseppe Mandalà, »The Jews of Palermo from Late Antiquity to the Expulsion (598–1492–93)«, in: Annliese Nef (Hrsg.), *A Companion to Medieval Palermo. The History of a Mediterranean City from 600 to 1500*, Leiden/Boston 2013, S. 437–485, hier: S. 447.

136 Vgl. Rosa di Liberto, »Norman Palermo: Architecture between the 11th and 12th Century«, in: Annliese Nef (Hrsg.), *A Companion to Medieval Palermo. The History of a Mediterranean City from 600 to 1500*, Leiden/Boston 2013, S. 139–194, hier: S. 144.

137 Siehe dazu das Kapitel »Normannischer Burgenbau«, S. 176–181.

138 Zit. nach Meier (1994b), S. 37, mit Anpassungen.

139 Siehe dazu das Kapitel »Die Normannen und ihre Mönche«, S. 64–79.
140 Vgl. Kamp (2002), S. 186.
141 Vgl. zu den Klostergründungen in Sizilien: White (1938).
142 Vgl. dazu auch Albu (2001), S. 221.
143 Vgl. Hartwig (1886), S. 171.
144 Vgl. Paul (2010), S. 551.
145 Vgl. White (1938), S. 70.
146 Vgl. Evelyn Jamison, »The Sicilian Norman Kingdom in the Mind of Anglo-Norman Contemporaries«, in: Jamison (1992), S. 159–207, hier: S. 164 ff.
147 Vgl. Metcalfe (2002), S. 299.
148 Vgl. dazu Mallette (2005), mit einem kurzen Auszug aus dem Werk in englischer Übersetzung, S. 158–160.
149 Romuald von Salerno: *Chronicon*, A. m. 130 – A. C. 1178, (1935/1966). Vgl. dazu Hartmut Hoffmann, *Hugo Falcandus und Romuald von Salerno*, Köln/Wien 1967.
150 Zu Maio vgl. Takayama (1993), bes. S. 96–98.
151 Weniger dezidiert Peter Dronke, »Peter of Blois and Poetry at the Court of Henry II«, in: *Mediaeval Studies* 38 (1976), S. 185–235
152 Vgl. Mallette (2005), S. 29 f., 146–148.
153 Vgl. Mallette (2005), S. 131–138.
154 Vgl. Mallette (2005), S. 26 f., 139 f.
155 Vgl. Metcalfe (2002), S. 298; Mallette (2005), S. 100, 143 f.
156 Vgl. dazu Takayama (1993), S. 98 ff.
157 Ebd., S. 19 f.
158 Vgl. Oswald Holder-Egger, »Italienische Prophetien des 13. Jahrhunderts 1«, in: *Neues Archiv der Gesellschaft für ältere deutsche Geschichtskunde* 15 (1890), S. 141–178.
159 So Jamison (1957); Dillon (2006), S. 207 f.
160 Vgl. Mallette (2005), S. 1, 20–22, 148–151, mit Textauszug in englischer Übersetzung.
161 Vgl. Nef (2011), S. 225 ff., und Grévin (2013), S. 419.
162 Vgl. Bates (1982), S. 106.
163 Bates (1982), S. 83 f., 115; Sartore (2013), S. 187.
164 Siehe das Kapitel »Normannischer Burgenbau«, S. 177–181.

165 Siehe dazu auch das Kapitel »Die Eroberung Siziliens«.
166 Brown (1991), S. 43.
167 Ordericus Vitalis, *Historia Ecclesiastica*, VII, 15.
168 *Vbi Harold sacramentvm fecit VVilhelmo dvci*: »Wo Harold Herzog Wilhelm einen Eid [auf Reliquien] leistet«, in: Wamers (2009), S. 141.
169 Frank Barlow (Hrsg./Übers.), *The Life of King Edward who Rests at Westminster, Attributed to a Monk of Saint-Bertin*, Oxford [2]1992, S. 79.
170 Vgl. Snorri Sturluson, *Heimskringla*, III (1979), S. 171.
171 Siehe dazu Kapitel »Die Normannen und ihre Mönche«.
172 Wilhelm von Poitiers, *Gesta Guillelmi* (1998).
173 Vgl. Wamers (2009), S. 16–18.
174 Vgl. Elisabeth van Houts, »Latin Poetry and the Anglo-Norman Court 1066–1135: The Carmen de Hastingae Proelio«, in: *Journal of Medieval History* 15 (1989), S. 39–62.
175 Vgl. William of Malmesbury, *Gesta Regvm Anglorvm*, (1998–2002).
176 Heinrich von Huntingdon: *Historia Anglorum*, vgl. *Henry, Archdeacon of Huntingdon. Historia Anglorum. The History of the English People* (1996).
177 Barlow (1992), S. 120 [s. Anm. 5].
178 *Vita Ædwardi* II, 7, ebd., 110.
179 Vgl. dazu Waßenhoven 2016, S. 102 f.
180 Vgl. Sartore (2013), S. 196.
181 Wilhelm von Jumièges, *Gesta Normannorum Ducum*, VII, 14.
182 Vgl. Wamers (2009), S. 145 f.
183 Vgl. ebd., S. 148.
184 Beides so bei Sartore (2013), S. 194, Anm. 59.
185 So jedenfalls Heinrich von Huntingdon, *Historia Anglorum*, VI, 32; vgl. *Henry, Archdeacon of Huntingdon. Historia Anglorum. The History of the English People* (1996), S. 397.
186 Vgl. zu diesem Abschnitt die beiden Bände von Gravett (2003/2004): Bd. 1: *The British Isles 1066–1216* und Bd. 2: *Europe, 950–1204*, S. 16–21. Bereits zwei Jahrzehnte nach der Schlacht von Hastings gab es erste steinerne Burgen.

187 Gravett (2004), Bd. 2, S. 4 ff.
188 Vgl. Ekkehard Eickhoff, »Maritime Defence of the Carolingian Empire«, in: Simek/Engel (2004), S. 51–64, hier: S. 57; Thomas Himstedt, »How the Vikings got to the Rhine. A Historical-Geographical Survey Over the Rhine-lands in the Early Middle Ages«, in: Simek/Engel (2004), S. 23–28, hier: S. 36.
189 Vgl. Kurt-Ulrich Jäschke, *Burgenbau und Landesverteidigung um 900*, Sigmaringen 1975, S. 33 ff.; Meier (1994b), S. 15–23.
190 Vgl. Sartore (2013), S. 197 f.
191 Gaufredus (Geoffrey) Malaterra, *De rebus gestis Rogerii*, III, 19 (1928), S. 68, spricht tatsächlich von *coementariis* »Maurern«.
192 Vgl. Gravett (2004), Bd. 2, S. 19.
193 Vgl. Gravett (2003), Bd. 1, S. 5; Houben (2012), S. 37, gibt die Zahl für die Zeit um 1100 dagegen mit »circa 5000« an.
194 Vgl. Brown (1991), S. 53.
195 Wilhelm von Poitiers, Gesta Guillelmi, II, 12 (1998), S. 120 f.
196 William von Malmesbury, *Gesta Regvm Anglorvm*, III, 246 (1998–2002), I, S. 460.
197 Vgl. Wamers (2009), S. 153: »Hier ermutigt Bischof Odo, eine Keule haltend, die Burschen.«
198 Vgl. zu Odos Leben vor allem Ordericus Vitalis, *Historia Ecclesiastica*, VIII (1968–1980), IV, S. 118 f., und X, 4 (1968–1980), V, S. 206–211.
199 Ordericus Vitalis, *Historia Ecclesiastica*, VII, 15.
200 Ebd., IX, 3 (1968–1980) V, S. 26 f.
201 Ebd., V, 10–11 (1968–1980), III, S. 96–114
202 Vgl. ebd., (1968–1980), III, S. 114.
203 Vgl. Aird (2008).
204 Wilhelm von Malmesbury, *Gesta Regvm Anglorvm*, 395,2 (1998–2002), I, S. 700–703.
205 Vgl. Aird (2008), S. 76–78.
206 Ordericus Vitalis, *Historia Ecclesiastica*, IV (1968–1980), II, S. 356.
207 So Heinrich von Huntingdon, *Historia Anglorum*, VII, 22 (1996), S. 449.
208 Vgl. *Liber Monasterii de Hyda* (1886/2015), S. 313, 315, 319.

209 Der Beiname und seine Herkunft (aus *Buamundus gigas*) wird allgemein Ordericus Vitalis zugeschrieben, was ich aber nicht verifizieren kann.

210 *Alexiade* XIII 10, 4–5; zit. nach: Anna Komnene: *Alexias* (1996), S. 459 f.

211 Vgl. Riley-Smith (1983), S. 733; Radulphus Cadomensis, *Gesta Tancredi*, Kap. 44–48 (2005), S. 69–73.

212 Ordericus Vitalis, *Historia Ecclesiastica*, Lib. X, 23 (1968–1980), V, S. 362.

213 So belegt u.a. für Bohemund in der Schlacht von Doryläum durch Robert von Rheims. Liber III; Damien Kempf / Marcus G. Bull, *The Historia Iherosolimitana of Robert the Monk*, Woodbridge 2013, S. 26; vgl. Aird (2015), S. 21.

214 Fulcher von Chartres, *Historia Hierosolymitana*, II, 32, 5.

215 Radulphus Cadomensis, *Gesta Tancredi*, Kap. 40 (2005), S. 65.

216 So die *Gesta Francorum* XXIX,5 (1890), S. 374–376.

217 *Gesta Francorum in Hierosolymitanum pugnentes*; Norwich (1967/1970); Evelyn Jamison, »Some Notes on the Anonymi Gesta Francorum, with Special Reference to the Norman Contingent from South Italy and Sicily in the First Crusade«, in: Jamison (1992), S. 275–300.

218 Vgl. die Handschrift Paris, Bibliotheque Nationale Ms. Fr. 5594, fol. 50v (etwa 1490).

219 Radulphus Cadomensis, *Gesta Tancredi in expeditione Hierosolymitana*, Kap. 97 (2005), S. 116.

220 Vgl. Thomas Asbridge, *Die Kreuzzüge*, Stuttgart ^{5}2015, S. 272.

221 Vgl. dazu: Aird (2015), S. 16.

222 Vgl. Aird (2008), S. 185 f.

223 Radulphus Cadomensis, *Gesta Tancredi in expeditione Hierosolymitana*, Kap. 139 (2005), S. 155.

224 Vgl. Alan V. Murray, »The Enemy Within: Bohemond, Byzantium and the Subversion of the First Crusade«, in: Hurlock/Oldfield (2015), S. 31–47, hier: S. 37.

225 Radulphus Cadomensis: *Gesta Tancredi*, Kap. 114, 139 (2005), S. 131, 155.

226 Ordericus Vitalis, *Historia Ecclesiastica*, X, 24.

227 *Alexiade* XI, 12, 1–3 (1996), S. 398 f.; vgl. Asbridge (2015), S. 160 [s. Anm. 12].
228 Ordericus Vitalis, *Historia Ecclesiastica*, Lib VII, 7 (1968–1980), IV, S. 36 f.
229 Die Hochzeit fand irgendwann zwischen dem 25. 3. und 26. 5. 1106 statt, da aber dynastische Hochzeiten meist zu Pfingsten ausgerichtet wurden, ist der 20. Mai als Pfingstsonntag das wahrscheinlichste Datum.
230 Suger von Saint Denis, *Vita Ludovici Grossi Regis* (1882), S. 48 f.
231 Vgl Graham A. Loud, »Anna Komnena and the Normans of Southern Italy«, in: Loud (1999a), XIII, S. 41–57, hier: S. 45.
232 Vgl. dazu Evelyn Jamison, »Some Notes on the *Anonymi Gesta Francorum*, with Special Reference to the Norman Contingent from South Italy and Sicily in the First Crusade«, in: Jamison (1992), S. 275–300, hier: S. 289 ff.
233 Vgl. Riley-Smith (1983), S. 730 ff.
234 So meint wenigstens Curtis (1912/1973), S. 90 f.; ähnlich: Jamison (1992), S. 300, die alle diese Unternehmungen als Taten der *Wiscardidae* einstuft.
235 Zu den Unterwerfungsverträgen *Alexiade* XIII, 12, vgl. Anna Komnene, *Alexias* (1996), S. 463 ff.
236 *Anonymi Gesta Francorum* (1890); *Gesta Francorum et aliorum Hierosolimitanorum* (1962). Vgl. dazu auch Paul (2010), S. 541–543.
237 Robert Levine (Übers.), *The Deeds of God through the Franks*, Woodbridge 1997.
238 »Baldrici episcopi Dolensis Historia Jerosolimitana«, in: *Recueil des historiens des Croisades. Historiens occidentaux*, Bd. 4, Paris 1879.
239 »Historia Iherosolymitana«, in: *Recueil des historiens des croisades. Historiens occidentaux*, Bd. 3, Paris 1866; *Robert the Monk's History of the First Crusade*, hrsg. von Carol Sweetenham, Aldershot 2005.
240 *Chronica monasterii Casinensis* (1980).
241 »Tudebodus imitatus et continuatus«, in: *Recueil des historiens des croisades. Historiens occidentaux*, Bd. 3, Paris 1866.

242 Fulcherius Carnotensis, *Historia Hierosolymitana* (1913).

243 Raymond d'Aguilers, *Historia Francorum qui ceperunt Iherusalem* (1968).

244 »Tudebodus Historia de Hierosolymitano itinere«, in: *Recueil des historiens des croisades. Historiens occidentaux*, Bd. 3, Paris 1866; Tudebodus, Petrus, *Historia de Hierosolymitano itinere*, übers., eingel. und Anm. von John H. Hill / Laurita L. Hill, Philadelphia 1974.

245 Albert von Aachen, *Historia Ierosolimitana* (2007).

246 1. Kreuzzug: Ordericus Vitalis, *Historia Ecclesiastica*, Lib. IX, S. 4 ff. (1968–1980), V, S. 40 f.; Antiochia: Ordericus Vitalis, *Historia Ecclesiastica*, Lib. XI (1968–1980), VI, S. 114, 120, 122, 130, 373.

247 Susan Edgington / Carol Sweetenham (Hrsg.), *The Chanson d'Antioch. An Old French Account of the First Crusade*, Farnham [u. a.] 2011.

248 Heinrich Hagenmeyer, *Die Kreuzzugsbriefe aus den Jahren 1088–1100*, Innsbruck 1901.

249 Vgl. hierzu vor allem Houben (2012), S. 95–97.

250 Vgl. dazu im Folgenden Villegas-Aristizábal (2015), S. 104.

251 Vgl. das Zitat von Regino von Prüm im Kapitel »Normannische Vorgeschichte: Die wikingische Expansion im Frankenreich und England im 9. Jahrhundert«, S 28–38.

252 William von Malmesbury, *Gesta regvm Anglorvm*, III, 246 (1998–2002), I, S. 460 f.

253 Dudo von St. Quentin, *De moribus et actis primorum Normanniæ ducum* IV (1865), S. 241; vgl. Dudo of St Quentin, *History of the Normans* (1998), S. 115.

254 Vgl. dazu Loud (1982), S. 111, Anm. 74, sowie Nitschke (1961), S. 269 ff.

255 Wilhelm von Jumièges, *Gesta Normannorum Ducum*, II, 11 (1995), I, S. 64 f.

256 Gottfried Malaterra, *De rebus gestis Rogerii* I,3 (1928), S. 8.

257 Zu den frühen Belegen für eine Abstammung der Normannen und aller Skandinavier von den Trojanern vgl. Rudolf Simek, »Der lange Weg von Troja nach Grönland. Zu den Quellen der gelehrten Urgeschichte in Island«, in: *Germanisches Altertum*

und christliches Mittelalter. Festschrift für Heinz Klingenberg, hrsg. von Bela Brogyanyi / Thomas Krömmelbein, Hamburg 2001, S. 315–327.

258 Ordericus Vitalis, *Historia Ecclesiastica*, Lib IX, 3 (1968–1980), V, S. 24 f.

259 Ordericus Vitalis, *Historia Ecclesiastica*, Lib. IV (1968–1980), II, S. 276 f.

260 Albert von Aachen, *Historia Ierosolimitana*, v. 33; ix, 35; ix, 38 (2007), S. 380 f., 683 f., 688 f. Vgl. dazu Paul (2010), S. 538.

261 Vgl. die Handschrift Paris, Bibliotheque Nationale Ms. Fr. 5594, fol. 50v (etwa 1490).

262 Dudo von St. Quentin, *De moribus et actis primorum Normanniae ducum*, I,3 – I,8, und Wilhelm von Jumièges, *Gesta Normannorum Ducum*, 20.

263 Benoît de Saint-Maure, V. 1251 ff.

264 Snorri Sturluson, *Heimskringla. Konungasögur. Haralds saga Sigurðarsonar*, Bd. 3, Reykjavík 1948, Kap. 10, S. 52–56 (Íslenzk fornrit. 3.).

265 *Ragnars saga lóðbrokar ok sona hans*, Kap. 12–13, vgl. *Fornaldarsögur Norðrlanda*, I (1886), S. 204–207.

266 Vgl. dazu Rudolf Simek, Altnordische Kosmographie, Berlin / New York 1990, S. 480, Übers. S. 485. Historisch gesehen wurde die römische Stadt schon im 3. Jahrhundert zerstört.

267 Saxo Grammaticus, *Gesta Danorum*, I, Kap. 6, 10.

268 Saxo Grammaticus, *Gesta Danorum*, II, 22 (1886), S. 24.

269 Lib. 2, Kap. 42; zum vollständigen Motiv und seiner Verbreitung vgl. auch de Vries: (1931), S. 67; Jan de Vries, »Die Wikingersaga«, in: *Germanisch-Romanische Monatsschrift* 15 (1927), S. 81–100, hier: S. 90 und Simek (2014b).

270 In diesem Zusammenhang von den Langobarden als »indigener« Bevölkerung zu sprechen, ist überzogen (so aber der ansonsten aufschlussreiche Aufsatz von Drell (1999), denn auch sie waren erst im 6. Jahrhundert in Süditalien angekommen.

271 Vgl. Loud (1982), S. 105.

272 Vgl. Boehm (1969), S. 656.

273 Vgl. Brown (1991), S. 195.

Literaturhinweise

Quellen

Adam von Bremen: *Gesta Hammaburgensis Ecclesiae Pontificum*
Magister Adam Bremensis: Gesta Hammaburgensis Ecclesiae Pontificum. Neu übertr. von Werner Trillmich. Darmstadt [5]1978. In: Quellen des 9. und 11. Jahrhunderts zur Geschichte der Hamburgischen Kirche und des Reiches. Darmstadt 1978. (Freiherr vom Stein-Gedächtnisausgabe. 11.) S. 135–503.

Ademar von Chabannes: *Chronicon Aquitanicum et Francicum* (*Historia Francorum*)
In: Chronique. Hrsg. von Jules Chavanon. Paris 1897. (Collection de textes pour servir à l'étude et à l'enseignement de l'histoire. 20.)

Albert von Aachen: *Historia Ierosolimitana*
Albert of Aachen: Historia Ierosolimitana. History of the Journey to Jerusalem. Bearb. und übers. von Susan B. Edgington. Oxford [u.a.] 2007. (Oxford Medieval Texts.)

Amatus (Aimé) von Montecassino: *Historia Normannorum*
Amatus Casinensis: L'Ystoire de li Normant, et la Chronique de Robert Viscart. Hrsg. von M. Champollion-Figeac. Paris 1835.
Amatus of Montecassino: The History of the Normans. Übers. von Prescott N. Dunbar / Graham A. Loud. Woodbridge 2004.

Anna Komnene: *Alexiade*
Alexias. Übers., eingel. und mit Anm. von Diether Roderich Reinsch. Köln 1996.

Annales regni Francorum
In: Quellen zur karolingischen Reichsgeschichte. I. Teil: Die Reichsannalen. Einhard, Leben Karls des Großen. Zwei »Leben« Ludwigs. Nithard, Geschichten. Hrsg. von Reinhold Rau. Darmstadt 1993. (Freiherr vom Stein-Gedächtnisausgabe. 5.) S. 9–155.

Annales Bertiniani
In: Quellen zur karolingischen Reichsgeschichte. II. Teil: Jahrbücher von St. Bertin. Jahrbücher von St. Vaast. Xantener Jahrbücher. Hrsg. von Reinhold Rau. Darmstadt 1958. (Freiherr vom Stein-Gedächtnisausgabe. 6.) S. 11–287.

Annales Vedastini
In: Quellen zur karolingischen Reichsgeschichte. II. Teil: Jahrbücher von St. Bertin. Jahrbücher von St. Vaast. Xantener Jahrbücher. Hrsg. von Reinhold Rau. Darmstadt 1958. (Freiherr vom Stein-Gedächtnisausgabe. 6.) S. 289–337.

Annales Xantenses
In: Quellen zur karolingischen Reichsgeschichte. II. Teil: Jahrbücher von St. Bertin. Jahrbücher von St. Vaast. Xantener Jahrbücher. Hrsg. von Reinhold Rau. Darmstadt 1958. (Freiherr vom Stein-Gedächtnisausgabe. 6.) S. 339–371.

Astronomus: *Vita Hludovici imperatoris*
In: Quellen zur karolingischen Reichsgeschichte. I. Teil: Die Reichsannalen. Einhard, Leben Karls des Großen. Zwei »Leben« Ludwigs. Nithard, Geschichten. Hrsg. von Reinhold Rau. Darmstadt 1993. (Freiherr vom Stein-Gedächtnisausgabe. 5.) S. 257–381.

Bartolomeo de Neocastro: *Historia Sicula*
Historia Sicula. Hrsg. von Giuseppe Paladino. Bologna 1921–1922. (Rerum Italicarum scriptores XIII, 3.) Nachdr. Turin 1966.

Beda Venerabilis: *Historia Ecclesiastica gentis Anglorum*
Venerabilis Bedæ Opera omnia. Paris 1850. Repr. Turnhout 1968. (J. P. Migne: Patrologiae Cursus Completus. Series Latina. 90.)

Benedikt von St. Maure: *Chronique des ducs de Normandie*
Benoît de Sainte-Maure: Chronique des ducs de Normandie. Publiée d'après le manuscrit de Tours avec les variantes du manuscrit de Londres. Hrsg. von Carin Fahlin / Östen Södergård /Sven

Sandqvist. 4 Bde. Uppsala 1951–1979. (Acta Universitatis Lundensis. I, 29.)

Chronica et gesta aevi Salici

Monumenta Germaniae historica. Scriptores in folio. Hrsg. von Georg Heinrich Pertz. Bd. 7. Hannover 1846. Nachdr. 1976.

Chronica monasterii Casinensis

Die Chronik von Montecassino (Chronica monasterii Casinensis). Hrsg. von Hartmut Hoffmann. Hannover 1980. (Monumenta Germaniae historica. 34.)

Dudo von St. Quentin: *De moribus et actis primorum Normanniae ducum*

De moribus et actis primorum Normanniæ ducum. Hrsg. von Jules Lair. Caen 1865. (Mémoires de la Société des Antiquaires de Normandie. 23.)

Dudo Sancti Quintini: De moribus et actis primorum Normannorum ducum. Hrsg. von Jacques P Migne. Paris 1880. (Patrologia Latina. 141.) S. 607–758.

Erling Albrectsen: Dudo: Normandiets Historie under de første Hertuger. Odense 1979.

Dudo of St. Quentin: History of the Normans: Translation with Introduction and Notes. Übers. von Eric Christiansen. Woodbridge 1998.

Falco von Benevento: *Chronicon*

In: Cronisti e scrittori sincroni napoletani editi e inediti. Storia della monarchia. Hrsg. von Giuseppe Del Re. Bd. 1. Neapel 1845. S. 161–252.

Falco Beneventanus: Chronicon Beneventanum. Città e feudi nell'Italia dei normanni. Hrsg. von Edoardo D'Angelo. Firenze 1998.

Flodoard von Reims: *Historia Remensis ecclesiae*

Flodoardus Remensis: Historia Remensis ecclesiae. Flodoard von

Reims: Die Geschichte der Reimser Kirche. Hrsg. von Martina Hartmann. Hannover 1998. (Monumenta Germaniae historica. Scriptores [in folio]. 36.)

Fulcherius Carnotensis: *Historia Hierosolymitana* (*Gesta Francorum Hierusalem expugnantium*)
Historia Hierosolymitana. (1095–1127). Hrsg. von Heinrich Hagenmeyer. Heidelberg 1913.

Gaufredus (Geoffrey) Malaterra: *De rebus gestis Rogerii*
De rebus gestis Rogerii Calabriae et Siciliae Comitis et Roberti Guiscardi ducis fratris eius. Hrsg. von Ernesto Pontieri. Bologna 1928. (Rerum Italicarum Scriptores Nuova ed. 5,1.)
Godfred Malaterra: Normannernes Bedrifter i Syditalien. Übers. von Erling Albrectsen. Odense 1981.

Geoffrey von Monmouth: *Historia regum Britanniae*
The History of the Kings of Britain. An Edition and Translation of De gestis Britonum (Historia regum Britanniae). Hrsg. und übers. von Michael D. Reeve / Neil Wright. Woodbridge 2007. (Arthurian Studies. 69.)

Genealogia ducum Normannorum
In: Über die Leges Edwardi Confessoris. Hrsg. von Felix Liebermann. Halle 1986. S. 134–139.

Gervasius von Tilbury: *Otia Imperialia*
Des Gervasius von Tilbury Otia Imperialia in einer Auswahl neu herausgegeben. Hrsg. von Felix Liebrecht. Hannover 1856.
Gervasius von Tilbury: Kaiserliche Mußestunden. Übers. von Heinz Erich Stiene. 2 Bde. Stuttgart 2009.

Gesta Francorum et aliorum Hierosolimitanorum
Anonymi Gesta Francorum et aliorum Hierosolimitanorum. Hrsg. von Heinrich Hagenmeyer. Heidelberg 1890.
Gesta Francorum et aliorum Hierosolimitanorum. The Deeds of the

Franks and the other Pilgrims to Jerusalem. Hrsg. und übers. von Rosalind Hill. London [u.a.] 1962.

Gesta Francorum Hierusalem expugnantium siehe *Fulcherius Carnotensis*

Göngu-Hrólfs saga
In: Fornaldarsögur Norðrlanda. Hrsg. von Valdimar Ásmundarson. Bd. 3. Reykjavík 1891. S. 143–239.

Heinrich von Huntingdon: *Historia Anglorum*
Henry, Archdeacon of Huntingdon. Historia Anglorum. The History of the English People. Hrsg. und übers. von Diana Greenway. Oxford 1996.

Íslendingabók
Íslendingabók; Landnámabók. Hrsg. von Jakob Benediktsson. Reykjavík 1968. (Íslenzk fornrit. 1.)

John of Marmoutier: *Historia Gaufredi ducis Normannorum et comitis Andegavorum*
In: Chroniques des comtes d'Anjou et des seigneurs d'Ambois. Hrsg. von Louis Halphen / René Poupardin. Paris 1913. S. 172–231.

Lambert von Saint-Omer (Lambertus Audumarensis): *Liber floridus*
Audomari Canonici Liber Floridus. Codex authographus bibliothecae universitatis Gandavensis. Hrsg. von Albert Derolez. Ghent 1968.

Landnámabók
Íslendingabók; Landnámabók. Hrsg. von Jakob Benediktsson. Reykjavík 1968. (Íslenzk fornrit. 1.)

Leo Marsicanus: *Chronica monasterii Casinensis*
Die Chronik von Montecassino – Chronica monasterii casinensis. Hrsg. von Hartmut Hoffmann. Hannover 1980. (Monumenta Germaniae historica. Scriptores in folio. 34.)

Liber Monasterii de Hyda
Liber Monasterii de Hyda. Hrsg. von Edward Edwards. Bd. 45. London 1866. (Rerum britannicarum medii aevi scriptores.)

Magna Vita Sancti Hugonis
Magna Vita Sancti Hugonis. The Life of St. Hugh of Lincoln. Hrsg. von Decima L. Douie / David Hugh Farmer. Bd. 1. Oxford 1985.

Nestorchronik
Die Nestorchronik. Übers. von Ludolf Müller. München 2001.

Ordericus Vitalis: *Historia Ecclesiastica*
The Ecclesiastical History of Orderic Vitalis. Hrsg. und übers. von Marjorie Chibnall. 6 Bde. Oxford 1968–1980. (Oxford Medieval Texts.)

Ordericus Vitalis: *Gesta Normannorum Ducum*
The gesta Normannorum ducum of William of Jumièges, Orderic Vitalis, and Robert of Torigni. Hrsg. von Elisabeth M. C. Van Houts. Oxford 1995. (Oxford Medieval Texts. II.)

Paulus Diaconus: *Historia Langobardorum*
Scriptores rerum Langobardicarum et Italicarum saec. VI–IX. Hrsg. von Georg Waitz. (Monumenta Germaniae historica. Scriptores 3.) Hannover 1878.

Petrus de Ebulo: *De rebus Siculis carmen*
Petri Ansolini de Ebulo: De rebus Siculis carmen. Hrsg. von Ettore Rota. Città di Castello 1904. (Rerum Italicarum Scriptores.)

Radulphus Cadomensis: *Gesta Tancredi*
Ralph of Caen: The Gesta Tancredi of Ralph of Caen: A History of the Normans on the First Crusade. Übers. von Bernard S. Bachrach / David S. Bachrach. Aldershot 2005.

Ragnars saga lóðbrokar ok sona hans
In: Fornaldarsögur Norðrlanda 1. Hrsg. von Valdimar Ásmundarson. Reykjavík 1886. S. 175–243.

Raimund von Aguilers: *Gesta Francorum qui ceperunt Iherusalem*
Raymond d'Aguilers. Historia Francorum qui ceperunt Iherusalem. Übers. von John Hugh Hill / Laurita Lyttleton Hill. Philadelphia 1968. (Memoirs of the American Philosophical Society. 71.)

Recueil des actes de Charles III le Simple
Recueil des actes de Charles III le Simple, Roi de France (892–923). Hrsg. von Ferdinand Lot / Philippe Lauer. Paris 1949.

Regino von Prüm (Regino Prumiensis): *Chronica*
In: Quellen zur karolingischen Reichsgeschichte. III. Teil: Jahrbücher von Fulda. Regino: Chronik. Notker: Taten Karls. Hrsg. von Reinhold Rau. Darmstadt 1960. (Freiherr vom Stein-Gedächtnisausgabe. 7.)

Richerus Remensis: *Historiae*
Richer von Saint-Remi. Hrsg. von Hartmut Hoffmann. Hannover 2000. (Monumenta Germaniae historica. Scriptores in folio. 38.)

Robert de Torigni: *Chronica*
Chronique de Robert de Torigni, abbé du Mont Saint Michel. Hrsg. von Léopold Delisle. Rouen 1872–1873.
The gesta Normannorum ducum of William of Jumièges, Orderic Vitalis, and Robert of Torigni. Hrsg. von Elisabeth M. C. Van Houts. Oxford 1995. (Oxford Medieval Texts. II.)

Rodulfus Glaber: *Historiarum libri quinque ab anno incarnationis 900 usque ad a. 1044*
In: Opera. Rodulfi Glabri Historiarum libri quinque. The five Books of the Histories. Hrsg. und übers. von John France / Neithart Bulst / Paul Reynolds. Oxford 1989. (Oxford Medieval Texts.)

Romuald von Salerno: *Chronicon*
Chronicon (A. m. 130 – A. C. 1178). Hrsg. von Carlo A. Garufi. Città di Castello 1935. Nachdr. 1966. (Rerum Italicarum Scriptores. Nuova Edizione. 7,1.)
Romoaldi II archiepsicopi Salernitani annales. Hrsg. von Wilhelm Arndt. Hannover 1866. (Monumenta Germaniae Historica. Scriptores. 19.) S. 387–461.

Saxo Grammaticus: *Gesta Danorum*
Saxonis Grammaticus: Gesta Danorum. Hrsg. von Alfred Holder. Straßburg 1886.
Saxo Grammaticus, The History of the Danes 1–2. Übers. von Hilda R. Ellis Davidson / David Fisher. Cambridge 1979–1980.

Snorri Sturluson: *Heimskringla*
Heimskringla I–III. Hrsg. von Bjarni Aðalbjarnarson. Reykjavík 1979. (Íslenzk fornrit. 25–27.)

Stephan von Rouen: *Draco Normannicus*
In: Chronicles of the Reigns of Stephen, Henry II., and Richard I. Hrsg. von Richard Howlett. Bd. II. London 1885. S. 589–786.

Suger von Saint Denis: *Vita Ludovici Grossi Regis*
Sugerus abbas S. Dionysii: Vita Ludovici VI Francorum regis. In: Monumenta Germaniae historica. Scriptores [in folio] 26. Hrsg. von Auguste Molinier. Hannover 1882. S. 46–59.
Suger: The Deeds of Louis the Fat. Übers. von Richard Cusimano / John Moorhead. Washington, D. C. 1992.

Thietmar von Merseburg: *Chronica*
Chronik. Neu übertr. und erl. von Werner Trillmich. Darmstadt 2002. (Freiherr vom Stein-Gedächtnisausgabe. 9.) S. 139–143.

Vita Hludovici imperatoris siehe *Astronomus*

Wilhelm von Apulien: *Gesta Roberti Wiscardi*
Gesta Roberti Wiscardi. In: Monumenta Germaniae historica. Scriptores 9. Hrsg. von Roger Wilmans. Hannover 1851. Nachdr. 1983. S. 239–298.
Guillaume de Pouille: La Geste de Robert Guiscard. Übers. von Marguerite Mathieu. Palermo 1961. (Istituto Siciliano di Studi Bicantini e Neoellenici.)

Wilhelm von Jumièges: *Gesta Normannorum Ducum*
The gesta Normannorum ducum of William of Jumièges, Orderic Vitalis, and Robert of Torigni. Hrsg. und übers. von Elisabeth M. C. Van Houts. Oxford 1995. (Oxford Medieval Texts. II.)
Erling Albrectsen: To Normanniske Krøniker [Vilhelm of Jumièges: Gesta Normannorum ducum, and: Vilhelm of Poitiers: Gesta Guillelmi ducis]. Odense 1980.

Wilhelm von Malmesbury: *Gesta Regvm Anglorvm*
William of Malmesbury: Gesta Regvm Anglorvm. The History of the English Kings. Hrsg. und übers. von Rodger A. B. Mynors / Rodney M. Thomson / M. Winterbottom. 2 Bde. Oxford 1998–2002.

Wilhelm von Poitiers (Guilelmus Pictaviensis): *Gesta Guillelmi*
The Gesta Gvillelmi of William of Poitiers. Hrsg. und übers. von Marjorie M. Chibnall / Ralph Henry Carless Davis. Oxford 1998. (Oxford Medieval Texts.)

Forschungsliteratur

Abulafia, David: The Two Italies: Economic Relations Between the Norman Kingdom of Sicily and the Northern Communes. Cambridge 1977.
Aird, William M.: Robert Curthose, Duke of Normandy, c. 1050–1134. Woodbridge 2008.
– »Many Others, Whose Names I Do Not Know, Fled With Them«: Norman Courage and Cowardice on the First Crusade. In: Hurlock/Oldfield (2015). S. 13–29.

Albu, Emily: The Normans in their Histories: Propaganda, Myth and Subversion. Woodbridge 2001.
– Antioch and the Normans. In: Hurlock/Oldfield (2015). S. 159–175.
Angelo, Edoardo d': Intellettuali tra Normandia e Sicilia (per un identikit letterario del cosiddetto Ugo Falcando). In: Cultura cittadina e documentazione: formazione e circolazione di modelli. Atti del convegno del Dipartimento di paleografia e medievistica dell'Università di Bologna (12.–13. 10. 2006) a cura di Anna Laura Trombetti Budriesi. Bologna 2009. S. 325–349.
Bates, David: Normandy before 1066. London 1982.
– William the Conqueror. Stroud 2004.
Bauduin, Pierre: La première Normandie (Xe–XIe siècle): sur les frontières de la haute Normandie: identité et construction d'une principauté. Caen 2004.
Baxter Wolf, Kenneth: Making History: The Normans and Their Historians in Eleventh-Century Italy. Philadelphia 1995.
Becher, Matthias: Karl der Große. München 2014.
Becker, Philipp August: Der Planctus auf Wilhelm Langschwert. In: Zeitschrift für französische Sprache und Literatur 63 (1939) S. 190–197.
Béraud-Villars, Jean: Les Normands en Méditerranée. Paris 1951.
Bethmann, Ludwig: Reise durch die Niederlande, Belgien und Frankreich. In: Archiv der Gesellschaft für ältere deutsche Geschichtskunde 8 (1843) S. 25–101.
Boehm, Laetitia: Die »Gesta Tancredi« des Radulf von Caen: ein Beitrag zur Geschichtsschreibung der Normannen um 1100. In: Historisches Jahrbuch 75 (1956) S. 47–72.
– Nomen gentis normannorum: der Aufstieg der Normannen im Spiegel der normannischen Historiographie. In: I Normanni e la loro espansione in Europa nell'alto medioevo. Spoleto 1969. S. 623–704.
Broekman, Theo: ›Rigor iustitiae‹ – Herrschaft, Recht und Terror im normannisch-staufischen Süden (1050–1250). Darmstadt 2005.
Brown, Gordon S.: The Norman Conquest of Southern Italy and Sicily. Jefferson, N. C. [u.a.]: 2003.

Brown, Reginald Allen: The Normans and the Norman Conquest. Woodbridge [2]1985.
– Die Normannen. München 1991.
Bruckner, Wilhelm: Die Sprache der Langobarden. Straßburg 1895. Nachdr. Berlin 1969.
Caravale, Mario: Il regno normanno di Sicilia. Ius Nostrum. Bd. 10. Varese 1966.
Caspar, Erich: Roger der Zweite (1101–1154) und die Gründung der normannisch-sizilischen Monarchie. Darmstadt 1963.
Chalandon, Ferdinand: Histoire de la domination normande en Italie et en Sicile. 2 Bde. Paris 1907–1960.
Chatellier, Paul du / Louis Le Pontois: La Sépulture Scandinave à Barque de L'Ile de Groix. In: Bulletin de la Société archéologique du Finistère 35 (1908) S. 137–232.
Chevedden, Paul E.: »A Crusade from the First«: The Norman Conquest of Islamic Sicily, 1060–1091. In: Medieval History 22 (2010) S. 191–225.
Chibnall, Marjorie: Charter and Chronicle: The Use of Archive Sources by Norman Historians. In: Church and Government in the Middle Ages: Essays Presented to C. R. Cheney. Hrsg. von Christopher N. L. Brooke [et al.]. Cambridge 1976. S. 1–18.
Cohn, Willy: Die Geschichte der Normannisch-sicilischen Flotte unter der Regierung Rogers I. und Rogers II. (1060–1154). Breslau 1910.
– Die Geschichte der sizilischen Flotte 1060–1266. Vereinigter Neudruck dreier Abhandlungen aus den Jahren 1910–1926 mit Anhang: Die Basler Konzilsflotte des Jahres 1437 / Die Bedeutung der Seemacht in der Geschichte. Aalen 1978.
Cuozzo, Errico: Normanni. Nobiltà e cavalleria. Salerno 1995.
Curtis, Edmund: Roger of Sicily and the Normans in Lower Italy, 1016–1154. New York / London 1912. Nachdr. 1973.
Davis, Ralph Henry Carless: The Normans and Their Myth. London 1976.
Deér, Josef (Hrsg.) Das Papsttum und die süditalienischen Normannenstaaten 1053–1212. Göttingen: 1969.
– Papsttum und Normannen. Untersuchungen zu ihren lehens-

rechtlichen und kirchenpolitischen Beziehungen. Köln/Wien 1972.

Demus, Otto: The Mosaics of Norman Sicily. London 1949.

Dillon, John B.: Eugenius of Palermo. In: Key Figures in Medieval Europe: An Encyclopedia. Hrsg. von Richard K. Emmerson. New York / London 2006. S. 207 f.

Douglas, David: Rollo of Normandy. In: The English Historical Review 57 (1942). S. 417–36.

Drell, Joanna H.: Cultural Syncretism and Ethnic Identity: The Norman ›Conquest‹ of Southern Italy and Sicily. In: Journal of Medieval History 25 (1999) S. 187–202.

– Kinship and Conquest: Family Strategies in the Principality of Salerno During the Norman Period, 1077–1194. Ithaca / New York 2002.

Ebel, Else: Der Konkubinat nach altwestnordischen Quellen: philologische Studien zur sogenannten »Friedelehe«. Berlin 1993.

Enzensberger, Horst: Beiträge zum Kanzlei- und Urkundenwesen der normannischen Herrscher Unteritaliens und Siziliens. München 1971.

Faber, Gustav: Die Normannen: Piraten, Entdecker, Staatengründer. Bindlach 1991.

Fauroux, Marie: Recueil des actes des ducs de Normandie de 911 à 1066: complété d'un index rerum. Memoires de la Société des Antiquaires de Normandie. T. 36: Sér. 4. Bd. 6. Caen 1961.

France, John: The Occasion of the Coming of the Normans to Southern Italy. In: Journal of Medieval History 17 (1991) S. 185–205.

Friðriksson, Adolf: Sagas and Popular Antiquarianism in Icelandic Archaeology. Aldershot 1994.

Gally-Knight, Henry: Saracenic and Norman Remains to Illustrate the Normans in Sicily. London 1840.

Gazeau, Véronique: Normannia monastica (Xe-XIIe siècle). 2 Bde. Turnhout 2007.

Georgen, Hellen: Das »Carmen de Rebus Siculis« (Bern, Burgerbibliothek, ms. 120). Studien zu den Bildquellen und zum Erzählstil eines illustrierten Lobgedichts des Peter von Eboli. [unpubl. Diss.] Wien 1975.

Gravett, Christopher: Norman Stone Castles. Bd. 1: The British Isles 1066–1216. Oxford 2003. Bd. 2: Europe 950–1204. Oxford 2004.
Grebner, Gundula: Zum Zusammenhang von Sozialformen und Wissensform. Naturwissen am staufischen Hof in Süditalien. In: Erziehung und Bildung bei Hofs. Hrsg. von Werner Paravicini / Jörg Wettlaufer. Stuttgart 2002. S. 193–213.
– / Johannes Fried (Hrsg.): Kulturtransfer und Hofgesellschaft in Mittelalter, Wissenskultur am sizilianischen und Castilischen Hof im 13. Jahrhundert. Berlin 2008. S. 273–284.
Grévin, Benoît: Linguistic Cultures and Textual Production in Palermo, from the End of the 11th to the End of the 15th Century. In: Nef (2013) S. 413–485.
Grierson, Philip: The Coinages of Norman Apulia and Sicily in Their International Setting. In: Proceedings of the XV. Battle Conference. Woodbridge 1993. S. 117–132.
Guillot, Olivier: La Conversion des Normands à partir de 911. In: Histoire religieuse de la Normandie. Hrsg. von Nadine-Josette Chaline / Michel Bee. S. Chambray 1981. S. 25–53.
Hartwig, Otto: Die Übersetzungsliteratur Unteritaliens in der normannisch-staufischen Epoche. In: Centralblatt für Bibliothekswesen 3 (1886) S. 161–190, 223–225, 505 f.
Haskins, Charles Homer: England and Sicily in the twelfth Century. In: English Historical Review 26 (1911) S. 434–447, 642–665.
– The Normans in European History. New York 1959.
– Norman Institutions. New York [2]1967.
Hattenhauer, Hans: Die Aufnahme der Normannen in das westfränkische Reich: Saint Clair-sur-Epte AD 911. Hamburg 1990.
Heinemann, Lothar von: Geschichte der Normannen in Unteritalien und Sizilien / 1. bis 1085: bis zum Aussterben des normannischen Königshauses. Leipzig 1894. Neudr. Aalen 1969.
Hermann, Pernille: Skrift og historie hos Orderik Vitalis: historiografi som udtryk for 1100-tallets renæssance i normannisk og nordisk skriftkultur. Kopenhagen: 2002.
Hoffmann, Hartmut: Die Anfänge der Normannen in Süditalien. In: Quellen und Forschungen aus italienischen Archiven und Bibliotheken 49 (1969) S. 95–144.

Hofmann, Kerstin P. / Hermann Kamp / Matthias Wemhoff (Hrsg.): Die Wikinger und das Fränkische Reich. Identitäten zwischen Konfrontation und Annäherung. Paderborn 2014.

Holtzmann, Walther: Papst-, Kaiser- und Normannenurkunden aus Unteritalien. In: Quellen und Forschungen aus italienischen Archiven und Bibliotheken 35 und 36 (1955–56) S. 46–85 und 1–85.

Houben, Hubert: Möglichkeiten und Grenzen religiöser Toleranz im normannisch-staufischen Königreich Sizilien. In: Deutsches Archiv 50 (1994) S. 159–198.

– Neue Quellen zur Geschichte der Juden und Sarazenen im Königreich Sizilien (1275–1280). In: Quellen und Forschungen aus italienischen Archiven und Bibliotheken 74 (1994) S. 335–359.

– Die Abtei Venosa und das Mönchtum im normannisch-staufischen Süditalien. Tübingen 1995.

– Religious Toleration in the South Italian Peninsula during the Norman and Staufen Periods. In: Loud/Metcalfe (2002) S. 319–339.

– Die Normannen. München 2012.

Hurlock, Kathryn / Paul Oldfield (Hrsg.): Crusading and Pilgrimage in the Norman World. Woodbridge 2015.

I Normanni e la loro espansione in Europa nell'alto medioevo. 18–24 aprile 1968, Spoleto 1969. (Settimane di studio del Centro italiano di Studi sull'Alto Medioevo.) Spoleto 1969.

Irlenbusch-Reynard, Liliane: Rollon. De l'histoire à la fiction. État des sources et essai biographique. Brüssel 2016.

Jahn, Wolfgang: Untersuchungen zur normannischen Herrschaft in Süditalien (1040–1100). Frankfurt a. M. 1989.

Jamison, Evelyn: The Norman Administration of Apulia and Capua, more especially under Roger II and William I 1127–1166. In: Papers of the British School at Rome 6 (1913). S. 211–481.

– The Sicilian-Norman Kingdom in the Mind of Anglo-Norman Contemporaries. In: Proceedings of the British Academy 24 (1938) S. 237–285.

– Admiral Eugenius of Sicily, His Life and Work and the Authorship of the Epistola ad Petrum and the Historia Hugonis Falcandi Siculi. London 1957.

– Studies on the History of Medieval Sicily and South Italy. Hrsg. von Dione Clementi / Theo Kölzer. Aalen 1992.
Joranson, Einar: The Inception of the Career of the Normans in Italy – Legend and History. In: Speculum 23 (1948) S. 353–396.
Kamp, Hermann: Die Macht der Zeichen und Gesten. Öffentliches Verhalten bei Dudo von Saint-Quentin. In: Formen und Funktionen öffentlicher Kommunikation im Mittelalter. Hrsg. von Gerd Althoff. Stuttgart 2001. S. 125–155.
Kamp, Norbert: Die Bischöfe Siziliens in der Normannenzeit: ihre soziale Herkunft und ihr geistlicher Bildungsweg. In: Abhandlungen der Braunschweigischen Wissenschaftlichen Gesellschaft 45 (1994) S. 81–103.
– The Bishops of Southern Italy in the Norman and Staufen Period. In: Loud/Metcalfe (2002) S. 185–209.
Kaufhold, Martin: Die wilden Männer werden fromm. Probleme der Christianisierung in der Frühzeit der Normandie. In: Historisches Jahrbuch 120 (2000) S. 1–38.
Kehr, Karl Andreas: Die Urkunden der normannisch-sicilischen Könige. Eine diplomatische Untersuchung. Innsbruck 1902.
Kehr, Paul Fridolin: Die Belehnungen der süditalienischen Normannenfürsten durch die Päpste (1059–1192). Berlin 1934.
Knight, Henry Gally: Saracenic and Norman Remains to Illustrate the Normans in Sicily. London 1840.
Kutschmann, Theodor: Meisterwerke Saracenisch-Normannischer Kunst in Sicilien und Unteritalien. Berlin o. J. [1990].
Le Maho, Jacques: Vie perdue de Guillaume Longue-Épée († 942), état des recherches en cours. In: Tabularia 7 (2007) S. 75–105.
Lifshitz, Felice: Dudo's Historical Narrative and the Norman Succession of 996. In: Journal of Medieval History 20 (1994) S. 101–120.
Lind, Erik Henrik: Norsk-Isländska dopnamn ock fonherade namn från Medeltiden. Uppsala/Leipzig 1905–1915.
Lopez, Roberto Sabatino: The Norman Conquest of Sicily. In: A History of the Crusades. Hrsg. von Kenneth Meyer Setton. Madison, Wisc. 1969. S. 54–67.
Loud, Graham A.: The ›Gens Normannorum‹ – Myth or Reality. In: Proceedings of the Fourth Battle Conference on Anglo-Norman

Studies 1981. Hrsg. von Reginald A. Brown. Woodbridge 1982. S. 104–119, 205–209.
– Betrachtungen über die normannische Eroberung Süditaliens. Forschungen zur Reichs-, Papst- und Landesgeschichte: Peter Herde zum 65. Geburtstag von Freunden, Schülern und Kollegen dargebracht. Stuttgart 1998. S. 115–131.
– Conquerors and Churchmen in Norman Italy. Aldershot [u. a.] 1999. [Zit. als 1999a.]
Loud, Graham A.: How ›Norman‹ was the Norman Conquest of Southern Italy? In: Nottingham Medieval Studies 25 (1981) S. 13–34. Und in: Loud (1999a) II. S. 13–43. [Zit. als 1999b.]
– Churches and Churchmen in an Age of Conquest: Southern Italy 1030–1130. In: Loud (1999a) VIII. S. 37–53.
– Anna Komnena and the Normans of Southern Italy. In: Loud (1999a) VIII. S. 41–57.
– The Age of Robert Guiscard: Southern Italy and the Norman Conquest. Harlow [u. a.] 2000.
– / Alex Metcalfe (Hrsg.): The Society of Norman Italy. Leiden [u. a.] 2002.
Lucien, Musset: Les Normands fondateurs d'états. Une vue d'ensemble. In: Annales de Normandie 10 (1960) Nr. 4. S. 398 f.
Mallette, Karla: The Kingdom of Sicily, 1100–1250: A Literary History. Philadelphia 2005.
Margrét Hermanns-Auðardóttir: Islands tidiga Bosättning. Umeå 1989.
Matthew, Donald J. A.: The Chronicle of Romuald of Salerno. In: The Writing of History in the Middle Ages: Essays Presented to Richard William Southern. Hrsg. von Ralf H. C. Davis / John Wallace-Hadrill. Oxford 1981. S. 239–274.
Matthew, Donald: The Norman Kingdom of Sicily. Cambridge 1992.
Meier, Hans-Rudolf: »…das ird'sche Paradies, das sich den Blicken öffnet«. Die Gartenpaläste der Normannenkönige in Palermo. In: Die Gartenkunst 6 (1994) S. 1–18. [1994a.]
– Die normannischen Königspaläste in Palermo. Worms 1994. [1994b.]

Ménager, Léon-Robert (Hrsg.): Recuil des actes des ducs normands d'Italie I. Bari 1981.
Metcalfe, Alex: The Muslims of Sicily under Christian Rule. In: Loud/Metcalfe (2002) S. 289–317.
Musset, Lucien: Nordica et Normannica: recueil d'études sur la Scandinavie ancienne et médiévale, les expéditions des Vikings et la fondation de la Normandie. Studia Nordica. Bd. 1. Paris 1997.
Nef, Annliese: Conquérir et gouverner la Sicile islamique aux XIe et XIIe siècles. Rom 2011.
– (Hrsg.): A Companion to Medieval Palermo. The History of a Mediterranean City from 600 to 1500. Leiden/Boston 2013.
Neveux, François: La Normandie des ducs aux rois: Xe–XIIe siècle. Rennes 1998.
Nitschke, August: Beobachtungen zur normannischen Erziehung im 11. Jahrhundert. In: Archiv für Kulturgeschichte 43 (1961) S. 265–298.
Norwich, John Julius: The Normans in Sicily. London / New York 1967/1970.
– The Normans in the South 1016–1130. London 1967.
Occhiato, Giuseppe: La SS. Trinità di Mileto e l'architettura normanna meridionale. Catanzaro 1977.
Onofrio, Mario d' (Hrsg.): I Normanni. Popolo d'Europa 1030–1200. Rom 1994.
Paul, Nicholas L.: A Warlord's Wisdom: Literacy and Propaganda at the Time of the First Crusade. In: Speculum 85 (2010) S. 534–566.
Plassmann, Alheydis: Tellus Normannica und dux Dacorum bei Dudo von Saint-Quentin: Land und Herrscher als Integrationsfaktor für die Normandie. In: Auf der Suche nach den Ursprüngen. Von der Bedeutung des frühen Mittelalters. Hrsg. von Walter Pohl. Wien 2004. S. 233–251.
– Die Normannen: Erobern – Herrschen – Integrieren. Stuttgart 2008.
– Die Wirkmächtigkeit von Feindbildern – Die Wikinger in den fränkischen und westfränkischen Quellen. In: Hofmann/Kamp/Wemhoff (2014) S. 61–83.
Pohl, Benjamin / Steven Vanderputten: Fécamp, Cluny and the

Invention of Traditions in the Later Eleventh Century. In: The Journal of Medieval Monastic History 5 (2016) S. 1–61.
Potts, Cassandra: Monastic Revival and Regional Identity in Early Normandy. Woodbridge 1997.
Prentout, Henri: Étude critique sur Dudon de Saint-Quentin et son »Histoire des premiers ducs normands«. Paris 1916.
Price, Neil S.: The Vikings in Brittany. London 1989.
Renn, Derek F.: Norman Castles in Britain. London 1968.
Riley-Smith, Jonathan: The Motives of the Earliest Crusaders and the Settlement of Latin Palestine, 1095–1100. In: The English Historical Review 98 (1983) Nr. 389. S. 721–736.
Rill, Bernd: Sizilien im Mittelalter: das Reich der Araber, Normannen und Staufer. Stuttgart 1995.
Roslund, Mats: Sicilien, Siqiliya, Sikelö: öppningar till en transnationell historia. In: Kungl. Vitterhets historie och antikvitetsakademiens årsbok 2014. S. 161–175.
Rowley, Trevor: Die Normannen. Essen 2003.
Rüdiger, Jan: Der König und seine Frauen. Polygynie und politische Kultur in Europa (9.–13. Jahrhundert). Berlin / New York 2015.
Sartore, Melissa: Eleventh- and Twelfth-Century Similarities in the Norman Influence, Contact and »Conquests« of Sicily, Southern Italy and England. In: Medieval History 25 (2013) S. 184–203.
Schack, Adolf Friedrich von: Geschichte der Normannen in Sizilien. Essen 1997.
Schwarz, Heinrich M.: Die Baukunst Kalabriens und Siziliens im Zeitalter der Normannen. I. Teil: Die lateinischen Kirchengründungen des 11. Jahrhunderts und der Dom in Cefalù. In: Römisches Jahrbuch für Kunstgeschichte 6 (1942/44) S. 1–112.
Searle, Eleanor: Fact and Pattern in Heroic History: Dudo of Saint-Quentin. In: Viator 15 (1984) S. 119–137.
– Predatory Kinship and the Creation of Norman Power, 840–1066. Berkeley [u. a] 1988.
Simek, Rudolf: Die Gründe für den Ausbruch der Wikingerzüge und das fränkische Reich. In: Hofmann/Kamp/Wemhoff (2014) S. 51–60. [2014a.]
– Memoria Normannica. In: Minni and Muninn – Memory in

Medieval Nordic Culture. Hrsg. von Pernille Hermann / Stephen A. Mitchell / Agnes S. Arnórsdóttir. Turnhout 2014. S. 133–154. [2014b.]
– Die Schiffe der Wikinger. Stuttgart 2014. [2014c.]
– Vinland! Wie die Wikinger Amerika entdeckten. München 2016.
– Die Wikinger. München ⁷2021.
– / Ulrike Engel (Hrsg.): Vikings on the Rhine. Recent Research on Early Medieval Relations between the Rhinelands and Scandinavia. Wien 2004.
Skinner, Patricia: Family power in Southern Italy: the Duchy of Gaeta and its Neighbours, 850–1139. Cambridge [u. a.] 1995.
Stanton, Charles D.: Norman Naval Operations in the Mediterranean. Woodbridge 2011.
Takayama, Hiroshi: The Administration of the Norman Kingdom of Sicily. Leiden 1993.
Thomas, Hugh M.: The English and the Normans: Ethnic Hostility, Assimilation, and Identity 1066–c. 1200. Oxford 2003.
Tramontana, Salvatore: La monarchia normanna e sveva. In: Storia d'Italia. Hrsg. von Giuseppe Galasso. Bd. 3. Turin1983. S. 433–810. [separat erschienen 1986.]
Van Eickels, Klaus: Vom inszenierten Konsens zum systematisierten Konflikt: die englisch-französischen Beziehungen und ihre Wahrnehmung an der Wende vom Hoch- zum Spätmittelalter. Stuttgart 2002.
Van Houts, Elisabeth M. C.: Scandinavian Influence in Norman Literature of the Eleventh Century. In: Proceedings of the Battle Conference on Anglo-Norman Studies 7. Hrsg. von Reginald A. Brown. Woodbridge 1984. S. 107–121.
– The Normans in Europe. Manchester: 2000.
Vehse, Otto: Nordische Staatengründer. Hamburg 1943
Villegas-Aristizábal, Lucas: Norman and Anglo-Norman Interventions in the Iberian Wars of Reconquest Before and After the First Crusade. In: Hurlock/Oldfield (2015). S. 103–121.
Vivo, Franco de: Antroponimia franco-normanna nell Italia Meridionale. I nomi germanici dei Normanni nei diplomi latini di Ruggero II (1107–1151). Napoli 1990.

Vogel, Walther: Die Normannen und das Fränkische Reich: bis zur Gründung der Normandie (799–911). Heidelberger Abhandlungen zur Mittleren und Neueren Geschichte 14. Neudr. der Ausg. Heidelberg 1906. Nachdr. Aalen 1973.

Vries, Jan de: Normannisches Lehngut in den isländischen Königssagas. In: Archiv för Nordisk Filologi 47 (1931) S. 51–79.

Waßenhoven, Dominik: 1066. Englands Eroberung durch die Normannen. München 2016.

Wamers, Egon [u. a] (Hrsg.): Die Letzten Wikinger: Der Teppich von Bayeux und die Archäologie. Frankfurt a. M. 2009.

Webber, Nick: The Evolution of Norman Identity, 911–1154. Woodbridge 2005.

White, Lynn Townsend: Latin Monasticism in Norman Sicily. Cambridge 1938.

Wieruszowski, Helene: The Norman Kingdom Sicily and the Crusades. In: A History of the Crusades – The Later Crusades 1189–1311. Hrsg. von Kenneth Meyer Setton. Madison [u. a.]: 1962. S. 3–42.

– Roger II of Sicily, Rex-Tyrannus, in Twelfth-Century Political Thought. In: Speculum 38 (1963) S. 46–78.

Zalapì, Angheli: Palaces of Sicily. Verona 2004.

Nachweis der Karten, Tafeln und Abbildungen

Karten

S. 79 Normannische Gebietsgewinne in der Normandie 911–1066. – © Inka Grebner.
S. 152 f. Süditalien und Sizilien im Frühmittelalter. – © Inka Grebner.
S. 229 England im 11. Jahrhundert. – © Inka Grebner.
S. 268 Antiochien zur Zeit des Ersten Kreuzzugs. – © Inka Grebner.
S. 282 Der Nahe Osten um 1100 mit den Kreuzfahrerstaaten. – © Inka Grebner.

Tafeln

S. 77 Die Herrscher der Normandie.
S. 196 Die Herrscher Siziliens.
S. 222 Die Genealogie Wilhelms des Eroberers.

Abbildungen

S. 12 Segelndes Schiff der Eroberungsflotte von 1066 mit Pferden an Bord auf dem Teppich von Bayeux. – © Bayeux Museum. Mit freundlicher Genehmigung der Stadt Bayeux.
S. 73 Bischof Odo, der Halbbruder Wilhelms des Eroberers, auf dem Teppich von Bayeux – © Bayeux Museum. Mit freundlicher Genehmigung der Stadt Bayeux.
S. 156 Sarkophag der Adelaida in der Kathedrale von Milazzo. – Foto: Rudolf Simek.
S. 162 Normannische Ritter mit blattförmigen Langschilden als Wächter des Heiligen Grabs (Bronzeplakette, vermutlich von einem Reliquar, frühes 12. Jahrhundert) – © Foto: Glasgow Museum.
S. 170 Orthodoxe Kirche S.s Pietro e Paolo in Casalvecchio im Nordosten Siziliens, unter Roger I. um 1100 in byzantinisch-normannischem Mischstil erbaut – Foto: Rudolf Simek.

S. 172 La Cisa in Palermo. – Foto: Michele Amato.
S. 176 La Cuba in Palermo. – Foto: Michele Amato.
S. 178 Normannisch-sizilianischer Zackenstil (Muqarna-Stil) in der Cisa in Palermo. – Foto: Michele Amato.
S. 184 Normannische Ritter aus dem Codex 120 II der Bürgerbibliothek Bern. – © Codices Electronici AG, www.e-codices.ch.
S. 202 Waffenübergabe an Harold durch Wilhelm auf dem Teppich von Bayeux. – © Bayeux Museum. Mit freundlicher Genehmigung der Stadt Bayeux.
S. 214 Der Schwur auf Reliquien auf dem Teppich von Bayeux. – © Bayeux Museum. Mit freundlicher Genehmigung der Stadt Bayeux.
S. 226 Tod Harolds durch einen Pfeil in der Schlacht von Hastings auf dem Teppich von Bayeux. – © Bayeux Museum. Mit freundlicher Genehmigung der Stadt Bayeux.
S. 234 Normannischer Wohnturm in Paternò. – Foto: Rudolf Simek.
S. 236 Normannischer Wohnturm in Adrano. – Foto: Rudolf Simek.
S. 246 Der Donjon von Durham Castle. – Foto: Wikimedia Commons / PJ Marriott.
S. 306 Der Gisant Heinrichs II. in der Abteikirche von Fontevraud. – Foto: Rudolf Simek.

Dank

Danken darf ich den Masterstudentinnen der Skandinavistik an der Universität Bonn, die im Rahmen von wissenschaftlichen Projektarbeiten wertvolle Vorarbeiten zu diesem Buch geliefert haben, nämlich Jennifer Taudien und Rebecca Hermann. Ganz besonderer Dank gilt Viviane Diederich, die ebenfalls im Rahmen eines Projektmoduls nicht nur die Endredaktion des Buchs begleitet und es mehrfach Korrektur gelesen, sondern auch das Karten- und Abbildungsmaterial recherchiert hat. Zudem möchte ich Dr. Ellen Fischer für die kritische Lektüre des Manuskripts und dem Reclam Verlag für das genaue Lektorat des Bandes sowie die Beschaffung der Rechte für das Bildmaterial danken. Verbleibende Fehler gehen selbstverständlich zu meinen Lasten.

Register

Aachen 41, 44
Abu al-Daw 189
Abu Hafs 189
Achilles 275
Adalbert von Bremen 14
Adam FitzMichael 283
Adam von Bremen 14
Adelaida (Adelaisa) 155, 157, 167
Adela (Normandie) 73, 305
Adela von Flandern 148
Adele (Frankreich) 72
Ademar von Chabannes 105 f., 112
Adhemar de Monteil, Bischof von Le Puy 270
Adrano 235
Ælfgifu 207
Æthelmar von Elmham 239
Æthelred II. the Unready 65, 70, 74, 205–207
Æthelric von Selsey 239
Agrigent 139, 171
Akkon 303
Alain von der Bretagne 198
Albanien 260, 277
Alberada von Buonalbergo 124, 134, 147, 258
Albert von Aachen (Albericus Aquensis) 272, 286, 296
Aleppo 265
Alexander der Große 154
Alexander II. 141, 218, 239
Alexander von Lincoln 215
Alexander von Telese 187
Alexios I. Komnenos, Kaiser von Ostrom 119 f., 144, 260, 262 f., 265, 267, 270, 274 f., 277, 281, 284
Alfons I. (Aragon) 289
Alfons II. (Aragon) 195
Alfonso, Sohn Rogers II. 164
Alfonso von Capua 164
Alfred 74 f.
Alfred der Große (England) 231
Alfred von Wessex 33, 37
Alice (Adeliza) 71
Alice (Normandie) 72
Alice von Antiochien 278 f.
al-Idrisi, Muhammad 168, 189
Allan III. (Bretagne) 74
al-Mustarschid, Kalif von Bagdad 278
Amalfi 120 f., 126, 259
Amatus von Montecassino 104 f., 108, 110–112, 119 f., 124, 233, 302
Amerika 24, 32
Amiens 45
Anakletus II. 161, 163
Anastasius von Mont St. Michel 96
Anatolien 264, 274, 280
Anjou 47
Anna Komnene 260, 275, 277, 284, 297

Anselm von Canterbury 95, 216, 239
Ansgar 23
Ansger von Catania 108, 151, 173 f.
Antiochien 94, 124, 265–267, 269–271, 273–280, 283, 287, 296, 302–305
Anwend 33
Aran-Inseln 29
Arnold von Grantmesnil 115, 151
Arno von Würzburg 47
Arnulf von Flandern 60
Ascletin Drengot 105, 112 f., 123
Ascoli 122
Askalon 2712, 302
Augustinus 151, 175, 177, 191, 248
Aversa 113 f., 121 f., 132, 234
Avranches 92

Bagnara 151, 175
Baibar I. 279
Balderich von Bourgueil 285
Balduin von Boulogne 156–158, 264–267, 270 f., 278 f., 286
Balduin von Flandern 200
Baldwin IV. von Flandern 71
Barcelona 290
Barfleur 254
Bari 103, 118 f., 135, 142, 146, 159, 163 f., 187, 130
Basil Boioannes, Kapetan 119–121
Basileios II. 121
Bayeux 45, 58 f., 69, 73, 77, 91 f., 209, 212, 233, 239, 241
Beatrix von Sizilien 177
Beauvais 45
Bela 304
Beloózero 26
Benevento 120, 126, 135, 145, 160 f., 179, 187, 191
Benoît de St. Maure 256, 298
Berengar von Venosa 94, 133
Bernhard der Däne 63
Bernhard von Clairvaux 163, 164, 174
Bethsan 273
Birka 19
Bohemund 305
Bohemund II. 277 f.
Bohemund III. 279
Bohemund IV. 279
Bohemund V. 279
Bohemund VI. 279
Bohemund VII. 279
Bohemund von Tarent 124, 135, 145–147, 219, 258–260, 262–264, 266 f., 269–271, 273–279, 281, 283 f., 287, 296 f., 304
Bonn 41, 44
Bordeaux 45
Boulogne 45, 97, 203
Brattahlíð (Qagssiarssuk) 31
Bremen 45
Bretagne 35, 39, 59, 70, 200, 203, 232
Britannien 7, 39
Bruno von Köln 175
Butera 143

Byzanz 27, 124, 135, 137, 167, 180, 242, 262 f., 265 f., 274–276, 278, 302, 304

Cäcilie von Frankreich 305
Caen 93, 199, 246, 249
Caesarea 150
Cambridge 230, 237
Cannae 104 f., 119–120, 122
Canosa 277
Canterbury 95, 208 f., 216, 218, 227, 239, 241, 245, 248
Capua 120–123, 132–134, 147, 161, 163 f., 179
Cardiff 253
Catania 138, 143, 151 f., 166, 173 f., 185 f. 191
Cefalù 151, 173, 175, 247
Cerami 141 f., 302
Chartres 47, 54, 58, 97, 276, 305
Christian IV. (Dänemark) 32
Christodolus 159
Civitate 125–127, 129–131, 218
Claudius Ptolemäus 192
Clemens III., Papst 181
Cluny 88 f., 289
Coelestin III. 181, 194
Colchester 248
Conan I. von der Bretagne 71
Conteville 199
Cornelimünster 19, 41, 44
Coutances 92
Croyland 98

Dänemark 11, 21 f., 32 f., 35, 38 f., 46
Danischmend 274, 296
Darb Sarmada (Ager sanguinis) 278
Desiderius von Montecassino 107 f.
Devizes 253
Devol 277 f., 284, 305
Dijon 89
Dinan 232
Dorestad 19, 40, 52, 233
Doryläum 264
Dover 227 f., 230, 235, 240
Drogo von Hauteville 112, 116, 123–125, 133, 145
Dublin 33
Dudo von St. Quentin 13, 49, 51, 55 f., 58–61, 63, 66 f., 69, 77, 87 f., 91, 96, 99, 211, 292–294, 297 f., 302
Duisburg 46 f., 233
Durazzo 119, 144, 180, 277, 305
Durham 239, 245, 247 f.

Ealdred von York 227, 239
Ebo 23
Edessa 264 f., 270, 271, 278, 280, 286, 305
Edgar Ætheling 230, 266
Edith (England) 208–210
Edith (Schottland) 254
Eduard der Bekenner 65, 205, 207–210, 217, 227, 243, 246
Edward 37, 39
Edwin 224, 230
Eleanor 71

Eleanor von Aquitanien 180, 255, 256
Elsloo 44, 233
Elvira von Sizilien 164, 177
Ely 247
Emma (England) 65, 70, 74, 205–207
England 7–9, 21 f., 24, 27, 33–39, 74
Enna 139 f., 143, 155
Erik Blutaxt 38
Erik der Rote 30 f.
Erythräische Sibylle 191
Ethelred der Unberatene 38
Eugen III. 177
Eugenius von Palermo 191 f.
Évreux 60, 71, 92
Exeter 245

Falaise 69, 73 f.
Falco von Benevento 109
Färöer 28 f.
Fécamp 70 f., 75, 85, 87–91, 93, 98, 239
Filocastro (Mottafilocastro) 175
Flodoard von Reims 52, 57
Fontenelle 45, 88, 93, 96–98
Frankenreich 19, 22, 24, 35, 39, 40, 48, 76
Frankreich 8
Fressenda von Hauteville 112 f.
Friedrich Barbarossa 179–181
Friedrich II. 183, 194 f., 197, 303, 305, 307 f.
Friedrich von Zimmern 275
Friesland 22, 27, 35 f., 46 f.
Fulbert 73
Fulcher von Chartres 272, 283, 285 f.
Fulford 224
Fulko von Reims 81
Fulko V. von Anjou 279

Gaeta 120 f., 126
Gaimar von Capua 104
Gaimar von Salerno 110, 114, 121–123
Gaitelgrima 160
Gallucio 163
Garðar (Igaliko) 31
Gaultier, Graf von Caen 59
Gent 97
Geoffrey von Monmouth 215, 256, 300
Georg von Antiochen 158, 186
Gilbert Drengot 105, 112, 120
Gilbert von Brionne 198 f.
Girard von Buonalbergo 124
Gisela 54
Gisulf von Salerno 134, 146
Gloucester 253
Godefrid 44, 53 f.
Godthåb 31
Gorm der Alte 63
Gotland 27
Gottfried, Graf von Brindisi 253
Gottfried II. Martell, Graf von Anjou 205
Gottfried I. von Bretagne 70
Gottfried Malaterra 57, 80, 108, 110, 112–115, 137, 139–141, 151, 154, 185 f., 293 f., 300

Gottfried, Sohn Rogers I. 155
Gottfried V., Graf von Anjou 254 f., 307
Gottfried von Boulogne 272–274, 278, 280
Gottfried von Hauteville 112, 114
Gottfried von Montescaglioso 283
Gottfried von Trani 144
Gradulf von Fontenelle 98
Gregor VII. 108, 132 f., 145, 150
Grestain 98
Grönland 24, 30–32, 35
Großbritannien 19, 33
Guernsey 75
Guibert von Nogent 285
Guido von Amiens 214
Guido von Brionne 199
Guido von Rouen 83
Gunnor 64–69, 205
Guthlacus 98
Guthrum 33

Hadrian IV. 179
Haifa 273 f.
Haithabu 19 f.
Hamburg 45
Harald Blauzahn 63, 82
Harald der Harte 34, 36, 119, 207, 217, 221, 223 f., 299
Harald Hasenfuß 207
Harald Klak 22, 52
Harald Schönhaar 15
Harald Sveinsson 206
Harold Godwinson 34, 39, 130, 202, 208–210, 212 f., 215–218, 220 f., 223–228, 231, 238
Harthaknut 65, 206 f.
Hástein 298
Hastings 34, 129, 210, 212–214, 216, 224 f., 231, 233, 240, 247, 291 f., 302
Hasting(us), Hásteinn 50, 297
Hebriden 28 f., 33
Heimaey 29
Heinrich, Fürst von Capua 179
Heinrich I. (Henry), König von England 68, 95, 249, 251–257, 289
Heinrich II., deutscher Kaiser 120, 123
Heinrich II. (Henry Plantagenet), König von England 74, 180, 186, 255–257, 304, 307
Heinrich III. (England) 304
Heinrich I., König von Frankreich 198 f., 205
Heinrich IV. 155
Heinrich, Sohn Rogers II. 164
Heinrich V., deutscher Kaiser 254
Heinrich VI., deutscher Kaiser 180–183, 191, 193–195, 303
Heinrich VII., König von Sizilien 195 f.
Heinrich von Huntingdon 97, 215
Heinrich von Ostsachsen 47
Henricus (Heinrich) Aristippus 190 f.
Hereford 245, 247

Heriveus von Reims 84
Herjólfsdalur 29
Herleva 69, 72–74
Herluin, Vicomte de Conteville 73, 240
Hermann von Salza 308
Hervé von Reims 54
Hildebert von St. Ouen 98
Holy Island 36
Honorius II. 148, 160 f.
Horik 23
Hugo, Bischof von Bayeux 71, 85, 198
Hugo, Bischof von Lincoln 74
Hugo Capet 66
Hugo der Große, Herzog von Francia 62–64
Hugo Falcandus 166, 179, 187, 192
Hugo von Champagne 276
Hugo von Grantmesnil 116
Humfred von Melfi 112, 123, 125, 131, 133, 145
Humphrey FitzRalph 283
Huntingdon 230, 237

Ibn al-Athir 139
Ibn al-Hawwas 138, 140
Ibn al-Timnah 141
Ibn al-Tumna 138–140
Ibn Hamdis 189
Ibn Jubayr 192
Ilger Bigod 283
Ingelbert von Venosa 133
Ingulphus von Croyland 98
Innozenz II. 161, 163, 165, 175
Innozenz III. 195
Ipswich 35
Irland 16, 21, 24, 28 f., 32, 35–37
Isabelle von Brienne 197
Isidor von Sevilla 191
Island 15 f., 24, 28–30, 32, 35, 299
Isle de Croix 39
Isle of Man 28
Isle of Wight 221, 223
Israel 304
Izbórsk 26

Jacob, Apostel 138
Jaffa 273
Jerusalem 75, 104, 151, 157, 262, 271–273, 278, 280, 284, 286, 289, 296, 303 f.
Jeufosse 39
Johanna Plantagenet 180
Johannes Bischof von Avranches 71
Johannes von Ravenna 90
Jordan, Graf von Ariano 159
Jordan, Sohn Rogers I. 155
Jordan von Aversa 132
Joscelin von Courtenay 278
Judith von der Bretagne 70 f., 85
Judith von Évreux 116, 140 f.
Julianehåb 31
Jülich 44
Julius Caesar 7, 8, 154
Jumièges 45, 93, 97–99, 208, 239
Jütland 20

Kaðlin 59
Kaid, Emir von Palermo 142
Kaiserin Matilda 254 f., 257, 307
Karl der Dicke 47, 50, 53 f.
Karl der Einfältige 22, 49, 54 f., 58 f., 101, 295
Karl der Große 7, 22–24, 35, 44 f., 138, 259, 288
Karl der Kahle 22, 47, 49, 50, 52, 54, 81
Karl I. 306
Karl IV. 303
Karl Martell 288
Kaupang 19
Kent 36
Kerboga, Atabeg von Mossul 267, 269
Kiew 25, 27, 111
Kiewer Rus' 24 f., 27
Kilikien 264, 266, 278, 280
Knut der Große (Dänemark) 38, 65, 74, 101, 206 f.
Knut IV. (Dänemark) 148, 243, 248
Koblenz 41
Köln 19, 41, 44
Koloman von Ungarn 155
Konrad II., deutscher Kaiser 121
Konrad III., deutscher König 177, 179
Konrad II., König von Sizilien 197, 303
Konradin 197, 303, 306
Konstantinopel 75
Konstantin VIII. 121
Konstanze (II.) von Sizilien und Aragon 307
Konstanze von Antiochien 279
Konstanze von Aragon 195
Konstanze von Frankreich 276, 305
Konstanze von Sizilien 177, 180 f., 183, 193–195, 303
Korfu 144
Krak des Chevaliers 278

Ládoga 26
Laktanz 191
Lambey Island 41
Lanfranc von Canterbury 95, 239, 247
Le Bec 68, 93–98, 257
Le Mans 45
Leofwine von Lichfield 239
Leo IX. 125, 200
Leo Marsicanus 106 f., 112, 119, 285
Libanon 262, 304
Limoges 275
Lincoln 230, 237
Lindisfarne 19, 21, 36, 41
Lipari 151, 173 f.
Lisieux 92
Lissabon 290
London 19, 213, 224, 227 f., 235, 237, 244–247, 255
Lothar III. 163
Ludwig der Fromme 45, 48, 52 f.
Ludwig der Jüngere 47
Ludwig III. (Westfranken) 47

Ludwig IV. 60–63
Ludwig VI. (Frankreich) 276
Luna 297
Lüttich 44

Maastricht 44, 233
Mahdia 159
Mainard I. von Fontenelle 96 f.
Mainz 41
Maiolus von Cluny 88
Maio von Bari 186, 190
Malcolm III. (Schottland) 230
Maletto 174
Malgerius, Graf von Corbeil 71
Malik-Ghazi 274
Mallorca 290
Malmedy 44
Malta 143, 155
Manfred von Sizilien 303, 307
Maniakes 116, 174
Margarete 304
Margat 278
Marrat 271
Mathilde von Flandern 213
Matilda, Nonne 71
Matina 135
Matthäus Parisiensis 196
Mauger (Erzbischof von Rouen) 71, 85
Maurille (Erzbischof von Rouen) 99
Mauritius von Catania 185
Maximilla 155
Meister Albrant 196
Meles von Bari 103, 105 f., 110, 119
Melfi 114, 122 f., 127, 133, 234
Mercia 33, 37
Messina 139 f., 143, 149, 160, 166 f., 173 f., 185, 193 f.
Michael, Erzengel 89, 96, 103
Michael IV. 122
Mignano 163
Mileto 134 f., 139, 150 f., 155, 167
Misilmeri 142
Montecassino 107 f., 111, 121, 125, 133, 174, 185, 285, 302
Monte Gargano 89, 96, 103, 234
Mont St. Michel 88, 91, 95–98, 103, 186, 248
Morkar 224, 230
Mortemer 199
Motta Sant'Anastasia 235
Muriella von Hauteville 112 f.
Múrom 26

Naher Osten 9, 273 f., 277, 279 f., 281, 283, 288, 302–304
Nantes 45
Neapel 114, 120 f., 137, 147, 181, 196
Neuss 44
Nicäa (heute İznik) 75, 263 f., 270, 281
Nicolas (Abt von St. Ouen) 72
Nicolas (Normandie) 75
Nikephoros Bryennios 277
Nikolaus von St. Ouen 98
Nimwegen 233
Noirmoutier 39, 45
Normandie 7 f., 10, 14–16, 22, 26, 35 f., 48, 72, 74, 76, 78

Northumbria 36 f.
Norwegen 11, 15, 28
Norwich 235, 247
Noto 143, 151, 155, 175
Nottingham 230, 237
Nowgorod 25 f., 111

Odo II., Graf von Blois 197
Odo von Bayeux 73, 203, 213, 228, 240 f.
Oissel 39
Olaf Haraldsson von Norwegen, Hl. Olaf 78
Olaf Tryggvason 38
Ordericus Vitalis 62–64, 68, 78, 88, 92, 94 f., 105, 114–116, 119, 134, 145 f., 156 f., 164, 186, 209, 211 f., 218, 247, 249 f., 267, 274 f., 287, 294 f.
Orkney-Inseln 28, 33
Oscetel 33
Osmund Drengot 105, 112, 116
Otto II. 66
Otto IV. 195

Palästina 75, 253, 262, 273, 304
Palermo 141–143, 146, 148 f., 155 f., 159 f., 163 f., 166–171, 173 f., 179, 182 f., 185, 187 f., 190–193, 195, 241, 247, 303
Pandulf von Capua 121, 123 f.
Papeyjar 30
Paris 45, 50, 54, 233
Paternò 235
Patti 173 f.
Peter Bartholomäus 269
Peter III. 307
Petrus de Ebulo 109, 182
Petrus Diaconus 285
Petrus Tudebodus 286
Petrus von Blois 188
Petrus von Trani 144
Pevensey 217, 220, 224
Philipp I. (Frankreich) 205, 248, 253, 276
Philipp II. (Frankreich) 304
Pippin der Ältere 97
Pisa 297
Poitiers 45
Pólock 26
Ponthieu 220
Pontoise 46
Poppa von Envermeu 71, 85
Préaux 98
Prizzi 175 f.
Prüm 19, 41, 44, 46

Quentowic 19, 40

Radulph von Caen 271, 273
Ragnar 50
Raimund von Aguilers 269, 286
Raimund von St. Gilles 270 f., 273, 280, 286
Rainald 185
Rainulf II. von Aversa 123
Rainulf von Aversa 105, 112, 114 f., 120–123
Ralswik 20
Ramla 273
Ramleh 267
Raoul von Ivry 62, 67, 69, 71